btb

Aus Freude am Lesen

Stimmt es, daß Schriftsteller Menschen sind, die ihre Mütter nicht mögen? Müssen begnadete Komponisten schlechte Musikschüler gewesen sein und sich in Rebellen ihres Fachs verwandelt haben, damit sie gut komponieren können? Und wie kommt eigentlich eine junge Frau auf die Idee, Salben mit wohlriechenden Essenzen herzustellen und unermüdlich Kunden für ihre Cremes und Badezusätze zu suchen und auch zu finden? Diesen und vielen anderen Fragen gehen Angelika Overath, Manfred Koch und Silvia Overath in ihren Texten über große Maler, Musiker, Philosophen, Erfinder und Schriftsteller nach. Mit Leidenschaft entwerfen sie knappe und spannend zu lesende biographische Skizzen und führen uns nahe an berühmte Frauen und Männer heran. Entstanden sind unerwartete Rätsel über menschliche Abgründe. Die Lektüre dieser Miniaturen ist ein Vergnügen, ihre Auflösung verblüffend.

ANGELIKA OVERATH, geboren 1957, arbeitet als Reporterin, Kritikerin (NZZ) und Dozentin. Sie hat Reportagen und Essays und zwei Romane veröffentlicht.

MANFRED KOCH, geboren 1955, lehrt Literaturwissenschaft an der Universität Basel und ist freier Mitarbeiter im Feuilleton der NZZ. Zuletzt erschienen: »Faulheit. Eine schwierige Disziplin« (2012)

SILVIA OVERATH, geboren 1986, studiert an der Filmakademie Baden-Württemberg in Ludwigsburg. Ein Roman ist in Vorbereitung.

Von den Herausgebern liegt bei Luchterhand vor: »Tafelrunde. Schriftsteller kochen für ihre Freunde« (2012)

Angelika Overath,
Manfred Koch,
Silvia Overath

Die Geheimnisse der genialen Leute

Ein Rätselbuch

btb

Für Manfred Papst,
ohne den es diese Rätsel nicht gäbe

Vorwort

Alles begann damit, daß Manfred Koch beim gemeinsamen Familienmittagessen über Salat und Nudeln immer wieder kuriose Details aus dem Leben von Schriftstellern erzählte. Da war die Rede etwa von Goethe, der seinen Enkelkindern regelmäßig Rheinwein zu trinken gab, weil die Kleinen dann so putzig wurden. Oder von Rilke, der klagte, er könne in Paris schwer schreiben, da gäbe es keine Wiesen. Er aber müsse zur Inspiration morgens im Frühtau mit nackten Füßen über Gras gehen.

Die Familie kaute und freute sich.

Es war die Zeit, da bei der Neuen Zürcher Zeitung eine Sonntagszeitung geplant wurde. Als Angelika Overath dem Leiter des Ressorts Kultur, Manfred Papst, von den Trouvaillen ihres Mannes erzählte, reagierte er sofort. Die Idee einer Rätsel-Kolumne, die anhand von Obsessionen, Ängsten, Süchten, Idiosynkrasien oder einfach nur Ticks nach dem Leben genialer Künstler fragte, überzeugte ihn.

Wir kennen unsere toten Helden nur in den Aureolen ihres Erfolgs. Sie strahlen als Heilige der ersten Ideen, als Erneuerer, Klassiker. Wir kennen ihre Kunst. Doch wie war ihr Alltag? Was hat sie dazu gebracht, die Werke zu schaffen, die wir bewundern?

Je mehr wir uns mit den Biographien genialer Leute von der Antike bis in die Gegenwart beschäftigten und dabei nach Absonderlichkeiten forschten, nach Umwegen, Brüchen, Skurrilem, um so deutlicher trat der bedrohlich fruchtbare Nährboden von Eigensinn, Unglück und Wahn hervor.

Mit der ersten Ausgabe der NZZ am Sonntag erschien im März 2002 auch die erste Folge der »Abgründe«. Und eine kleine Familienwerkstatt begann. Denn Silvia Overath, die Tochter von Angelika und Manfred, die gerade die Biographie über Marlene Dietrich las (mutig geschrieben von deren Tochter), steuerte sofort Rätselstoff bei und zeigte sich entschieden, bei der Kolumne mitzumachen. Eine produktive Arbeitsteilung kristallisierte sich heraus: in der Regel recherchierten Manfred und Silvia (sie lasen Briefe, Tagebücher, Biographien) und Angelika schrieb. Die Grenzen der Zusammenarbeit waren fließend. Immer wieder gingen die Ideen und pointierten Kommentare der Vorbereitenden direkt in die Texte ein.

Seit zwölf Jahren erscheinen die rätselhaften »Abgründe« nun wöchentlich in der NZZ am Sonntag; sie haben viele treue Ratende gefunden.

Nach den Auswahlbänden »Genies und ihre Geheimnisse. 100 biographische Rätsel« (2005) und »Genies und ihre Geheimnisse. 100 neue biographische Rätsel« (2008) sind nun mit »Die Geheimnisse der genialen Leute« 150 der schönsten neu entstandenen Rätsel versammelt.

Ein solches Projekt braucht Freunde!

Wir sind froh über alle, die mit Nachfragen und Vorschlägen die Entstehung unserer Rätsel begleitet haben. Namentlich danken möchten wir Nana Badenberg, Basel; Marc Eberhardt, Karlsruhe; Ute Oelmann, Stuttgart; Barbara Spengler-Axiopoulos, Heidelberg.

Unser Dank gilt auch der Fachbereichsbibliothek des Deutschen Seminars der Universität Basel und der Universitätsbibliothek Basel. Und der wunderbaren Buchhandlung Chantunet da Cudeschs, Scuol.

Sent und Ludwigsburg, Sommer 2013

Angelika Overath, Manfred Koch, Silvia Overath

1

Also gut, die Dichter lügen. In der Wirklichkeit ist auf sie kein Verlaß. Aber Chronisten, Ethnologen, Historiker? Und gerade er! Wie formulierte er so schön: »Doch ist meine Pflicht, alles was ich höre, zu berichten, freilich nicht, alles Berichtete zu glauben. Dies gilt für mein ganzes Geschichtswerk.« Er stellt sich uns vor als ein besonders kritischer Kopf. Und was tischt er uns dann auf: »Eine Stadt in Arabien gibt es, in der Nähe einer Stadt Buto gelegen, dahin bin ich gefahren. Um Kunde einzuziehen. Es soll dort nämlich geflügelte Schlangen geben. Da sah ich denn Knochen und Gräten von Schlangen, mehr als ich beschreiben kann.« Knochen und Gräten von Schlangen! Und um das zu sehen, will er eigens hingereist sein! Doch unerschütterlich, weil er es so genau betrachtet hat, mit eigenen Augen, fährt er fort: »Ganze Haufen von Rückenknochen lagen dort, große, kleinere und noch kleinere, in großer Zahl. Der Platz, wo sich diese Knochenhaufen befinden, ist ein enger Paß, der aus den Bergen in eine weite Ebene hinabführt. Diese Ebene stößt an die ägyptische Ebene.« Hier spricht der Reporter. Sah er Überreste von Fischen? Ausgerechnet in der Wüste? Indische Flughunde? Hat er nicht so genau hingeschaut? Da macht er eine so weite Reise und will es dann doch nicht wissen? Seltsam. Oder seine Beschreibung von Babylon: »Die Stadt zerfällt in zwei Teile. Mitten hindurch fließt der Strom, der den Namen Euphrat trägt.« Das stimmte nun auch zu seiner Zeit nicht. Und das Schwarze Meer, wo er gewesen sein will, macht er fast doppelt so groß wie es ist. Ist er denn wirklich gereist, wie er mit Nachdruck behauptete, oder hat er nur die sonnengebleichten Matrosen im Hafen von Athen gefragt, wenn sie von großer Fahrt zurückkamen? Zugegeben, er war geschickt. In seinem Werk – in dem er über tausendmal »ich« sagt – erzählt er immerhin (man hat das nachgerechnet) einundvierzigmal Dinge, von denen er sagt, daß er sie nicht glaubt. Dreiundsechzigmal gibt er von derselben Sache verschiedene, sich widersprechende Berichte und neunundneunzigmal führt er etwas aus, das er zumindest bezweifelt. Warum erzählt er es dann? Vermutlich weil er zunächst mündlich erzählte, vor einer staunenden Menge. Weil er da stand, gestikulierend, und sprach und sprach und ausschmückte und mit den unglaublichsten Geschichten kam und sein Publikum bannte. Und auf skeptische Einwürfe, auf Nachfragen mußte er natürlich sofort reagieren. Ja, er hat es selbst gesehen, gehört, vor Ort an Inschriften entziffert! Aufgeschrieben hat er seine Reportagen und Recherchen erst später im italienischen Exil. Mittlerweile behaupten Forscher, daß er, gerade wenn etwas nicht stimmte, sorgfältig Quellenangaben fingierte. »Vater der Geschichtsschreibung« hat ihn Cicero genannt. Nun, gezeugt hat er vielleicht, den Samen gelegt für das, was wir heute Augenzeugenbericht, Quellenstudium nennen. Und er hatte einen guten Grund, von unerforschlichen Göttern und Welten zu erzählen. Er wollte verstehen, warum es Kriege gab.

Wer war der Autor, der einmal schrieb: »Denn kein Mensch ist unverständig genug, Krieg dem Frieden vorzuziehen: begraben doch im Frieden die Kinder ihre Eltern und im Kriege die Eltern ihre Kinder«?

Es handelt sich um den griechischen Historiker Herodot, 490/480 v. Chr. – 424 v. Chr.

2

Er wollte alles wissen. Man sah den berühmten Philosophen – er soll so berühmt gewesen sein, daß er das Öl, in dem er seinen Körper badete, nach dem Bade verkaufen konnte – durch Athen ziehen, stattlich gekleidet, gepflegtes Haar, die Finger üppig mit Ringen geschmückt, wie er die Handwerker ausfragte, die Bauern, die Fischer. Alles interessierte ihn, alles sog er auf. Noch die Wahrnehmung selbst war Gegenstand seiner Aufmerksamkeit: »Daß das Gesicht dem Gehör vorauseilt, erkennt man am Ruderschlag der Schiffe: wenn die Blätter schon wieder aufwärts gehen, kommt erst der Schall von ihrem Einschlag an.« Oder: »Wenn man die Finger übereinanderschlägt, nimmt der Tastsinn eben das als zwei Gegenstände wahr, was der Gesichtssinn als einen wahrnimmt.« Hingebungsvoll beobachtete er noch das einzellige Glockentierchen: »Deswegen soll man sich nicht in kindischer Weise langweilen bei der Untersuchung der unbedeutenden Lebewesen. Es liegt in jedem Geschöpf der Natur irgend etwas Wunderbares.« Er hat wohl 500 Tiere beschrieben, den Tintenfisch und den Löwen, den Hirsch und den Seeigel. Sehr am Herzen lag ihm der männliche Wels. Während nämlich das Weibchen nach dem Laichen einfach davonschwimme, bewache der sorgsame Fischvater vierzig bis fünfzig Tage die Brut, bis die Jungen ausgewachsen seien: »Die Fischer erkennen seinen Standort, wenn er wacht, da er, um die Fische zurückzuscheuchen, schnauft und schnalzt und brummt.« Der Mensch war ihm das höchste Tier; und auch bei dieser Gattung bemerkte er Verhaltensunterschiede der Geschlechter, die er durchbuchstabierte und zu bemerkenswerten Vorschlägen kam: »Wenn nämlich auch die Frau zum Samen und zur Zeugung ihren Beitrag liefert, dann muß schließlich ein Gleichlauf vorausgesetzt werden. Falls also der Mann schnell am Ziel ist, die Frau jedoch noch nicht – im allgemeinen geht es bei Frauen langsamer –, so liegt darin ein Hindernis.« Nun käme es darauf an, den »passenden Augenblick« zu finden »für die Vereinigung«, damit so ein ungleichzeitiges Paar doch Kinder bekommen könne: »Falls nämlich die Frau besonders erregt und bereit und recht aufmerksam ist, der Mann dagegen sich geärgert oder abgekühlt hat, dann muß ja schließlich einmal der Gleichlauf erreicht werden.« Er glaubte über alles an die Vernunft, an das Helle, an den dem Menschen erkennbaren Grund, der all die verschiedenen Erscheinungen verband. Schlaf und Traum hingegen waren ihm nicht geheuer. »Denn Schlafen und Wachen unterscheidet sich lediglich dadurch, daß die Seele im Wachen wenigstens oft das Wahre trifft, im Schlafe aber stets in einer Täuschung befangen ist.« Wer einmal »das vernünftige Denken verschmeckt« habe, der ertrage das Dunkle und Unklare nicht mehr: »Dies ist der Grund, daß niemand von uns zeitlebens betrunken oder ein Kind bleiben möchte. Dies ist ferner der Grund, weshalb der Schlaf zwar etwas höchst Angenehmes, aber dennoch nicht wünschenswert ist.« Sein antiker Biograph berichtet, er habe sich mit einer ehernen Kugel zur Ruhe gelegt, die, sollte ihn der Schlaf völlig überwältigen, seiner Hand entfallen und auf einen Teller schlagen würde. Von diesem Geräusch wäre er sogleich wieder aufgeweckt worden.

Wer war der »Fürst der Philosophie« (Maimonides), der für den in Gott ergebenen Luther nur ein »verdammter, hochmütiger, arglistiger Heide« war?

Es handelt sich um den griechischen Philosophen Aristoteles,
384 v. Chr. – 322 v. Chr.

3

Sex war sein Leben. Oder war es die Sprache? War Sprache Sex? Saß hier der Glutkern der Erregung? Jedenfalls, davon war er überzeugt, wurde der Geschlechtsverkehr besser durch Texte, die von ihm handelten. Er nannte den Vorgang vornehmlich »Ficken« und kreierte harte Neologismen um das harte Wort. Im Kreis einer verwöhnten Jeunesse dorée wollte er unterhalten und aufgeilen. So einfach war das. So schwer. Denn wie soll man dauernd wieder neue Verse finden für die eine Sache! Er strengte sich an und suchte, ja erfand ein immer schärferes Lustpotential um Vagina, Anus, Mund. So evozierte er in lautmalerischen Wortfolgen die Bewegungen, mit der die Lippen bei der Fellatio die Vorhaut zurückschieben. Das sollte ihm einer nachmachen! Wenn wir ihm glauben wollen, stand keiner so unter Hochspannung wie er, war keiner so wütend, so gewissenhaft im Bett wie im Text. Er liebte und haßte. Und war berühmt für seine klangstarken, rhythmisch kalkulierten, laut vorgetragenen Beschimpfungen von Konkurrenten. Da wurde von einem gesagt, ihm »wohne unten im Tal der Achseln ein schrecklicher Bock. / Den fürchten alle. Kein Wunder! Denn er ist ein sehr übles / Tier, mit dem kein schönes Mädchen schlafen will«. Ein anderer war gleich eine »Schwuchtel, weicher als Kaninchenfell / oder Gänsemark oder als ein Ohrläppchen / oder als der schlaffe Schwanz eines Greises und modrige Spinnweben«. Wenn er Angst hatte, ein Nebenbuhler wolle sich an seinem Lieblingsknaben vergreifen, drohte er mit analer Schändung: »wehe dann über dich Elenden und Mann eines üblen Geschicks, /

den bei angewinkelten Beinen und offenem Tor / durchbohren werden Rettiche und Fische«.

Daß wir von ihm wissen, ist ein Zufall. Um 1300 tauchte in Verona ein Manuskript auf, eine ziemlich schlechte Abschrift mit 113 Liedern und einigen antiken Kommentaren. Sie wurden kopiert, der gefundene Papyrus ging verloren. Aus den Versen rekonstruierte man den Roman des Lebens eines Autors. Herkunft aus einer wohlhabenden Familie, finanziell abgesichert, gut vernetzt. Offensichtlich konnte er sich jede Frechheit erlauben. Und von Caesar als »Tunte« sprechen und von dessen Bettschatz als »schwanzlosem Schwuchtel«. Wir lesen, daß er, vom Vater zum Studieren nach Rom geschickt, dort der erotischen Anziehung einer hohen römischen Patrizierin verfiel (die vermutlich ein inzestuöses Verhältnis zu ihrem Bruder gepflegt hatte). Er wird erhört und betrogen, die Circe, klagt er, habe »300 Liebhabern den Unterleib zerrüttet«. Was ihre Attraktivität für ihn nicht schmälerte. (Seine Wut und seinen Schreibfuror aber anstachelte.) Bei allen Frauen und Knaben, denen er beiwohnte, blieb sie ihm doch die Einzige, die vielfach vögelnde, die den toten Sperling wohl zu erwecken wußte: »Leben, meine Lesbia, wollen wir und uns lieben, / und alles Genörgel allzu strenger alter Männer / soll uns nicht einen Pfifferling wert sein. / Sonnen können sinken und wiederkehren / doch wenn einmal erloschen ist unser kurzes Lebenslicht, / müssen wir eine einzige ewige Nacht schlafen. / Gib mir tausend Küsse, dann noch hundert…«. Er soll, nach biblischem Muster, nur dreißig Jahre alt geworden sein. Ein enfant terrible, ein Prophet der Jugendsprache, ein Klassiker.

Wer war der Dichter radikaler Obszönitäten, der als erster Römer ein Ich über seine Liebe zu einer Frau sprechen ließ?

Es handelt sich um den römischen Dichter Catull, etwa 84 v. Chr. – 54 v. Chr.

4

Seine Mutter soll geträumt haben, sie habe einen Lorbeerzweig zur Welt gebracht, aus dem ein Baum entstand, mit Blüten und Früchten bedeckt. Als sie am nächsten Tag übers Land ging, gebar sie ihr Kind auf freiem Feld. So wurde die Erde seine erste Wiege. Der Jüngling wuchs heran, groß, schön, von dunklem Teint, aber körperlich nicht belastbar. Sein Vater, ein Bauer, Töpfer und Bienenzüchter, schickte den sensiblen Sohn zur Ausbildung in die Stadt. Er sollte Jurist werden. Doch die Rhetorik, die ihm Phrasen und kalkulierte Emotionen abverlangte, blieb dem Naturkind fremd. Als er das erste Mal in Rom öffentlich als Anwalt auftrat, war er »äußerst stockend und langsam beim Reden und wirkte wie einer, der nicht bis drei zählen kann«, so ein Augenzeuge. Der junge Mann fiel unter die Dichter. Aber auch im Kreis der »Neutöner«, einer bunten Weltstadt-Bohème, hielt er sich nicht lange. Er dankte den holden Musen. Sie sollten weiterhin nach seinen »Blättern schauen, doch zuchtvoll und selten«. Es zog ihn nach Neapel. In einer Villa am Meer hatte ein Philosoph Jünglinge um sich geschart, die zur »Meeresstille der Seele« finden wollten. Und das in der Zeit größter politischer Umstürze! In den blutigen Parteikämpfen war ein junger Aristokrat durch besondere Skrupellosigkeit aufgefallen. Und er, der zarte, besonnene Dichter, fing nun an, ausgerechnet diesen gewissenlosen, hochbegabten Aufsteiger als Heilsbringer poetisch zu verherrlichen. War er korrupt? Um die im Bürgerkrieg angeheuerten Söldner abzufinden, waren in seiner Heimat die Bauern enteignet und vertrieben worden. Wollte er jetzt durch die Gunst des Machthabers seine väterlichen Ländereien zurück? Oder sah er sich tatsächlich als Erzieher des jungen Tyrannen? In liebevollen Versen feierte er ihn als Stifter einer goldenen Friedenszeit. Das Volk jubelte. Aber der Dichter lebte weiter zurückgezogen unter den Philosophen am Meer. Wenn ihn jemand in Neapel erkannte, flüchtete er schnell in den nächsten Hauseingang. Man nannte ihn »das schüchterne Jüngferlein«. Seine Texte arbeitete er wieder und wieder um. Er verglich sich mit einer Bärin, die ihr Junges so lange leckt, bis sein Fell endlich ganz und gar glatt und glänzend scheint. Er ließ sich nicht drängen. Sein zweites Werk besteht aus 2.200 Versen; dafür brauchte er acht Jahre. Es handelt von der unscheinbaren Arbeit, dem Leben der Bauern, dem Dasein der Bienen. Eigentlich wollte er danach nichts mehr schreiben. Doch dann fing er etwas an, das, kaum begonnen, unter der Aura des Ruhmes stand. Er wiegelte ab: »ich muß verrückt gewesen sein, ein solches Werk in Angriff zu nehmen.« Die Erwartungen drückten ihn nieder, doch das war wenig gegen das Joch der Sorgfalt, unter das er sich selbst stellte. Er recherchierte bis ins Kleinste. Er wußte, bei welchem archaischen Opferritual man Pappellaubkränze trug (und nicht etwa Lorbeer, wie eine Quelle behauptete).

51jährig erkrankt er auf einer Reise. Er spürt, daß er sterben wird, und verlangt nach seinem Manuskript. Da waren doch noch ein paar unfertige Stellen. Unmöglich, das Werk so zu veröffentlichen! Er befiehlt, das Ganze zu verbrennen. Schon zuvor hatte er testamentarisch festgelegt, alles sei zu vernichten, was er nicht selbst freigegeben habe. Man hält sich nicht daran.

Wer war der folgenreiche, große römische Dichter?

Es handelt sich um den römischen Dichter Vergil.
15. Okt. 70 v. Chr. – 21. Sept. 19 v. Chr.

5

Nichts gegen Bildung für junge Frauen, aber was er da anzettelte, das ging den meisten Männern doch zu weit! Ein kluges Mädchen, eine römische Tochter aus gutem Haus, las und musizierte, aber sie vernachlässigte dabei den Haushalt nicht. Und sie wurde eine verläßliche Gattin und Mutter. Doch zu einer Zeit, da der Kaiser Erlasse verabschiedete wie »Gesetz zur Bestrafung von Ehebruch« und »Gesetz über die Verheiratung der oberen Stände« (es herrschte Kindermangel), hatte unser Held (aus dem Stand der Ritter) nichts besseres zu tun, als über die freie Liebe nachzudenken. Und wenn es nur beim Denken geblieben wäre oder eben, so nötig, beim diskreten Praktizieren! Aber nein, er mußte darüber schreiben, ja mit missionarischem Eifer eine regelrechte Grammatik der geschlechtlichen Konjugationen formulieren. »Erfahrung brachte dieses Werk hervor«, rühmte er sich. Wir glauben es ihm.

Er wollte die zweckfreie Erotik. Das Gegenbild sah so aus: »Die will ich nicht, die sich gibt, nur weil sie eben verpflichtet / Trocken dabei, und denkt gar noch an Wolle und Garn.« Er glaubte an die selbstbewußte, an die heitere Liebende. Seine lebenden Vorbilder waren die anmutigen Freigelassenen aus den griechischen Provinzen, kultiviert, gebildet, die sich eher ihrer Scham schämten, nicht ihres Genusses.

Sein Grundidee war klar: So wie es eine erlernbare Kunst gibt, Schiffe zu steuern, so wie man wilde Pferde und Stiere bändigen kann, so gibt es auch Techniken, Amor zu befehlen. Dem liebesfähigen Menschen angemessen war weder eine schnöde Ehe (er war übrigens dreimal glücklich verheiratet) noch ein die Liebenden zerstörender Liebeswahn. Nein, es käme darauf an, daß eine kultivierte Leichtigkeit die körperliche Liebe zwischen Mann und Frau bestimme. Dabei seien Geduld und Rücksicht vonnöten und immer Klugheit. Wie solle man sonst Amor, den Geflügelten, auch auf Dauer halten? Vermutlich war er der erste, der hochemotionale Frauenmonologe schrieb. Er gab weiblichen Nebenfiguren der Sagengeschichte das Wort, und sehnend und leidenschaftlich sprechen sie nun zu ihren Männern: daß sie nicht fortgehen mögen, daß sie doch zurückkommen sollten, daß sie blieben. Der Gedanke, daß nichts so war wie es ist und nichts so bleiben würde, faszinierte ihn. Als wunderbare Verwandlung erschien ihm der Mensch, »sei es, daß ihn aus göttlichem Samen jener Weltschöpfer formte, der Begründer einer besseren Welt, sei es, daß die Erde, jugendfrisch, erst kürzlich vom hohen Äther geschieden, noch Samen des verwandten Himmels bewahrte.« Seine Gegner warfen ihm ungehemmte Erotisierung vor. Vermutlich hatten sie recht. Aber was hieß das für einen, der nicht zwischen Dichten und Lieben trennte?

Für ihn ging es am Ende nicht gut aus. Das hing allerdings weniger mit der freien Liebe als mit der restriktiven Politik des Kaisers zusammen. Irgendwie muß er in eine staatsgefährdende Familienintrige hineingeraten sein, bei der seine amourös-dichterischen Seitensprünge mehr als Vorwand dienten. Sicherheitshalber entfernte man ihn aus Rom. Nun wurde sein Heimweh, seine Trauer sein Thema: »Und zu meinem Gedicht liefere ich selbst den Stoff.«

Wer war der großzügige Dichter der Frauen, der jedem liebenden Mann zum Rat gab: »Ertrage einen Rivalen mit Geduld, Größeres als dies hat meine Kunst nicht zu bieten«?

Es handelt sich um den römischen Dichter Ovid,
20. März 43 v. Chr. – ~ 17 n. Chr.

6

Monnica weinte. Sie vergoß Ströme von Tränen um ihn. In seinen Lebenserinnerungen schluchzt die Mutter dahin für seine Seele. Kein Wunder, daß er sich immer schämen mußte. Seine größte Schuld lag in seinem sündigen Fleisch. Er begehrte, also war er schlecht. Einmal, als er mit seinem Vater in einer Badeanstalt war, konnte der eine Erektion an ihm beobachten. Der Vater lachte, und lachend erzählte er zu Hause davon der Mutter. Sie solle sich bald auf Enkelkinder einstellen. Immerhin war der Knabe 16. Die Mutter erstarrte. Und weinte. Der Vater hatte so Unrecht nicht. Mit 19 kehrte der Junge vom Studium zurück und brachte mit: eine Geliebte und einen Sohn. Als er nun aber eine Professur in Mailand erhielt, war die Mutter auf der Hut. Sie kam mit und übernahm den Haushalt. Zunächst schmiß sie die Geliebte raus. Sie war nicht gut für die Karriere und ein Hindernis, eine standesgemäßere Frau zu finden. Kurzerhand schickte Monnica die junge Frau nach Afrika zurück. Ihr Kind aber nahm sie ihr weg, es blieb in Mailand. Er litt: »Es zerriß mir das Herz, das an ihr hing.« Wie es seiner Geliebten dabei ging, reflektierte er nicht. Als ihm die Mutter nun die künftige Gattin vorstellte, akzeptierte er brav. Er müsse aber, sagt sie ihm, noch zwei Jahre warten, das Mädchen sei noch nicht geschlechtsreif. Das empfindet er als »unerträglich« und beschafft sich »eine andere, natürlich nicht als Gattin«, sondern für die Zeit der Überbrückung. (Es sollte nicht zur Heirat kommen.)

Im Nachhinein bezeichnet er sich als Sklave seiner Begierden. Spricht von den »tödlichen Wonnen«, von dem »Leim der

Lust«. Und seine Schuld wuchs, je mehr Monnica sie mit ihren Tränen begoß. Monnica duldete stolz, daß ihr Gatte sie betrog. Er war ja ein Heide und nicht relevant. Denn der eigentliche Vater ihres Sohnes war doch Gott. Jetzt lag es an ihr, die spirituelle Zeugung auch auszutragen. Mit gut 30 Jahren begriff der Junge das endlich. »Ich kann ja gar nicht angemessen genug sagen, was sie für mich empfand und wieviel größer die Unruhe war, mit der sie mich geistig gebar, als die einst bei meiner leiblichen Geburt.« Jedenfalls wurde nun schlagartig alles einfacher: Er liebte Gott in seiner tränenden Mutter und entsagte dem bösen Fleisch. Keine Onanie mehr, wo er doch früher »täglich« in sich »selbst zu sterben« gewohnt war, keine Geliebte, keine Ehefrau. Nur noch Monnica und die Unio Mystica. »Ihr Leben und mein Leben waren zu einem Leben geworden.« Die Mutter war am Ziel. Sie hatte ihren Jungen für sich allein und in ihm einen Sohn des Allmächtigen. Monnica war hart. Sie züchtigte mit »heiliger Strenge« und konnte durstigen Kindern das Wasser verweigern, damit sie später nicht zu viel Wein tränken. So war für ihn auch Gott nur ohne Gnade zu denken. Tief hockte im Menschen das Böse, dessen er sich in seiner Schlechtigkeit nicht erwehren konnte. Schon die Säuglinge waren schuldig. Schrieen sie nicht aus schierer Begierde?

Wer war der große Philosoph und Fundamentalist von Schuld und Scham, der es auf den Begriff brachte: »Der Mensch ist in sich selbst ein gewaltiger Abgrund«?

Es handelt sich um den Kirchenvater Augustinus, 13. Nov. 354 – 28. Aug. 430.

7

Wer war sie? Die elfte Muse (wenn Sappho die zehnte war)? Eine im weiblichen Bildungswesen engagierte Frauenrechtlerin? Tochter des Königs von Northumbria? War sie eine niedersächsische Kanonissin, gar Äbtissin? Oder doch eine byzantinische Prinzessin? Da man wenig wußte, konnte man viel über sie vermuten; erst im 20. Jahrhundert klärte sich ihr Bild. Zwischenzeitlich galt sie gar als Fälschung! Eine Frau, die so ein perfektes Latein schrieb, könne es so früh überhaupt nicht gegeben haben, zischte im 19. Jahrhundert ein angesehener Wissenschaftler. Er wurde dann doch schnell widerlegt. Entdeckt hat ihr Werk (Verslegenden, Legendendramen, eine Geschichte Ottos I.) ein Dichter und Humanist Mitte des 15. Jahrhunderts. Eine Abschrift (von um 1000) war im Kloster St. Emmeram in Regensburg aufgetaucht. Er ließ das Manuskript veröffentlichen und mit Phantasiedarstellungen ihrer Person von Albrecht Dürer zieren. Ein anderer Gelehrter dichtete sofort: »Lobet, o lobt, die Jungfrau, / die deutsche Poetin, / hätte Athen sie gezeugt, / gäbe es eine Göttin mehr«, und umstandslos nahm er sie auf in seinen »Katalog berühmter Deutscher Männer«.

Das wenige, das wir über sie wissen, müssen wir aus den kurzen Bemerkungen erschließen, die sie ihren Texten voranschickte. So wird sie um 935 geboren sein und mindestens bis 973 gelebt haben. Ihre dichterische Kraft habe sie von Gott, eine Gabe, mit der sie arbeiten wolle. Egal, ob man diese schätze oder nicht. Selbstbewußt erklärte sie: »Wenn einem meine fromme Hingabe gefällt, freue ich mich; wenn sie aber wegen meiner Verächtlichkeit oder der mangelhaften, unkultivierten

Sprache niemandem gefällt, so freut doch mich selbst, was ich geschaffen habe.« Eins ihrer zentralen Themen war Jungfräulichkeit; also Sex. Sie nahm sich Terenz, den berühmtesten und zu ihrer Zeit sehr beliebten Komödiendichter der römischen Antike, zum Vorbild. Seine erotischen Liebesverwicklungen wollte sie poetisch wirksam umdrehen in Bekenntnisse zum keuschen Glauben. Das hatte stoffliche Zwänge zur Folge. Wie sollte sie überzeugend die »preiswerte Keuschheit gottseliger Jungfrauen singen«, ohne zugleich konkret zu zeigen, wogegen diese Siegreichen widerstanden? »Freilich ergriff mich oft Scheu vor meiner Arbeit, brennendes Rot übergoß mein Gesicht, denn ich mußt' ja im Geiste gestalten, mit dem Griffel festhalten verbuhlter Knaben abscheuliche Torheit und ihr unerquicklich Geschwätz, vor dem wir uns sonst die Ohren zuhalten.« Sie tauchte ein in das ABC der Verführungen, in die Höllen der Leidenschaft (einmal wirft sich ein Liebestoller kopulationsbereit auf die Leiche seiner toten Geliebten). Sie schrieb auch Bordellszenen. Immer siegt die Keuschheit. Ihre Heldinnen gehen, der Lüsternheit spottend, heiter in den Tod. (Da verlachen etwa drei verurteilte Jungfrauen einen Lüstling, der in seinem Wahn nachts die rußigen runden Töpfe in der Küche umarmte, in der Annahme, es seien füllige Frauenleiber.) In ihrem Legendendrama »Pelagius« werden einem schönen Christenknaben in Cordoba Arme und Beine abgehackt, zuletzt wird er noch geköpft, weil er sich weigerte, auf die Liebesavancen des Kalifen einzugehen. Es ist dies eine der frühesten Verurteilungen der Homosexualität in einem christlichen Text.

Wer war die fromme Autorin, die ihrem Erröten trotzte und in Gottes Namen die Darstellung der Fleischeslust auf sich nahm?

Es handelt sich um die deutsche Dichterin Roswitha von Gandersheim, ~ 935 – 973.

8

Ein empfindsames Mädchen aus gutem Hause, kein hoher Adel, aber es muß doch selbstverständlich gewesen sein, der Tochter ein überdurchschnittliches Maß an Bildung und Herzensschulung mitzugeben. Vermutlich hat die Kleine mit dem Psalter Lesen und Schreiben gelernt. Ging sie jeden Morgen in die Heilige Messe, auf dem Gut ihrer Eltern oder in der Stadtkirche? War sie dabei, wenn die fahrenden Sänger in der Volkssprache von der Liebe sangen? Hörte sie an den Festtagen der Heiligen Mutter Gottes Passagen des Hohen Lieds auf Lateinisch? Sie muß stark auf Sprache reagiert haben, auf das Psalmodieren, das Singen. Später bekannte sie, sie habe es als erwachsene Frau gehalten wie in ihrer Kindheit: »Wann immer man mir Kummer bereitete, mußte ich stets beten.«

Was aber war das, dieses Beten? Sie war 12 Jahre alt, als ihr Gott begegnete. Und seither kam er täglich zu ihr. Das Phänomen der »Pubertät« hätte ihr, in welcher Umschreibung auch immer, kaum ein Achselzucken entlockt. Sie war selbstbewußt und reif. Hochbegabt. Nur, wohin zielten ihre Fähigkeiten? Kaum etwas wissen wir von ihr. Wir haben Lebensspuren in ihren Aufzeichnungen, die sie vielstimmig als Tagebuch, Konvolut von Liebesbriefen und Dialogen, Stoffsammlungen aus dem Alltag je nach Lust und Nöten heraussprudelte. So etwas hatte es vor ihr nicht gegeben. Auch fromme Klosterfrauen schrieben. Aber hinter den Mauern machte man den Novizinnen früh klar, wie sie ihre Gedanken zu formen und zu bändigen hatten in korrektem Latein. Sie aber schrieb in ihrer Muttersprache. Und sie ging hinaus in die Welt. Unverheiratet machte sie sich auf zu einer Gemeinschaft von geistlichen Frauen, die karitativ oder kontemplativ in Wohngemeinschaften zusammen lebten. Diese Frauen durchbrachen die mittelalterliche Ständegesellschaft, sie nahmen adlige Fräuleins ebenso auf wie Handwerkstöchter. Sie unterstanden keinem Orden und lebten in selbstverantworteter Freiheit. Unter ihnen war sie eine Seelen-Radikale. Es ging nicht einfach um das Glauben. Es ging um Liebesgewißheit und Vollzug. Sie fühlte Gott körperlich. Sie durchlebte mit ihm unerhörte Vereinigungen. »O weh, mein Vielgeliebter, ich bin heiser in der Kehle meiner Keuschheit, aber der Zucker deiner liebevollen Großmut hat meine Kehle zum Klingen gebracht, daß ich nun also singen kann: ›Herr, dein Blut und meines ist eines, unverdorben - / dein Kleid und meines ist eines, unbefleckt – / dein Mund und meiner ist einer, ungeküßt – etc.‹ Dies sind die Worte des Liedes. Die Melodie der Liebe und der süße Herzensklang können nicht ausgedrückt werden, denn das kann keine irdische Hand aufschreiben.« Und doch versuchte sie immer wieder genau das. Schreiben war Liebesakt. Bis sich die Seele nackt vor Gott entkleidet und er sie seine Königin nennt. So körperintensiv sie schrieb, war sie doch körperscheu. Im Paradies, erklärte sie, fand die Befruchtung so statt, wie die Sonne im Wasser spielt »und doch das Wasser unzerbrochen blibet«. Denn Adam und Eva hatten keine Geschlechtsteile, »schemeliche lide«. Erst nachdem sie (beide willig, keiner vom andern verführt) von der falschen Frucht gegessen hatten, stülpten sich jene Organe notwendig heraus (»grulich gestalt« und »egesclich«, also häßlich, abscheulich). Von nun an mußten die Menschen sich schämen.

Wer war die lebensbunte Mystikerin mit dem sexualisierten Reinheitskonzept?

Es handelt sich um die deutsche Mystikerin Mechthild von Magdeburg, ~ 1207 – 1282.

9

Schon als Baby ist er aufgefallen. Da griff er in der Badeanstalt ein Stück Pergament auf und stopfte es sich in den Mund. Als das Kindermädchen es ihm wegnehmen wollte, brüllte er unbändig. Und die Mutter sah, daß auf dem Pergament der Gruß des Engels, Ave Maria, notiert war. Gut, das läßt sich als Heiligenlegende interpretieren, aber auch schlicht entwicklungspsychologisch. Auch für spätere Auffälligkeiten könnte einem nüchternen Interpreten das Wort Autismus einfallen. Dieser Mann kippte einfach immer wieder aus Situationen heraus. Er war anwesend, ohne da zu sein. Fromme Biographen sprechen von »Entrücktsein«. Da sitzt er also zum Beispiel an der festlichen Tafel mit König Ludwig IX. und soll Konversation machen. Aber er schweigt, stiert vor sich hin, reagiert nicht, und auf einmal, mitten im Essen, schlägt er mit der Faust auf den Tisch und ruft: »Das erledigt die Manichäer!« Als der Prior ihn zur Besinnung bringt, entschuldigt er sich kleinlaut beim König: er habe gemeint, er sei in seiner Zelle, »wo ich über die Irrlehre nachzudenken begonnen hatte«. Daß er, als jüngster Sohn, eine kirchliche Laufbahn einschlagen möge, war ganz im Sinne der Familie gewesen, die zwar nur zum niederen Adel gehörte, aber sehr wohlhabend war. Man hatte ihn nach seinem fünften Geburtstag als »Oblatus« Gott dargebracht und den Benediktinern in die Ausbildung gegeben. Karriereziel: Abt von Monte Cassino! Nach dem Klosterinternat also ein Studium in Neapel. Der Knabe aber muß so zwischen 16 und 18 Jahren alt gewesen sein, als er sich entschloß, den Dominikanern beizutreten. Die Familie war entsetzt von der Aussicht, ihr Oblatus werde Mönch in einem Bettelorden. Etwas mußte geschehen. Die älteren Brüder entführten ihn, verschleppten ihn auf ein entlegenes Gut und kerkerten ihn dort in den »Familienturm« ein. Als alles gute Zureden nichts nützte, habe man ihm eine liebliche Kurtisane zugeführt, die ihn bekehren sollte. Er aber habe nur nach einem Holzscheit gegriffen, die Brüder samt der Schönen hinausgejagt, mit der glühenden Kohle ein Kreuz an die Wand gemalt und sich dann von einem Engel trösten lassen. En détail ist das nicht verbürgt. Immerhin hat er mindestens ein Jahr unter Arrest verbracht. Groß, massig, ja fett, mit früh kahlem Schädel und einer Gesichtsfarbe »dem reifen Weizen ähnlich«, lebte er in äußerster Zurückhaltung. Seine Klosterbrüder nannten ihn den »stummen Ochsen«. Seine Konzentrationsfähigkeit war monströs. In seiner Zelle diktierte er gleichzeitig bis zu vier Sekretären, fiel dabei in den Schlaf und sprach schlafend weiter. Und die Schreiber schrieben. Seine Handschrift selbst war unleserlich (»littera inintelligibilis«). Manchmal erschienen ihm Petrus und Paulus. Und sein Ende? Vision, Herzinfarkt? Jedenfalls ist ihm während der Messe an Nikolaus 1273 etwas zugestoßen. Seinem vertrautesten Sekretär gestand er: »Alles, was ich geschrieben habe, kommt mir vor wie Stroh im Vergleich zu dem, was ich gesehen habe.« Im Frühling des nächsten Jahres stirbt er und hinterläßt als Frucht von knapp dreißig Arbeitsjahren 40 Bände eines folgenreichen philosophisch-theologischen Werkes.

Wer war der Kirchenlehrer, der als die fünf wichtigsten Heilmittel gegen »Schmerzen und Traurigkeit« nannte: »Tränen, das Mitleid der Freunde, der Wahrheit ins Auge sehen, schlafen, baden«?

Es handelt sich um den italienischen Philosophen und Theologe Thomas von Aquin, ~ 1225 – 7. März 1274.

10

*D*aß er der Sohn eines armen Hirten gewesen sein soll, ist eine Legende. Sein Vater hatte ein Schiff auf der Mosel und handelte als erfolgreicher Kaufmann. Und doch blieb erstaunlich, wie er als Bürgerlicher in die höchsten Ränge der Kurie aufstieg. In Rom galt er, ein Deutscher, als weißer Rabe. Schon während des Jurastudiums in Heidelberg und Padua hatte er wichtige Kontakte geknüpft. Zwei seiner Studienkollegen wurden später Kardinäle, ein dritter sollte als Kartograph und Astronom Geschichte schreiben. Mit 23 Jahren also promoviert, mit 24 im Dienst eines deutschen Erzbischofs, der ihn in diplomatischer Mission auf Reisen schickte. Früh zeigte sich sein ökonomisches Geschick, kaum einer verkaufte so erfolgreich Ablässe und war so unerbittlich bei der Beschaffung von Pfründen. Er muß alle in Grund und Boden argumentiert haben. Noch die gegensätzlichsten Positionen konnte er miteinander vereinbaren. Auch in Glaubensdingen. Als Christ sah er einen gewissen Wahrheitsgehalt im Islam, im Judentum, sogar in der antiken Götterlehre. Es käme eben nur darauf an, daß die verschiedenen Religionen ihre »Religionsgewohnheiten« (etwa die Beschneidung) als mögliche Varianten des Christentums erkannten. Warum etwa solle man nicht mehrere Götter verehren, wie Heilige, solange nur die zentrale Figur des Gottessohnes unangetastet blieb? Er wußte, daß er Dinge sagte, die zuvor nie gehört worden waren (prius inaudita): »Die Erde ist ein Stern wie jeder andere.« Oder er sprach von seiner »negativen Theologie«, in der »die unendliche Einheit weder Vater noch Sohn noch Heiliger Geist« sei. In seiner Jugend argumentierte er mit der Macht, die vom Kirchenvolk auszugehen habe; dann schlug er sich auf die Seite des Papstes. Opportunistischer Schachzug, oder sah er, daß sich die Kurie nur von oben erneuern konnte? Jetzt ging es steil bergauf: der Papst machte ihn zum Kardinal und beauftragte ihn, mit nachlässiger Religionsausübung kurzen Prozeß zu machen. Er überwachte Klöster und Gemeinden. Alles ging gut, bis er auf eine Äbtissin traf, die einem befestigten Kloster in Tirol vorstand. Hier führten adelige Fräuleins ein sorgenfreies, von Pagen umsorgtes Leben. Klausur der Nonnen? Fasten? Die Äbtissin lächelte und schickte seinen Kontrolleur an der Klosterpforte zurück. Er setzte ihr nach bis zur Exkommunikation. In der Dorfkirche mußte allsonntäglich unter Wiederholung des Bannes eine Kerze ausgeblasen werden (gemeint war ihre Person). Die Äbtissin zuckte mit den Schultern. Als er schließlich den Bauern verbot, das Kloster weiterhin mit Nahrungsmitteln zu versorgen, heuerte sie 70 Söldner an, die im Dorf stahlen, brandschatzten, vergewaltigten. Es kam zu einem Gemetzel, bei dem 52 Männer starben. Der weiße Rabe mußte um sein Leben fürchten. Er floh, wurde gefangengesetzt. Versprach, die Nonnen in Ruhe zu lassen, und widerrief, kaum war er wieder frei. Er starb, bevor sich der Streit klären ließ. Die kühne Nonne wurde zwar nicht wieder Äbtissin, aber sie durfte den Lebensabend in ihrem Kloster verbringen. (Ihre »Sonnenburg« ist heute ein Wellnesshotel.)

Wer war der erste Denker der Unendlichkeit, der schrieb: »Der Mensch kann also ein menschlicher Gott oder wie Gott sein. Er kann als Mensch ein menschlicher Engel oder eine menschliche Bestie sein, ein menschlicher Löwe, ein Bär oder was immer sonst«?

Es handelt sich um den deutschen Philosophen und Theologen Nikolaus von Kues, 1401 – 11. Aug. 1464.

11

Er war das uneheliche Kind eines Geistlichen, der vor der schwangeren Geliebten nach Italien geflohen war. Nicht einmal sein Geburtsjahr ist sicher. Da die Mutter früh starb, wurde er bei Augustinern erzogen. Schon früh war der empfindsame Junge mißtrauisch gegen Frömmelei und religiöse Materialschlachten. Man weihte ihn zum Priester; immerhin gehörte er also irgendwo dazu. Es war in Rom, als er einen sehr italienischen Karfreitagsgottesdienst erlebte: einen »gewaltigen Aufzug von Kardinälen und Bischöfen«; die Predigt war »vollgepackt mit Lobhudeleien« auf den abwesenden Papst, der »als Jupiter Optimus Maximus gepriesen wurde, in seiner Rechten den Dreizack schwingend und den unvermeidbaren Blitz und mit einem Wink vollbringend, was immer er wolle«. Mit solchem Paganismus in der Kirche konnte er nichts anfangen. »Was«, resümierte er, »könnte wirklich abgeschmackter und banaler sein.« Doch auch der Furor alles Reformatorischen blieb ihm fremd. Seine Idee von Gott war freundlich. »Gott«, konnte er sagen, »wird nicht durch grammatische Fehler beleidigt, aber er hat doch auch keine Freude daran.« Sein Gottesdienst war Sprachdienst, eine demütige Verbeugung im Fleiß. Er arbeitete an einer kritischen Edition des Neuen Testaments. Und er paraphrasierte Textstellen, damit sie »den Bauern, den Matrosen, den Maurern, Prostituierten, Kupplern und Türken« leichter verständlich seien. Lernen sollte das Volk, ein ordentliches, ein frisches Latein, ein schönes Griechisch! Er war kein Stubenhocker. Er reiste zwischen England und Burgund, Holland, Basel und Paris. Seine Schüler waren Prinzen; seine

Tischgesellschaft die politische und geistige Elite Europas. Er korrespondierte mit Luther. Am Anfang ging das gut. Bald aber entzweiten sich die so unterschiedlichen Charaktere. Er sei ein »Aal«, wetterte der Reformator (er sagte bei weitem Schlimmeres). Der andere aber gab zu bedenken, daß man mit Höflichkeit doch weiter käme, ohne so vieles zerstören zu müssen. Insgeheim war er radikaler als der heftige Mann aus Wittenberg, aber er bestand auf der Höflichkeit, den Umgangsformen. Der Deutsche, dieses religiöse Genie, war ihm zu übertrieben. Und er fand, daß »die Ungebärdigkeit ein Wesenszug dieses Volkes sei«. Ihm gefiel das Wortspiel, das die »Germanen« an »manisch« band.

Kein Radikaler, kein Fundamentalist, verbeugte er sich hoffend vor dem Einzelnen. Luther schüttelte sich und warf ihm vor: »Menschliches gilt bei ihm mehr als Göttliches.« Er lächelte und gab der Narrheit eine Stimme. Die Torheit schien ihm ein überlebenswichtiges Moment des menschlichen Daseins. In leiser Ironie (war es Ironie?) erinnerte er an all die Weisen, die ob ihrer zu großen Weisheit Hand an sich legen mußten. Genaugenommen, das wußte er schon, war das Leben nicht auszuhalten. So fiel er durch alle Wahrheiten. Von den Männern der Reformation wurde er, der Bonvivant im Kreis seiner schönen Famuli, gehaßt. Die katholische Kirche wollte ihn zum Kardinal machen, aber er sah keinen Grund, die »Katze in Gala« zu geben, und nach seinem Tod kamen seine Schriften auf den päpstlichen Index. Seinen französischen Übersetzer hatte man wegen Ketzerei schon Jahre zuvor verbrannt.

Wer war der schillernde Menschenfreund, der einmal sagte: »Die täuschen sich sehr, die da behaupten, Christus sei von Natur ein trübsinniger Melancholiker gewesen, der uns zu einem freudlosen Leben aufgefordert hätte«?

Es handelt sich um den niederländischen Humanisten Erasmus von Rotterdam, 27. Okt. 1466/1467/1469 – 11./12. Juli 1536.

12

*W*as war er für ein Mensch? Wenig wissen wir von ihm. Und von seinem so kaum deutbaren Werk! Aber vielleicht sehen wir ihn ja, wie manche Forscher ganz sicher glauben, auf seinen Bildern: als abgerissenen, dürren Landstreicher, als guten Freund, der dem Heiligen Antonius hilft, als ein großes, knöchernes Gesicht im Baum. Melancholisch sieht er aus. Gequält? Stoisch aushaltend? Aber ist er nicht auch dort zu sehen, selbstbewußt, körperlich sicher, da, hinter dem knieenden, nackten Mann, aus dessen Anus blühende Blumen sprießen. Ja, ist er das nicht, dieser (ebenfalls) Nackte, der eine vollerblühte rote Blume mit zwei Blüten hochhält, als habe er sie gerade dort aus dem Hintern des andern gepflückt? Oder als möchte er sie ihm in diesen mit zärtlicher Geste hineinstecken? Viel Unentschiedenes ist dabei. Jedenfalls hat er die Blume ruhig in der Hand und sieht dabei kühn auf den vasenhaften After. Das alles wie in Zeitlupe. Gedehnte, staunende Lust, als sei sie eine Fingerübung. Und dann, auf dem nächsten Bild, die subtilsten Qualen, die sich ebenso langsam vollziehen, an den gedehnten Körpern, die offensichtlich ein hochsensibles Instrument sind für elegante Etüden in allen Tonarten von Schmerz. Seltsam das alles. Denn es ist ja auch Kinderlust dabei, mutwillige Freude, ein Fabulieren in Formen, Chimären, Symbolen zwischen Paradiesgärten und Höllenfeuern. Überall hockt diese unerklärliche Eule. Und was sollen die überdimensionierten Früchte? Himbeeren, als seien sie der Himmel der Lust. Und diese nackte schwarze Frau dort, mit der Kirsche auf dem Kopf? Eine Allegorie für Afrika und andere Kontinente, die er nie sah? Oder die Nonne ohne Kutte, rosafleischfarben, die noch den Flagellationsriemen um die wohlgeformten Oberschenkel trägt. Und das alles in farblicher Sorgfalt, subtile Striche, frohe Schatten. Wieviel künstlerische Liebe in all dieser keuschen Pornographie aus den Reichen der Sinne! Aus welchem Seelengrund kommt das?

Maler in der dritten Generation, auch zwei seiner Brüder malten. Verheiratet mit einer Tochter aus allerbestem Hause (sie bringt ein Haus, ein Gut in die Ehe; fortan ist er finanziell unabhängig), Mitglied in einer elitären Bruderschaft, die die besten Männer seiner Stadt vereinigte. Erfolgreich. Und glücklich, nehmen die Kunstkritiker an und rätseln über seine Auftraggeber. Manches hat er sicher für die Kirche gemalt. Aber anderes: unmöglich! Doch wer bezahlte, und wer stellte solche wahnsinnigen Fügelaltare aus? Geheimbünde, die vor seinen Bildern schwarze Messen feierten? Wir wissen es nicht. Hingegen lernen wir aus seinen Tafeln: Der Mensch ist begabt. Aber nicht gut. Er ist schön, aber verführbar. Er ist herrlich, daß Gott erbarm! Er ist lustgefährdet und vielleicht schmerzgeschützt. Aber sein Gott ist klein, scheu, im Vergleich zu den Dämonen, die die Artistik beherrscht. Wäre wirklich sein Gott ein erstes, modernes, in die irre Schöpfung geworfenes Ich?

Wer war der ungeheure Maler, von dem ein kluger Kunsthistoriker einmal sagte: »Er legte den Trost allein in die Meditation. Deren Inhalt war die Aussicht, die er bildhaft aussprach, daß die Überfüllung und die Übertreibung der Natur in zwar ferner Zeit auf ein unausweichliches Ende hintreiben müsse. Er malte den ersten Morgen eines Zeitalters, in dessen Abend wir noch stehen«?

Es handelt sich um den niederländischen Maler Hieronymus Bosch,
~ 1450 – Aug. 1516.

13

Welch Ungeheuer war der Mensch? Er, Sohn eines Anwalts, hochbegabt, belesen, betrachtete diese Spezies mit äußerster Skepsis. Er war keine Dreißig, da machte er politische Karriere als rhetorisches Genie. Im Auftrag seiner Stadtrepublik Florenz verhandelte er mit den Führern ihrer Söldnerheere, die keine guten Worte, sondern Geld wollten. Da gab es den berüchtigten Paolo Vitelli, der bereits seit seinem dreizehnten Lebensjahr kämpfte und bekannt dafür war, den gefangenen Musketieren die Augen auszustechen und die Arme abzuhacken. Oder den jungen Ottaviano Riario, der, unmündig, von seiner Mutter vertreten wurde. Diese Caterina Sforza war eine rothaarige Schönheit mit Porzellanteint. Einmal, auf der Flucht vor ihren Verfolgern, die drohten, ihre kleinen Kinder zu töten, lachte sie nur hoch oben auf den Festungsmauern, zeigte mit erhobenen Röcken ihr nacktes Geschlecht und rief: »Ich habe immer noch die Möglichkeit, neue zu machen.« Sie hatte auch versucht, den Papst zu töten, indem sie ihm Briefe schickte, eingeschlagen in Tücher, die zuvor um die Köpfe von Pestkranken gewickelt worden waren. Mit dieser Dame führte er diplomatische Verhandlungen. Am meisten vielleicht hat ihn der schaurige Cesare Borgia beeindruckt, sechs Jahre jünger als er, der fünf Sprachen fließend sprach, in der Arena an einem Tag vier Stiere erledigt hatte, ein Hufeisen von Hand biegen konnte und in den Hügeln vor Florenz mit Leoparden auf die Jagd ging. Er trug Gewänder aus schwarzem Samt und eine Maske, um die Entstellungen, die die Syphilis auf seinen Zügen hinterlassen hatte, zu verbergen. Was für ein Ungeheuer war der Mensch? Angesichts des Söldnerführers Borgia jedenfalls konnte er nur schwärmen: »Dieser Fürst ist durchaus herrlich und großartig.« Als er es endlich schaffte, Florenz von Söldnerheeren unabhängig zu machen, indem er eine eigene Bürgermiliz aufstellte, beförderte er an deren Spitze Don Michelotto, der den Florentinern als »Ungeheuer der Verderbtheit« galt. Seine Spezialität war das Erdrosseln. Und da ihm der Strick so geschickt durch die Hände lief, tötete er einmal nebenbei einen Schuster, nur weil der seiner Meinung nach einen zu hohen Preis für ein Paar Stiefel berechnet hatte.

Durfte die Macht alles, solange sie alles im Griff hatte? War dem freien menschlichen Individuum im Staat nicht zu trauen? Das Schicksal brachte ihn für drei Wochen ins Gefängnis. Er wurde gefoltert und verfaßte darüber – als Gnadengesuch – Gedichte, in denen er die Folter beschrieb. Die Hände hatte man ihm am Rücken zusammengebunden und ihn an einem Strick in die Tiefe gestürzt, so daß die Schultergelenke auskugelten. Sechsmal will er diese Tortur hinter sich gebracht haben. Nach der Entlassung schrieb er einem Freund, wie er sich erhole: »Täglich suchen wir das Haus irgendeines Mädchens auf, um wieder zu Kräften zu kommen.« Ein Menschenfreund war er vielleicht nicht gerade. Aber war er wirklich ein Zyniker oder nicht vielmehr der erste radikale Pragmatiker der Macht?

Wer war der Staatsdenker und Dichter, den man später einen »Galilei der politischen Philosophie« genannt hat und der einmal sagte: »Es gibt drei Arten von Intelligenz: die eine versteht alles von selber, die zweite vermag zu begreifen, was andere erkennen, und die dritte begreift weder von selber noch mit Hilfe anderer«?

Es handelt sich um den italienischen Politiker und Staatsphilosophen Niccolò Machiavelli, 3. Mai 1469 – 21. Juni 1527.

14

Ein Senkrechtstarter war er nicht. Einfache Verhältnisse, Ausbildung beim Vater, einem Maler in der oberfränkischen Provinz. Beide malten anonym. So um sein 30. Lebensjahr tauchte er in Wien auf. Einige seiner Sachen gefielen, da eine Kreuzigung, dort eine Ruhe auf der Flucht. Er war 33, als er an den kursächsischen Hof nach Wittenberg gerufen wurde. Wo man ihn brauchte, packte er an: staffierte Schlösser aus, bemalte Jagdzimmer, verzierte Decken, Möbel, entwarf Ballkleider und Masken, und wenn es sein mußte, strich er auch einen Gartenzaun neu oder einen Schlitten. Er war sich für nichts zu schade, ein fleißiger Allrounder, der, wie die Rechnungsbücher belegen, zunächst nur zehn Prozent seiner Zeit dafür nutzte, Gemälde religiösen oder mythologischen Inhalts zu liefern oder Portraits zu machen. Er paßte sich an und brach dabei kaum merklich aus. Warum sollte er Männer malen? Statt einer heiligen Familie umgibt er Mutter und Kind lieber mit lieblichen Mädchen. Seine zunächst noch pummeligen Madonnen und heiligen Frauen geraten nach und nach schlanker und lösen sich vom frommen Hintergrund. Sie werden jünger und nackter. Ein Kunsthistoriker spricht von »fischglatten Kindfrauen«. Ein antiker Paris ist ihm ein Vorwand, sich bei Akten aufzuhalten. Und bald malt er in immer neuen Varianten Adam und Eva, nicht mehr symbolisch als Eltern des Menschengeschlechts, sondern als einen unbekleideten Mann und eine unbekleidete Frau. Allein 40 Lucretien von ihm sind bekannt, wie sie nach der Vergewaltigung voller Scham den Dolch gegen die schöne Brust halten. Doch nie fließt Blut. Nur weißes

Fleisch schimmert. Im Alter war er – auch international – der erfolgreichste Aktspezialist seiner Epoche. Mittlerweile hatte er ein gutes Dutzend Maler in seiner Werkstatt. Keinem von ihnen sollte es gelingen, sich als Künstler zu profilieren. Sie arbeiteten alle nach seinen Vorlagen, nach seinem Stil. Er hatte sein Atelier zur Manufaktur gemacht. Kirchliche Würdenträger liebten seine dem Frommen entsprungenen Nackten, die auf einem Bein tänzeln, sich schlank räkeln und, als solle ihre Nacktheit durch Accessoires noch betont werden, eine Perlenkette tragen, einen Hut, einen transparenten Schleier, der durch den silbrigen Faltenwurf gerade auf die Gesäßspalte aufmerksam macht oder einen Glanz setzt über der dunklen Tiefe, wo die Innenseite der Schenkel beginnt. Einem Kardinal malte er dessen Geliebte, die Bäckerstochter Barbara, als schmelzende Hl. Magdalena, und manche Hofdame verwandelte sich unter seinem Pinselstrich in eine rosenhinterne Grazie. Das Gesicht seiner Frau ist nicht bekannt. Er hatte 40jährig eine einflußreiche Ratsherrentochter mit Mitgift geheiratet. Warum hat er sie nie dargestellt? War sie häßlich? Oder hat sie all seinen Akten ihren Körper gegeben, aber nicht ihr Gesicht? Sie starb zwölf Jahre vor ihrem Gatten. Es gibt kein Grab, keinen Grabspruch. Erstaunlich, wenn man bedenkt, daß er bei ihrem Tod der reichste Mann seiner Stadt war.

Wer war der routinierte Maler eines neuen Frauentyps, von dem Beuys sagte: »Wenn man den Farbauftrag untersucht, sieht man, daß er etwas Kochendes hat, ein alchemistisches Element«?

Es handelt sich um den deutschen Maler Lucas Cranach, ~ 1475 – 1553.

15

*E*in außergewöhnlich begabter Junge. Bald sprach er Latein wie seine Muttersprache. Mit zwölf wurde er Page beim zweitmächtigsten Mann im Staat und lernte die 36 Indizien kennen, aufgrund derer die Rangordnung der geladenen Gäste auf einen Blick zu erkennen war. In seidenen Beinkleidern trug er Fleisch auf silbernen Platten herein. Er verbeugte sich galant. Dann Oxford: Literatur, Rhetorik, Theologie, doch der Vater, ein Richter, möchte, daß er sich in London zum Juristen ausbilden läßt. Selbstverständlich gehorcht er.

Er war tiefgläubig. Eine Weile lebte er als Laie in einem Kartäuserkloster, um in Einsamkeit und Schweigen zu prüfen, ob er zum Geistlichen tauge. Mit 26 Jahren nahm er doch die Ehe auf sich; seine Sexualität war nicht zu unterdrücken. Er las Augustinus, der ebenfalls mit einem quälenden Geschlechtstrieb geschlagen war. Eine erste Frau schenkte ihm in sechs Jahren drei Töchter und einen Sohn (und starb vermutlich im Kindbett zusammen mit dem fünften Kind). Seine zweite Frau, die er innerhalb des nächsten Monats geheiratet hatte, brachte eine Tochter aus erster Ehe mit. Zwei Pflegetöchter kamen hinzu. Den Haushalt organisierte er quasi klösterlich. Stunden- und Tischgebete, Bibellektüre, meist unter Einbezug der Bedienten; ständige Beschäftigungen gegen den Wildwuchs des Begehrens. Einfache Speisen. Wasser. Großen Wert legte er auf die Ausbildung der Mädchen. War er auf Reisen, mußten sie seine lateinischen Briefe ins Englische übersetzen und ihm täglich auf Latein antworten. Zum Erlernen der griechischen Buchstaben ließ er sie mit Pfeil und Bogen auf die Lettern zielen.

Er machte Karriere; für gesellschaftlich unvermeidbare Hofgelage büßte er daheim in seiner Hauskapelle, sich kasteiend und fastend. In Brügge, während einer kurzen Reise, schrieb er ein folgenschweres Buch. Dialogisch spielte er mit der Frage, was die besten Bedingungen für eine ideale Gesellschaft seien. Kein Privatbesitz, keine Anwälte. Kriege, wenn nötig, von Sklaven (eingekaufte Todeskandidaten) geführt. Täglich sechs Stunden handwerkliche Arbeit für jeden. In der Freizeit: Bildung. Städtisches Leben, aber Begrenzung der Einwohnerzahl. Arbeitseinsätze auf dem Land. Er glaubte an den seelischen Segen des Ackerbaus. Luther war ihm ein Monstrum, ein Anarchist, der die Sancta Catholica erschüttert hatte. Er beschimpfte ihn in einem an ihm geschulten Fäkal-Latein als Scheiß-Teufel (»cacodemon«), dem man in den Mund pissen (»meiere«) dürfe.

Am Ende höchster Königsberater (»Sage ihm immer, was er tun sollte; niemals was er könnte«). Als sich der König aber zum Oberhaupt der Kirche machen will, leistet er den Treueeid nicht. Im Tower sieht er sich freudig in der Nachfolge der Passion Christi. Er wird wegen Hochverrats verurteilt und zur Enthauptung begnadigt. (Die übliche Tortur einer Ausweidung bei lebendigem Leib erspart man ihm.) Auf dem Schafott bittet er den Henker, seinen schönen Bart nicht zu durchtrennen, der habe schließlich keinen Hochverrat begangen. Sein Kopf wird auf der London Bridge zur Schau gestellt; seine älteste Tochter, die als eine der gelehrtesten Frauen ihrer Zeit galt, kann ihn nach einem Monat auslösen.

Wer war der große Humanist und Heilige, der sagte: »Die Menschen erkaufen sich die Hölle mit so großer und schwerer Arbeit, daß sie sich mit der Hälfte davon hätten den Himmel erkaufen können«?

Es handelt sich um den englischen Staatsmann und Schriftsteller Thomas Morus, 7. Feb. 1478 – 6. Juli 1535.

16

*E*r war ein Genie der Vermarktung! Ein Netzwerker, Mehrfachverwerter und, wie es ein Zeitgenosse formulierte, »der habsüchtigste Mann, den die Natur jemals hervorgebracht hat«. Jedenfalls konnte er malen. Als noch unbekannter Jüngling bekam er die Fresken einer Seitenfassade übertragen; der arriviertere Kollege gestaltete die Front. Am Ende aber wurde der Kollege vor allem für die Seitenfassade gelobt. Der war sauer. Und vielleicht ahnte er, der Newcomer, da schon, daß man auf die begabte Jugend aufpassen sollte. Tatsächlich sind später aus seiner eigenen großen Werkstatt keine bekannten Maler hervorgegangen. Er konnte Konkurrenz abschütteln. Sein erster Biograph erwähnt, er habe dafür zu sorgen gewußt, daß gerade ein begabter Schüler einen bedeutenden Auftrag nicht bekam.

Er wurde »Die Sonne unter den Sternen« genannt. Doch seine 646 Werke hat er nicht allein geschaffen. Er signierte Gemälde seiner Werkstatt, an denen er wenig gearbeitet hatte. Kaum eines war ganz aus seiner Hand. Großen Wert legte er auf das Finishing, seine Endabnahme, bei der er die markanten Pinselstriche setzte, die das signalisierten, was die Käufer mit seinem Namen verbanden. Arbeitete er an einem Sujet, das er als verkaufsträchtig einschätzte, stellte er ein »Simile« her, eine Art Grobkopie, die er bei Bedarf noch einmal ausführte. So entstanden Serien, und er wurde sein eigener Fälscher. Um Pfründe für seinen Sohn zu erhalten, schlug er einem Kardinal vor, in das bestellte Venus-Bild den Kopf von dessen Mätresse einzufügen.

Eine dynamische Ruhm- und Gewinnmaximierung erreichte

er durch die Zusammenarbeit mit einem berühmten Dichter und Kunstkritiker. Der Poet schrieb ihm flammende, von vornherein zur Veröffentlichung gedachte Briefe, ja, er textete Sonette über seine Bilder, die sich dann noch besser verkauften: an Herzöge, Könige, Kaiser, Päpste. Dies wiederum kam dem Dichter zu Gute, dessen Ruf in den Kreisen der Mächtigen weiter wuchs. Und der pries den Maler gerne wieder. Karl V. war entzückt über das Portrait, das er für ihn geschaffen hatte. Und wollte immer noch ein weiteres. Denn anders als die deutschen Maler, die den hervorstehenden Unterkiefer des Habsburgers gnadenlos realistisch darstellten, hatte er ihn verschönt: Wille, Souveränität, aber auch Müdigkeit und Melancholie traten nun in die Züge des Kaisers und gaben ihm eine geheimnisvolle Aura. Gerne kam er auch den erotischen Bedürfnissen seiner Auftraggeber entgegen. Für ihre Gemächer schuf er Frauen von aufreizender Nacktheit, die in den Briefen »la bella« oder »la donna nuda« hießen. Seine Modelle waren die schönsten Prostituierten Venedigs. Doch dann warf er den Tugendmantel der Mythologie über sie. Als Danae öffneten sie Schenkel, deren Nacktheit durch ein schmales Tuch noch akzentuiert wurde, oder sie zeigten als wartende Venus einladend ihr samtenes Fleisch. Alle staunten über die pulsierende Sinnlichkeit dieser Bilder. Es gebe, so hieß es über eine Venus, »keinen Menschen von noch so scharfem Blick und Geschmack«, der »bei ihrem Anblick sie nicht für lebendig hielte, keiner, welcher von den Jahren so kalt geworden wäre, daß er nicht alles Blut in den Adern erwärmen und wallen fühlte«. Er habe nicht mit Farben, sondern mit Fleisch gemalt.

Wer war der Maler der Mächtigen, der Madonnen und der hinreißenden Pin-up-Girls der Hochrenaissance?

Es handelt sich um den italienischen Maler Tizian, ~ 1477 (1490?) – 27. Aug. 1576.

17

Sein Vater, potenter Vertreter des Hochadels, erzog seine sieben Söhne im Geist aggressiver Männlichkeit. Er, der letztgeborene Sproß (seine Mutter war nach der Geburt gestorben), wurde zunächst in die Familie des örtlichen Schmieds gegeben. Manche Biographen sprechen von früher sexueller Traumatisierung und einer lebenslangen Suche nach der Mutter. Einer seiner Brüder wird, obwohl er Priester war, vier Kinder hinterlassen. Mit ihm zog er herum. Das Ergebnis einer gewalttätigen Nacht waren Prozeßakten, die von »großen und bedeutenden Vergehen« sprechen. Was war geschehen? Raub, Vergewaltigung, Totschlag? Die beiden jungen Aristokraten konnten sich entziehen und später alles verwischen. In seiner Autobiographie blieb er diskret und sprach von jugendlichem »Gefallen an Waffenübungen«. Eine Kriegsverletzung, an der er fast gestorben wäre, änderte alles. Das gebrochene Bein wuchs schlecht zusammen, mußte nochmals gebrochen werden. Und dann sägte man ihm den unter dem Knie herausstehenden Knochen einfach ab. Er soll die Tortur stolz und stoisch ertragen haben. In den Wochen der Genesung aber bekam er statt der Ritterromane, die er liebte, nur fromme Schriften über das Leben Christi und der Heiligen in die Hände. Er las, weil nichts anderes da war. Und hatte eine Vision. Er sah »klar ein Bild Unserer Lieben Frau mit dem heiligen Jesuskind« und empfand »für geraume Zeit ganz außerordentlichen Trost. Und eine solche Abscheu vor seinem ganzen vergangenen Leben und besonders vor den Sünden des Fleisches« erfüllte ihn, daß er von Stund an einen anderen Weg einschlagen mußte. Zunächst begann er zu notieren: »die Worte Christi in roter Tinte und die Unserer Lieben Frau mit blauer«. Das Krankenbett machte ihn zum autodidaktischen Theologen. Er mißtraute jedem Wohlbefinden. Was er allein befriedigen wollte, war der »Haß gegen das eigene Ich«. Kaum konnte er halbwegs laufen, ließ er alles hinter sich (immerhin war er mittlerweile Vertrauter eines Vizekönigs) und pilgerte bettelnd über Venedig nach Jerusalem, ein kleiner Mann, Umhang, breitkrempiger Hut, hinkend. Visionen gehörten zu seinem Alltag. Skeptiker sprechen von Flüssigkeitsmangel und Unterzuckerung durch übertriebene Askese. Er sprach von Gott und dem Teufel. Beide gewitterten durch sein Triebleben. Seine Skrupel brachten ihn an die Grenze zur Selbsttötung. Dann hungerte er »sich unmittelbar an den Rand des Grabes«. Wollte er sich nicht einmal durch das Kloloch hinab in die Tiefe stürzen? Doch da spürte er einen göttlichen Wink. Und ließ es sein. Manchmal sah er Gott in Form von drei Orgeltasten, als musikalische Trinität. Solche Offenbarungen rührten ihn zu stundenlangem anfallsartigen Weinen, in dem er sich reinigend verzehrte. Und floß nicht die verflüssigte Seele in eins mit Gott? Oder weinte er nach der Mutter? Er ging über Leichen und machte Karriere.

Voltaire sah ihn eher distanziert: »Wollen Sie einen großen Namen erwerben, Gründer sein? Seien Sie total verrückt; aber von einer Verrücktheit, die zu Ihrem Jahrhundert paßt. Behalten Sie in Ihrer Verrücktheit einen Bodensatz von Vernunft, mit dessen Hilfe Sie Ihre Extravaganzen steuern können, und seien Sie über die Maßen stur.« Papst Paul V. hat ihn selig, Papst Gregor XV. hat ihn heilig gesprochen.

Wer war der Visionär und Ordensgründer?

Es handelt sich um den spanischen Theologen Ignatius von Loyola, 31. Mai 1491 – 31. Juli 1556.

18

*W*as für ein Körper! Dieser überstreckte Kopf, die Augen nach oben gekehrt, unter der spitzen Nase ein offener Mund, als sei noch ein letztes Röcheln zu hören. Wie klebrig hängt das schwarze Haar von der steinernen Lagerstätte herab. Die Gliedmaßen sehnig, mager ausgestreckt über einem zerknitterten Tuch. Direkt vor dem Betrachter krampft die rechte Hand, den Mittelfinger weggestreckt, als wolle der Maler zeigen, daß hier die Nerven durch die Kreuzigung durchtrennt wurden. Als Dostojewski das Bild sah, soll er einem epileptischen Anfall nahe gekommen sein. Später ließ er seinen jungen Helden Myschkin sagen, dieses Gemälde habe die Kraft, den Glauben auszulöschen. Nie zuvor wurde Christus so realistisch als bloße Leiche dargestellt.

Er war der Sohn eines Augsburger Malers und hatte, wie sein älterer Bruder, in der väterlichen Werkstatt gelernt. Als der Ruin des Vaters nicht mehr abzuwenden war, zogen die Brüder nach Basel. Durch Heirat mit einer Witwe wurde er Bürger der Stadt und Mitglied der »Zunft zum Himmel«. Sein Bruder starb. Er kam durch, zeugte Kinder; eines hatte die Frau in die Ehe gebracht. Wer sollte sie alle ernähren? Er war auch Goldschmied, beherrschte die Freskomalerei, das Illustrieren. Nie hat er einer Schule angehört; einmal sah er in Norditalien, was die Kollegen dort machten. Versuche, in Frankreich beim Hof unterzukommen, wollten nicht recht gelingen. Schließlich lernte er in Basel einen einflußreichen Gelehrten kennen, der ihn schätzte und an den englischen Hof vermitteln konnte. Dort wurde er Maler des Königs, gestaltete Dekorationen für ausladende Feste, fertigte Portraits, ja, er begründete bald eine neue Tradition der Portraitmalerei. Niemand malte so lebensecht wie er. Und keiner gab seinen Modellen eine eigene geheimnisvolle Aura. Wenn es sein mußte, konnte er schnell sein. Als der König eine neue Gattin brauchte (zwei waren ihm gestorben, eine hatte er hinrichten lassen), schickte er diesen Portraitmaler auf Brautschau zu den machtpolitisch interessanten Kandidatinnen. Unter ihnen wollte er die Schönste. Und der Maler kam zurück mit dem hinreißenden Bild einer 16-jährigen Dänin, verwitwete Herzogin von Mailand: ein elfengleiches Wesen in Pelz und Trauer. (Das schöne Kind aber wollte den König nicht; das Risiko, auch geköpft zu werden, war ihr zu groß). Er portraitierte Schwestern aus Le Havre (Verwandte des französischen Königs), eine aparte Adlige aus Nancy. Die Projekte zerschlugen sich. Schließlich blieben zwei Töchter eines deutschen Herzogs. Und die eine, die der politische Berater des Königs ausgesucht hatte, war nicht schön, nicht einmal kultiviert. (Von der »flandrischen Mähre« war später die Rede.) Er tat, was er konnte, pinselte den Schmelz der Juwelen, den Schimmer des Haars. Der König unterschrieb den Ehevertrag. Als die Braut vor ihm stand, soll er gesagt haben: »Ich mag sie nicht.« (Er tröstete sich schnell mit deren leidenschaftlicher Hofdame, die er dann aber ebenfalls hinrichten ließ.) Während die Köpfe fielen, lavierte der Hofmaler durch alle amourösen und politischen Klippen. Ein erschütterndes Bild zeigt seine in Basel zurückgelassene, geprüfte Frau mit zwei früh gealterten Kindern, gemalt, als verbeuge er sich vor deren Schicksal. In London soll er eine Zweitfamilie unterhalten haben.

Wer war der frühe Maler des natürlichen Gesichts?

Es handelt sich um den deutschen Maler Hans Holbein d. J., 1497/1498 – 20. Nov. 1543.

19

Mons, ein Städtchen in den Niederlanden des 16. Jahrhunderts. Ein etwa siebenjähriger Junge fällt auf. Er hat etwas, das Kaiser und Könige begehren: eine klare, helle Stimme. Kaum kann er schreiben, wird er Chorknabe in seiner Kantorei. Dort hören ihn die politischen Gesandten, die aus ganz Europa kommen und durch den Hennegau, Burgund, Flandern ziehen auf der Suche nach den besten Sängern des Kontinents. Ein guter Chor samt Kapelle gehörte zur Prachtentfaltung und war die PR-Abteilung der Mächtigen. Erwachsene wurden mit Geld und guten Worten angeworben. Kinder nahm man auch so mit. Ihn hat man dreimal gestohlen. Zweimal gelang es seinen Eltern, ihn zurückzubekommen. Das dritte Mal sagte der Junge, er wolle bleiben. So lebte er bei Fernando Gonzaga, Vizekönig von Sizilien und Oberbefehlshaber der Truppen von Kaiser Karl V. Mit Gonzaga reiste er durch Italien, befuhr die Küste zwischen Palermo und Genua, geriet in Gefechte mit Piraten. Er lebte wild und gefährlich und sang. Er lernte das Spiel der Commedia dell'arte kennen, das ihm gefiel. Nach dem Stimmbruch gab ihn der Herrscher zu einer Base nach Neapel. Er begann zu komponieren, unterrichtete in den Kreisen der Aristokratie. Bald war er angesehener Kapellmeister an der Laterankirche in Rom; doch er riß sich wieder los von den Zwängen der Kurie, zog nach Antwerpen und begann etwas, das es vorher nicht gab: das Leben eines freien Komponisten. Antwerpen mit dem vielleicht wichtigsten Hafen Europas war durchweht vom Geist eines frühen Kapitalismus. Den er verstand. Er suchte sich den besten Drucker der Stadt (einen ausgebildeten Kalligraphen) und ließ seine Kompositionen drucken. Bald auch in Venedig. Am Anfang veröffentlichte er vor allem das, was für alle war, Volksmelodien, ein wenig anspruchsvoller arrangiert, intelligent vielstimmig gesetzt. Schnell war er europaweit bekannt. Und ein melancholischer Herzog rief nach ihm. Albrecht V. war vielleicht kein begabter Herrscher, aber ein großer Mäzen und Musikliebhaber. Und er widmete ihm nun eine Komposition, die den Herzog umwarf: Prophetiae Sibyllarum, eine mystische Musik in niegehörten Halbtonschritten. Der Herzog ließ eine illuminierte Prachthandschrift herstellen, und dann hielt er die Musik geheim. Nur seine private Kapelle durfte sie spielen, nur in seinen Gemächern. Vor ihm allein, dem einzigen Zuhörer dieses musikalischen Wunders! Die Prophetiae Sibyllarum wurden nur einmal öffentlich aufgeführt, in Frankreich am Hof von Charles IX. Gedruckt wurde das Werk erst sechs Jahre nach dem Tod des Komponisten.

Als Gesandter, der Musikermaterial beschaffen sollte, hatte der Kapellmeister weniger Glück. Allenfalls »Mittelschuß« habe er geliefert, schrieb der erboste Herzog einmal: »Er hat ein Capaun bracht von Mantua, der sagt gleichwohl, er sey heiser; das mag nun seyn, so viel ich aber von ihm gehört, dünkt mich an der Stimm und an der Manier gar nichts zu seyn. So hat er einen Altisten bracht; ich glaub, der sey meines bucklichten Teppichmachers Bruder, allein daß er noch viel kürzer und krummer ist dann derselb.« Von einer Gehaltskürzung sah der Herrscher indessen gnädig ab.

Wer war der herrliche Musiker, dessen Motette »Gustate et videte«, wie Augenzeugen berichten, die Sonne hervorkommen ließ?

Es handelt sich um den niederländischen Komponisten Orlando di Lasso, 1532 – 14. Juni 1594.

20

Er hatte eine Liebesgeschichte mit dem Universum. Wenn er den Blick hob, wußte er: Das Universum war kein Mechanismus. Es war ein Organismus. Etwas, das in Verwandlung lebte und in keiner Beschreibung zu fixieren war. Schon gar nicht mit rein mathematischen Kriterien. Das Universum war unerschaffen und unendlich. Und die Erde war nur eine kleine seiner Manifestationen, ein vergänglicher Himmelskörper. Für ihn gab es »soviel Welten, als wir leuchtende Funken über uns sehen«. Und er, der erkennende Philosoph, war ein Liebender, dem Aktaion zu vergleichen, dem es gegeben war, »Diana nackt zu schauen und dahin zu kommen, daß die schöne Liebesgestalt der Natur ihn ganz verzaubert und er dann durch die beiden Augen, durch die er den Glanz göttlicher Güte und Schönheit wahrgenommen, in den Hirsch verwandelt wird und fortan nicht mehr Jäger, sondern gejagtes Wild ist.« Aktaion geht als Wild in die Wildnis ein, »gleichsam göttlich lebt er in der Erhabenheit des Waldes«. Und wenn ihn die Hunde dann auch verschlingen, so »befreien sie ihn aus dem Leibeskerker der Materie«. Und Aktaion erspäht nun Diana nicht mehr durch Spalten und Fenster, sondern er wird selbst »ganz Auge«. So »schaut er das Ganze wie ein Einziges und sieht nicht mehr durch Unterscheidung und Zählung, wie sie sich aus der Verschiedenheit der Sinne ergibt, durch die man wie durch Ritzen nur in verworrener Weise wahrnehmen kann.« Die Sinne täuschten. Sie glaubten, Konstanz wahrzunehmen, doch alles war immer in Verwandlung. Bilder, denen er traute, waren Flugsand und fließende Wasser.

Mit Maria und ihrer unbefleckten Empfängnis konnte er nichts anfangen; die Idee, daß Christus Gottes menschgewordener Sohn sein sollte, schien ihm bestenfalls provinziell. Der Gedanke an ein Jenseits, gar an ein Jüngstes Gericht, schien ihm absurd. »Die Seele des Menschen ist in spezifischer und genereller Wesenheit dieselbe wie die der Fliegen, der Austern, der Pflanzen, überhaupt jeglichen beseelten Wesens. Denn es gibt keinen Körper, der nicht mehr oder weniger lebendig und vollkommen in sich selber Anteil hätte an der Weltseele.« Das waren kühne Gedanken, zumal für einen italienischen Dominikanermönch zur Zeit der wiedererstarkten Inquisition. Sein halbes Leben war er auf der Flucht. Die letzten acht Jahre saß er im Gefängnis. Unter Foltern widerrief er, aber nicht alles. Mit dem Gottessohn konnte man ihn jagen. Er hatte Gott gesehen. Man verbrannte ihn öffentlich, nackt, geknebelt, bei lebendigem Leib. Ein Augenzeuge berichtet: »Seine Arme hingen wie leblos herunter. Man hatte sie aus den Gelenken gerissen, als man ihn über das Rad geflochten hatte. Nicht genug damit – die furchtbaren Marterwerkzeuge hatten an vielen Stellen das Fleisch bis auf den Knochen heruntergeschabt«. Als man ihm das Kruzifix zeigte, wendete er den Kopf in Verachtung. Seine Texte standen bis 1966 auf dem päpstlichen Index.

Wer war der erste Philosoph der Moderne, der seinen christlichen Folterern sagte: »Mit größerer Furcht verkündigt ihr vielleicht das Urteil gegen mich, als ich es entgegennehme«?

Es handelt sich um den italienischen Philosophen Giordano Bruno, 1548 – 17. Feb. 1600.

21

*U*m Bauer zu werden, war das Büblein zu zart. Aber ehe die Eltern es zu einem Schuhmacher in die Lehre geben können, schicken sie den Kleinen zum Viehhüten. In der Natur hat er seine erste Vision. An einem Felsen findet er eine seltsame Öffnung, geht hinein und entdeckt »eine große Bütte mit Gelde«. Das Grausen packt ihn, und er läuft davon. Dies aber, erklärt ein früher Biograph, sei bereits das Zeichen dafür gewesen, daß er einst »einen geistlichen Eingang in die verborgene Schatzkammer der göttlichen und natürlichen Weisheit« finden sollte. Zunächst fand er eine Schusterbank und bald die Metzgerstochter Katharina. Doch mit dieser Gattin schien sich ihm tatsächlich eine andere Welt zu öffnen. Der Liebesakt, die Geburt des Sohnes, das waren Mysterien, die ihn ergriffen. Seine große Gottes-Schau hat er denn auch im ersten Ehejahr, er wird durch den »gählichen Anblick eines zinnernen Gefäßes (als des lieblich jovialischen Scheins) zu dem innersten Grunde oder centro der geheimen Natur eingeführt«. Von nun an weiß er, daß er anders ist. Er kann nichts dafür, er will ein braver Schuster sein, aber der Geist hat ihn gepackt, auch er ist nun »schwanger« mit einem »heftigen Triebe«, und dann kommt das Schreiben über ihn »als ein Platzregen, was der trifft, das trifft er«. In seinen Texten fehlen Silben oder Buchstaben, ganz zu schweigen von der allgemein üblichen Orthographie. Aber, gesteht er, er kann es oft nicht recht bedenken, was er schreibt, »alles ist nach dem Geist gerichtet, welcher öfters in Eil gegangen, daß dem Schreiber die Hände wegen der Ungewohnheit gezittert«. Er lernt sich als einen anderen kennen: »Denn ich, der ich der Ich bin, habe es nicht zuvor gewußt, daß ich euch geschrieben habe. Ich vermeinte, ich schrieb allein mir und ist ohne meinen Bewußt also geraten.« Des Menschen Seele erkannte er als heilig. Sie schien ihm von der gleichen Essenz und Substanz zu sein wie die Engel. Einmal nannte er sie das »kleine Götterlein«. Und der große Gott war nicht in den Kirchenmauern oder Gelehrtenstuben zu finden, sondern, wie er es als Hütekind schon erlebte, draußen. »Siehe, du blinder Mensch, ich will dirs zeigen; gehe auf eine Wiese«, rät er oder: »Tue deine Augen auf und gehe zu einem Baum und siehe den an und besinne dich!« Leider hat »Herr Luzifer in seiner Erhebung« die gottgetränkte Natur verunreinigt und sie in ein »Trauerhaus des Todes« verwandelt. So wurde er zum Melancholiker: »Wenn alle Bäume Schreiber wären und alle Äste Schreibfedern und alle Berge Bücher und alle Wasser Tinten, so könnten sie den Jammer und Elend nicht genugsam beschreiben, den Luzifer mit seinen Engeln in seinen Locum bracht hat.« Der paradiesische Urzustand des Menschen war die Androgynie. Noch vor dem Sündenfall aber fiel der Mensch Adam in den Schlaf. Damit begann das Ende der Ewigkeit, nämlich die Zeit: »Mit dem Schlaf aber ward im Menschen die Zeit offenbar, denn er schlief ein in der englischen Welt und wachte auf in der äußeren Welt.« Und nun nahm Gott Eva »nicht von Adams Fleisch ganz«, sondern »aus seiner Essenz, aus dem weiblichen Teile. Sie ist Adams Matrix.« So verlor Adam durch Eva seine androgyne Urgestalt und wurde Mann und sterblich.

Wer war der Schuster und Mystiker, den Hegel den »ersten deutschen Philosophen« nannte und der mit den Worten starb: »Nun fahre ich hin ins Paradies«?

Es handelt sich um den deutschen Mystiker Jacob Böhme, 1575 – 17. Nov. 1624.

22

*E*r wurde im »Pavillon des Singes«, im »Affenhaus«, geboren, ein Eckhaus Rue St. Honoré / Rue de Vieille Étude, Paris. Sein Vater war königlicher Hoftapezierer, und so mußte auch er, der Erstgeborene, mit 15 Jahren den feierlichen Eid leisten, ihm in diesem privilegierten Gewerbe nachzufolgen. Als Ältester aber wird er auch auf eine gute Schule geschickt und darf in Orléans studieren: Jura, Philosophie. Allzu viele Semester hat er das nicht betrieben. Seine Freunde sind munter, geistreich und lebenslustig, man lebt und liebt vom Geld der Väter. Die Zukunft ist offen. Mit 19 lernt er Madeleine kennen, eine rothaarige, intelligente und geschäftstüchtige Schauspielerin, 25 Jahre alt, ledige Mutter einer Tochter und eines noch ganz kleinen Kindes, die seinen Horizont zugleich verengt und ungeheuer erweitert. Sie ist dabei, mit zwei Geschwistern und einer Handvoll Freunden, wenig Geld und rasendem Enthusiasmus in einem alten Ballhaus ein Theater zu gründen. Als Namen wird »Illustre Théatre« gefunden, ungeachtet der Tatsache, daß kein Mensch dieses »berühmte Theater« kennt und seine Mitglieder Dilettanten sind. Er, der mit zehn Jahren die Mutter verloren hat, ahnt auf einmal, wohin er gehören könnte: zu dieser durchsetzungsfähigen Frau, zu dieser Truppe, auf die Bühne. Ja, er will Schauspieler werden. Um es kurz zu machen: »Das berühmte Theater« scheitert, wie auch sein Nachfolgeprojekt in einem anderen Stadtteil. Die Truppe verschleißt zehn Advokaten (keiner darf wissen, wieviel Geld ihnen schon ein anderer verschafft hat) und verschuldet sich horrend. Er landet im Gefängnis. Kommt nach Monaten frei. Und dann geht oder flieht man auf Tournee (meist durch Südfrankreich, weil das Leben in der Sonne leichter ist) und spielt die Erfolgsstücke aus Paris nach.

Er als der einzige Intellektuelle der Kompanie wird ihr Texter. Denn natürlich hat man nicht genug Personal, also schreibt er die Sachen um. Und weil er das kann, schreibt er bald neu. Aus dem Schauspieler wird notgedrungen ein Autor. Seine persönlichen Schwierigkeiten auf der Bühne waren bekannt: »Er hatte eine dumpfe, wenig biegsame Stimme, sein Vortrag war oft überhetzt«, erzählt eine Kollegin. Oft verfiel er in unvermeidliches Schluchzen, später konnte er unter seiner Krankheit nur noch hustend spielen. Da er aber spielen wollte, baute er all das als komische Elemente in seine Stücke ein. (In seinem letzten Auftritt wird er als Todkranker einen scheinbar Kranken spielen; der Blutsturz auf offener Szene ist echt.)

Nach 13 Jahren des Tingelns spielt die Truppe erstmals vor dem König. Der König gähnt. Nach dem ersten Stück bekommt sie eine zweite Chance. Der König lacht. Er gibt ihnen ein Theater. Und damit beginnt der Kampf gegen die Pariser Konkurrenz. Die schlägt auch unter der Gürtellinie zu: das Mädchen, das er jetzt mit Vierzig geheiratet habe, sei doch seine Tochter. Jedenfalls habe er damals mit der Mutter geschlafen. Der Inzestprozeß kann – mit manipulierten Zeugnissen – abgewendet werden. Der Verdacht bleibt. Die gute Madeleine weiß vermutlich selbst nicht so recht, wer ihre schöne Tochter zeugte. Und als die junge Frau jetzt einen Sohn gebiert, ist er sicher der Papa, vielleicht aber zugleich der Großvater. Und bald der betrogene Gatte. Wenig, was er von seinen (Ehe)wirrnissen nicht auf die Bühne bringt.

Wer war das große, melancholische Theatergenie, von dem Anatole France sagte: »Er war ein Weltmoment des menschlichen Gewissens«?

Es handelt sich um den französischen Dramatiker Molière,
~ 14. Jan. 1622 – 17. Feb. 1673.

23

Sein Vater, puritanischer Rechtsanwalt und Sekretär der Friedensrichter in der englischen Provinz, hatte einen klaren Erziehungsplan: im Kindesalter müsse äußerste Strenge walten, die aber nach und nach zu lockern sei, damit die Kinder langsam Vertraute und Freunde des Vaters werden könnten. Frühe Härte war das sicherste Liebesband. Der ehrgeizige Vater brachte den Sohn auf der renommierten Westminsterschule in London unter. Dort begann der Tag um fünf Uhr morgens und endete im Memorieren nach dem Abendessen. Mit Selbstdisziplin und Willensstärke kam der 14jährige durch. Er fügte sich in die getaktete Zeit und begann, freiwillig ein minutiöses Rechnungsbüchlein zu führen, in das er jede Einnahme und Ausgabe notierte. Vielleicht war die Ordnung des Geldes seine erste Lust; später wird er sich mit merkantilem Eros um seine finanziellen Angelegenheiten kümmern. Mit dem begehrten Oxfordstipendium begann seine juristische Laufbahn. Innerhalb kürzester Zeit gehörte er zum Lehrkörper. Doch in Oxford lernte er einen Freund kennen, der phantastische Experimente durchführte. So hatte er herausgefunden, daß eine Maus in einer geschlossenen Kammer, in der eine Kerze brennt, in genau dem Augenblick stirbt, in dem die Kerze erlischt. Warum war das so? (Sauerstoff wurde erst über 100 Jahre später entdeckt.) Zunehmend interessierte er sich für naturwissenschaftliche, für medizinische Phänomene. Wie funktioniert ein Blutkreislauf? Bald experimentierte er selbst. In sein Tagebuch notierte er, daß er einem Frosch bei lebendigem Leib die Haut abgezogen und ihn dann, zwecks genauer Beobachtung, gegen das

Licht gehalten habe. Ein andermal destillierte er 12 Stunden lang menschliches Blut; er hatte erwartet, daß es Salpetersalze enthielt. Aber: »es kamen nur weiße Dämpfe und ich sah keine Salzrückstände.« Blut und Atmung hingen zusammen. Nur wie? Entgegen der landläufigen Meinung, das Atmen kühle das heiße Herz ab, war er sicher: das Atmen war eine Art Brennstoffversorgung. Er war dem Geist der Gesetze auf der Spur, für den kommenden Staat, wie den gegebenen Statuten der Natur. Er war brillant (und vielleicht homosexuell) und wurde Arzt und politischer Berater des damals wohl mächtigsten Mannes Englands, der ihn zu einer Haus-, ja Lebensgemeinschaft einlud. Mit Erfolg verätzte er an der Leber seines Patrons ein Geschwür und legte, damit die Stelle trocken blieb, eine Drainage aus einem zierlichen Silberröhrchen. Das rettete dem Staatsmann das Leben. Doch zunehmend sah er seinen eigenen Körper in Gefahr. Er vertrug den Londoner Dunst nicht. Er verstieg sich in manischen Selbstbeobachtungen, glaubte, er leide an einer Art Tuberkulose (es war Asthma). Nichts fürchtete er so sehr wie eine Erkältung. Dagegen half nur Abhärtung. In seinem Erziehungsratgeber empfahl er, Kinder täglich mit Eiswasser zu waschen und ihnen nur wasserdurchlässige Schuhe anzuziehen. Kalte, feuchte Füße machten stark, außerdem beugten löchrige Sohlen den Hühneraugen vor. Hände weg von Obst; besser für die Kleinen sei warmes Bier. Er selbst trank am Ende nur noch Wasser, das durch den Filter eines vulkanischen Steins aus Cadiz geflossen war.

Wer war der große, folgenreiche Denker, der es sich zur Aufgabe gemacht hatte, die »Krankheiten des Verstandes« zu heilen, das Denken in Selbstbeobachtung zu härten und vom Dunst der Affekte und Vorurteile zu reinigen?

Es handelt sich um den englischen Philosophen John Locke,
29. Aug. 1632 – 28. Okt. 1704.

24

Andere brauchten kopulierende Hunde im Hintergrund, um ein scheinbar gesittetes Beieinander von Mann und Frau als Vorspiel in einem Bordell zu entlarven, oder sie setzten Vanitasmotive (Totenschädel, erlöschende Kerze, Sanduhr) ins Bild, wenn sie von der flüchtigen Existenz des Menschen handelten. Er hatte Deutlichkeit nicht nötig, um Verführung zu malen oder Vergänglichkeit. Ihm genügte ein erschrockener Frauenblick über die Schulter, ein kühnes Lächeln vor einem Virginal, der Anhauch von Ermattung in einem Gesicht, ein über den Tisch geworfener orientalischer Teppich, ein Brief, eine Weinkaraffe, der Schmelz auf einer Unterlippe. Er machte aus bürgerlichen Stuben jenseitige Räume aus Verlangen und Zweifel. Niemand lasierte so versiert wie er mit dem sündhaft teuren Ultramarin aus gestoßenem Lapislazuli (das er mit zerriebener Holzkohle abgründig vertiefen konnte), setzte so frei pastose Farbtupfer unverbunden als optische Vibrationen auf eine Tischplatte, entzündete mit Bleizinngelb die Löwenköpfe der Stuhllehnen, die Bordüren der schweren Roben, den steifen Taft neben dem Besatz aus flimmerndem Hermelin.

Wo er das gelernt hat, weiß niemand. Seine Existenz ist ein Rätsel. Keine Briefe, kein persönliches Dokument. Nur spröde Daten (Geburt, Taufe, Kredite, Tod, Erbschaftsregelungen), und auch die durchaus nicht lückenlos. Obwohl er einer der Besten seiner Zeit war, lebte er nur mit Schulden. Er produzierte zu wenig. Zwei Bilder pro Jahr vielleicht. Wer konnte davon leben! Und er malte nicht für den öffentlichen Markt. Ein Bäcker, der ihn schätzte, besaß Bilder von ihm, ein Druckereibesitzer.

Sein Vater hatte ihm eine Schenke hinterlassen, in der Maler verkehrten. Hier versucht er, wie es der Vater tat, als Wirt auch Kunsthändler zu sein (und verspekulierte sich). Er war Gutachter im vermutlich ersten großen europäischen Kunstkriminalfall. Und half, die Fälscherei einer holländischen Manufaktur aufzudecken, die »italienische« Malerei produzierte. Leicht hätte er als Künstler Profit machen können. Aber er malte nicht das, was sich verkaufen ließ: keine Historienschinken, kaum etwas Religiöses. Ab und an kleine Zugeständnisse an die katholische Schwiegermutter: immerhin hing er finanziell an ihrem Tropf; seine Familie wohnte bei ihr. Aber als Ludwig XIV. in die Niederlande einfiel, öffnete man die Deiche, und die reiche Frau verlor ihr wertvolles verpachtetes Land.

Er wurde 43 Jahre alt, starb hochverschuldet und hinterließ elf minderjährige Kinder, acht davon lebten noch bei der Mutter. Die Witwe erklärte sich für bankrott.

Er wurde schnell vergessen. Aber als gegen Ende des 19. Jahrhunderts ein französischer Kunsthistoriker über ihn schrieb, horchten die Impressionisten auf und bald rieben sie sich die Augen: da war einer, der Linien durch Farbabstufungen schuf, ein früher Held der Unschärfe, ein erster, der mit Licht malte. Proust hat ihm in der »Recherche« ein Denkmal gesetzt, wenn ein Schriftsteller dort ein kleines, gelbes Stück Mauer, das er in einer seiner Stadtansichten sah, als epiphan erlebt: »Meine letzten Bücher sind zu trocken, ich hätte mehr Farbe daran wenden, meine Sprache in sich selbst kostbar machen sollen, wie diese kleine Mauerecke.«

Wer war der große Maler, der Kunstgeschichte schrieb, auch wenn er vielleicht nur 34 Bilder hinterlassen hat?

Es handelt sich um den niederländischen Maler Jan Vermeer, getauft am 31. Okt. 1632, begraben 1675.

25

Warum sollte das Leben nicht leicht sein? Durfte die Kunst nicht einfach Freude machen? Eine Komposition, die »viel schwehre Gänge führet / Ist musicirenden fast meistens eine Last / Worbey man offtermals genug Grimacen spühret«. Was brachten Krampf und Quälerei? »Wer vielen nützen kann / Thut besser, als wer nur für wenige was schreibet; / Nun dient, was leicht gesetzt, durchgehends jedermann: / Drum wird's am besten seyn / dass man bey diesem bleibet.« Er war Autodidakt, er wußte, von was er sprach. Schon als Kind hatte er sich Blockflöte, Geige, Zither beigebracht und auch Klavier (wobei er zugibt, hierin vierzehn Tage lang Unterricht erhalten zu haben). Später lernte er Orgel, Gambe, Traversflöte, Oboe, Schalmei, Kontrabaß und Baßposaune. Keines dieser Instrumente spielte er wirklich gut, aber jedes spielte er gern, und als Tonsetzer wird er die jeweiligen Instrumentalisten mit praktikablen Passagen bedienen. Musik war etwas Selbstverständliches, etwas Natürliches, wie das Singen seiner lieben Mutter, mit deren musikalischem Atem er aufgewachsen war. Leider hatte diese Mutter, früh Witwe geworden, Angst, aus ihrem Buben könne nichts Rechtes werden. Als er mit zwölf Jahren eine Oper »Sigismundus« komponierte und zur Aufführung brachte (er in einer Hauptrolle), kamen »Musik-Feinde in Schaaren zu meiner Mutter und stellten ihr vor: Ich würde ein Gauckler, Seiltänzer, Spielmann, Murmelthierführer etc. werden, wenn mir die Musik nicht entzogen würde«. Daraufhin nahm die Mutter dem Kind seine Instrumente fort, verbot das Komponieren und schickte ihn zu einem Erzieher in eine andere Stadt.

Aber wie ein Vogel in der Luft, ein Fisch in den Wellen bewegte sich dieser Knabe in einem musikalischen Fluidum, er sprudelte Melodien. Und hatte Glück. Die Mutter wußte nicht, daß der Erzieher, dem er übergeben wurde, Caspar Calvör (fast ein Anagramm von Clavier), ein Musikförderer war. Bald schrieb ihr Bub Motetten und ersetzte den gichtigen Kantor. Und als der Jüngling nach mütterlicher Anweisung brav ein Jurastudium in Leipzig aufnahm (er reiste ohne Flöte, Geige, Zither, ohne Notenpapier), da trifft er auf einen idealen Zimmergenossen: »wie klopffte mir das Hertz, als ich Wände und Winkel der Stube mit musikalischen Instrumenten versehen fand.« Schon komponiert er für die Thomaskantorei. Den nächsten Geldwechsel der Mutter schickt er zurück und gesteht alles. Sie gibt ihren Segen, und eine unglaubliche Karriere beginnt. Er, ein Abhängiger des »Notengifts«, verbindet radikalen Fleiß und unverwüstlichen Optimismus. Als seine geliebte Frau nach anderthalb Jahren im Kindbett stirbt, dichtet er: »Indes vergönne mir, daß ich noch einmal sage: (es tut zwar weh, jedoch) mein Engel, gute Nacht.« Als ihm die zweite Frau (er ehelichte sie als 16jährige mit 33 Jahren) nach der Geburt von neun Kindern und 22 Jahren Eheleben mit einem schwedischen Obristen durchbrennt und ihn auf ihren horrenden Spielschulden sitzenläßt, nimmt er gerne eine Kollekte an und schreibt fröhlich dankend: »So kehrt das Paradies von neuem in mein Haus, / das werte Hamburg hat mir treulich beigestanden / und seine milde Hand voll Großmut aufgetan. / Doch auswärts sind vielleicht noch Gönner mehr vorhanden.«

Wer war der mit 3600 Werken produktivste Komponist der Musikgeschichte, der im Alter sagte, er habe sich »marode melodirt«?

Es handelt sich um den deutschen Komponisten Georg Philipp Telemann, 24. März 1681 – 25. Juni 1767.

26

*E*s gab keinen Grund zu übertreiben. Bei zu großer Askese vertrockne der Mensch nur, bei zu großen Exzessen langweile er sich am Ende. Jeder Tugend tut ein Schuß Laster gut, und jedes Laster läßt sich veredeln durch ein wenig Tugend. Das sah er ganz pragmatisch. Er ging eine Vernunftehe mit einer leicht gehbehinderten Universalerbin ein, die intelligent und verläßlich genug war, seine Weingüter in der Provinz zu verwalten (»wenn ich vertraue, tue ich dies ohne Einschränkung: aber ich vertraue nur wenigen«). Daneben führte er das Leben eines Libertins in ausgesuchten Pariser Salons. So hing er als Gutsherr an der Scholle, man sah ihn mit weißer Baumwollmütze und Spaten über der Schulter, und war doch oft monatelang als Edelmann auf Bildungs- und Erkundungsreisen (in Venedig mußte er eine herrische Hure verlassen, weil ihm die Kondome ausgingen). Sein Richteramt, das er mehr aus Pflicht denn aus Neigung ausübte, verkaufte er mit dem ersten literarischen Erfolg (ein schmales Bändchen fiktiver Briefe, in die eine anzügliche Haremsgeschichte eingebaut war) und verlegte sich aufs Schreiben. Er dachte über das menschliche Handeln nach. Er plante ein Buch über das Glück. Glück war eine Bewegung, ein moderater Rhythmus, der das Leben grundierte. Glück war da; Dasein war Glück. Man durfte ihm nur nicht nachjagen, ja man mußte es vergessen, um es geschenkt zu bekommen. Und wie vergißt man am besten, glücklich sein zu wollen? Indem man eine Aufgabe hat: »Um glücklich zu sein, braucht man einen Gegenstand.« Und dann war Glück eben relativ, wie die Welt der Sinne, wie die Lebensumstände: »Glücklich ist man im Kreis der Gesellschaften, in denen man lebt. Das sieht man an den Galeerensträflingen. So schafft sich ein jeder seinen Kreis, in den er eintritt, um glücklich zu sein.« Und sein Kreis war eben ein Spagat: Winzer und Intellektueller, Bauer mit gascognischem Dialekt und stilistisch geschliffener Autor. Und wie die Rebe Zeit und die Gunst des Wetters braucht, ist auch der Schreibende angewiesen auf die Gnade der Empfängnis: »Geistige Anmut hat nur, wer seine Worte fand, nicht wer sie suchte.« Man hat ihm Gefühlskälte vorgeworfen. Aber das stürmische Herz war nicht seine Sache. Und er gab den Rat: »Mit Frauen muß man abrupt brechen; nichts ist unerträglicher als eine alte marode Liebschaft.« Leidenschaft mußte nicht sein, Amouren durchaus. »Alle Ehemänner sind häßlich«, wußte er, und für die Salonetikette galt: »Ein Mann, der seine eigene Frau liebt, ist hier ein Mann, der nicht genügend Vorzüge besitzt, um sich von einer anderen lieben zu lassen.« Er sah: Jedes Milieu hat seine eigenen Gesetze. Sie mußten nicht moralisch gut sein, aber sie sollten ein Gleichgewicht größtmöglicher Freiheit garantieren. Und im Zweifelsfall war das vorhandene Gute immer dem nichtvorhandenen Besseren vorzuziehen.

Wer war der Hocharistokrat der Mäßigung, der für die Kultur des Gesprächs zu bedenken gab: »daß wir vor Leuten sprechen, die genau so viel Eitelkeit besitzen wie wir, wobei die ihre in dem Maße leidet, in dem die unsere auf ihre Kosten kommt; zweitens, daß es nur wenige Wahrheiten gibt, die bedeutend genug sind, daß es die Mühe lohnte, jemanden deshalb zu demütigen und zurechtzuweisen, weil er sie nicht erkannt hat; und schließlich, daß jeder Mensch, der alle Unterhaltungen an sich reißt, ein Dummkopf ist«?

Es handelt sich um den französischen Staatsphilosophen und Schriftsteller Montesquieu, getauft am 18. Jan. 1689 – 10. Feb. 1755.

27

*E*r war ein depressiver Mann von gut vierzig Jahren, als er mit einem seltsamen Buch begann. Später nannte er es seine »experimentelle Theologie«. Er mußte sich beruhigen. Man hatte ihm Unrecht getan. Jetzt haßte er und hätte morden können. Aber er tat es nicht. Gott würde ihn rächen. Würde er? Bestrafte Gott die Vergehen der Menschen? Er glaubte nicht an Zufälle, er witterte einen Zusammenhang zwischen Sünden und Schicksalsschlägen. Aber wenn es eine göttliche Ordnung der Vergeltung gab, dann müßte sie zu beweisen sein. Also sammelte er. Er notierte Verbrechen und Strafen, die er beobachtet hatte, von denen er hörte oder las. Als Professor, Leibarzt des Königs und Arzt der Marine, Spezialgebiet Syphilis, kam er mit besseren Kreisen und schlimmeren Geschichten in Kontakt. Das machte die Sache brisant. Denn da er den Wahrheitsgehalt seiner Studien festhalten wollte, mußte er Namen nennen. Viele Jahre führte er seine Sammlung, die er später seinem »einzigen Sohn« widmete, mit dem dringenden Gebot, auch er möge das Buch geheim halten: »Sollten Familie, Verwandte und Angehörige davon erfahren, hast Du Verfolgung allezeit und vielleicht den Tod.« Niemand bekam die Papiere zu Gesicht, aber ihm schien die Arbeit an der Rache gut zu tun. Er entdeckte Rache überall. Etwa: Da bricht eine Frau im Eis ein; sie hält sich noch eine Viertelstunde, bevor sie abrutscht. Doch ihr Mann sieht nur zu (»denn er verlor sie gern«). Nach fünf Jahren aber beginnen ihm die Finger abzufaulen, mit denen er hätte helfen können, bis er schließlich an Wundbrand stirbt. Oder: Ein Junggeselle betrügt einen Ehemann. Als er selbst heiratet, stirbt ihm die erste Frau im Kindsbett, ebenso die zweite Frau. Erst die dritte bleibt am Leben. (»Er büßt 2 für eins.«) Oder: Ein Bauer »begeht Onans Sünde«, weil er keine Kinder mehr möchte; die Tobsucht ereilt ihn. Ein anderer geht aus demselben Grund für drei Jahre zum Militär, kommt heim, und seine Frau gebiert ihm Drillinge. Oder: Eine Frau begeht mit einem Hofkavalier Ehebruch. Er verheiratet sich. Sie bekommt ein Unterleibsleiden und stirbt daran. Als man sie öffnet, findet man in ihrem Bauch einen Stein. Sexualität interessierte ihn sehr, auch als Ordnungsprinzip. So könne ein Ehemann leicht erkennen, ob seine Gattin ihn betrügt: »Beim Beischlaf streckt sie den einen Schenkel geradeaus, um nichts zu spüren, vor dem Höhepunkt stößt sie den Penis aus, als ob sie eine Schwangerschaft fürchte.« Für ihn brauchte es keine Hölle, er sah bereits die Welt im moralischen Gleichgewicht: »hier wohnt ein gerechter Gott, der jedem recht tut.« Für das Erdbeben von Lissabon machte er die »papistischen Inquisitoren« verantwortlich. In minutiösen Notaten arbeitete er an den Phänomenen Wollust und Geiz, Freundschaft und Neid, Zauberei und Vorsehung, Hochmut und Vergeblichkeit. Und er wußte: »Nichts ist so gering, daß es nicht reicht, um zum Untergang zu führen.« Seine Frau hat ihm sieben Kinder geboren; man munkelt, er war homosexuell und liebte vor allem seine Studenten, die er als »Apostel« durch die Welt schickte, um für ihn zu sammeln. Er bestand darauf, daß Tiere eine Seele haben, denn er lebte innig mit seinen Hunden, Papageien, dem Affenweibchen Diana und dem Waschbären Sjubb.

Wer war der »botanische Pornograph«, der noch die Schuld der Menschen ordnen wollte?

Es handelt sich um den schwedischen Naturforscher Carl von Linné,
23. Mai 1707 – 10. Jan. 1778.

28

*I*ch lerne jetzt die schwedische Sprache... weil mir der Zufall eine Swensk-Grammaticka in die Hände gespielt hat und weil es für einen Lehrer der Jugend gar heilsam ist, wenn er von Zeit zu Zeit wieder die eigene Erfahrung macht, daß es doch schwerer sei, etwas Unbekanntes zu lernen als etwas Bekanntes zu lehren.« Vermutlich war er ein guter Lehrer, auch wenn er ein Lehrer wider Willen war: »Wie feind der Himmel einem Menschen sein muß, den er zum Schulmeister und in eine Stadt verdammt hat.« Und dann schickte er sich in freundlicher Demut in sein Schicksal und spricht vom »lustigen Schulkatheder« und davon, daß, habe man das »Informieren einmal angefangen«, man »wie behext« sei und sich »nimmer von der süßen Plage losmachen« könne. Aber im Grunde blieb sein Traum eine eigene Pfarrei irgendwo auf dem Lande. Nun unterrichtete er in der Residenz Hebräisch, Griechisch, Latein. Und weil Lehrer fehlten, gab er auch noch Geologie, Botanik, Zoologie. »Ich bin allgemach so unverschämt geworden, daß ich alles übernehme, was man mir zu lehren aufgibt. Ein wenig besser als die Zuhörer weiß ichs doch, und das übrige steht zu lernen.« Und flugs interessiert er sich für Naturwissenschaftliches und entwickelt eine eigene Vorstellung von der Metamorphose der Tiere: »Die einfache linienförmige Bildung der Schlangen ist die Grundidee, aus der die übrigen Gestalten sich bilden. Die Schlange schlüpft ins Wasser und wird zum Fisch, Erscheinung von Extremitäten in den Floßfedern. Der Fisch geht an Land, die Flossen verwandeln sich in Füße... Die Zehen verwandeln sich in Hände. Affen. Noch ein Schritt, und die Schöpfung vollendet sich in ihrem Meisterstück, dem Menschen. Aber wo soll ich die Tiere mit einfachen und gespaltenen Hufen einschieben?« Noch als alter Mann schreibt er eine Antrittspredigt an eine Landgemeinde: »Was ich im zwanzigsten Jahre meines Lebens bald zu erlangen hoffte, gab mir Gott im sechzigsten.« Aber das stimmte nicht. Er hat die Antrittspredigt nie gehalten; er hat keine Pfarrei bekommen.

Vermutlich war es auch besser so. Denn »gegen Müßiggang als Sonntagslaster zu beten«, schien ihm »nicht ratsam«; gegenüber seinem Freund sprach er von der »Arbeitsseligkeit« als einem »nordischen Laster«. Und schlimmer noch als mangelndes protestantisches Schaffensethos würde wohl seine zärtliche Affinität zum Polytheismus, »der mir immer mehr einleuchtet«, seine ersehnte Landgemeinde irritiert haben: »nur die Gefangenschaft oder Vormundschaft, in welcher uns der angetaufte und anerzogene und angepredigte Glauben behält, hinderte mich bisher, den seligen Göttern Kirchlein zu bauen.« Fraglich, ob er sich wirklich hat hindern lassen.

Wer war der Evangelist der Kleinigkeiten, der einmal von sich sagte: »Selle Fehler hani, i cha mi an allem vertörle«?

Es handelt sich um den deutschen Schriftsteller Johann Peter Hebel, 10. Mai 1760 – 22. Sept. 1826.

29

*I*n seinem aristokratischen Elternhaus nannte man ihn den »kleinen Apotheker«, weil er Pflanzen, Käfer, Steine sammelte. Alles, was da war, interessierte den Buben. Erziehung durch die besten Privatlehrer. Die strenge Mutter, zweifache Witwe, sieht ihn als sicheren Staatsbeamten und läßt ihn Verwaltungswesen studieren. Nach einigen Anläufen findet der Jüngling an der Bergakademie Freiberg endlich einen Ort, der zu ihm paßt. Es war die einzige naturwissenschaftliche Universität Deutschlands. Zum Studium gehörte, daß die Seminaristen morgens um sechs Uhr mit den Bergleuten unter Tage gingen. Eine neue Welt öffnete sich ihm. In wenigen Monaten schloß er das Studium ab und machte eine rasante Karriere: Assessor, Bergbaumeister, Oberbergbaumeister. Er schrieb Beobachtungen über die Blumen im Dunklen »Florae Fribergensis Specimen« und entwickelte eine erste Gasmaske für Bergleute. Er revolutionierte die Abbauverfahren von Alaunschiefergestein im Schmiedefelder Vitriolwerk. Verfaßte in wenigen Wochen einen Bericht mit Ökonomisierungsvorschlägen für den Bergbau im oberfränkischen Steben, wo er neue Goldflöze entdeckte. Aus eigenen Mitteln errichtete er hier eine Schule für seine Bergleute im Alter zwischen 12 und 30 Jahren (der Unterricht fand nach der Schicht bis 23 Uhr statt). Die Schulbücher schrieb er selbst. Es war die erste Berufsschule Deutschlands. Als er vom preußischen Staat seine Auslagen wiedererstattet bekommen sollte, lehnte er ab und schlug die Gründung einer Krankenkasse und einer Witwenversorgung vor. Berlin lag dem jungen Mann zu Füßen. Der aber kündigte mit 27 Jahren den Staatsdienst. Seine Mutter war gestorben, er hatte geerbt, er war frei. »Jeder Mann hat die Pflicht, in seinem Leben den Platz zu suchen, von dem aus er seiner Generation am besten dienen kann.« Immer war er aufs Ganze gegangen. Als er eine Grubenlampe entwickelte, die Kohlenmonoxid oder Stickstoff, »matte Wetter«, durch helleres Aufleuchten signalisieren sollte, kroch er mit ihr immer tiefer in den Schacht. Die Lampe brannte ganz wunderbar. In letzter Minute zog man den Halbtoten heraus. »Das war wohl der Ohnmacht wert«, schrieb er. Wenn er etwas wissen wollte, war der Körper kein Argument. Er fügte sich Wunden zu und untersuchte am eigenen Leib Muskelkontraktionen durch elektrischen Strom. Und bis in welche Höhe konnte der Mensch steigen? Er trainierte in den Alpen. Später machte er sich mit zwei Freunden an einen südamerikanischen Sechstausender. Als die Indios umkehrten, krochen die Weißen weiter. Und kühl notierte er die interessanten Symptome der Höhenkrankheit: Atemnot, Brechreiz, »außerdem bluteten wir aus dem Zahnfleisch, aus den Lippen, das Weiß unserer Augäpfel war blutunterlaufen«. Sie kamen bis auf 5920 Meter. »Eine 20 Meter breite Kluft beendete den Aufstieg.« Er wäre gern weitergegangen, wissend um die Möglichkeit, »daß einem die Lungengefäße bersten und man einen Blutsturz erleidet«. Beim Abstieg nahm er Gesteinsproben.

Er schickte Pferde in einen Teich mit Zitteraalen und begeisterte sich an der »lebendigen Waffe dieser Wasserbewohner«. Zu Bewegungsstudien brachte er schnelle Krokodile in einen Saal, »wo wir ein hohes Möbel erkletterten und sie große Hunde angreifen sahen«.

Wer war der Universalist, der einmal sagte: »Jedes Erforschte ist nur eine Stufe zu etwas Höherem im verhängnisvollen Lauf der Dinge«?

Es handelt sich um den deutschen Naturforscher Alexander von Humboldt, 14. Sept. 1769 – 6. Mai 1859.

30

*K*urz vor seinem neunten Geburtstag war seine Mutter zweifache Witwe. Mit 24 Jahren hatte sie, hochschwanger, den ersten Mann verloren. Damals war er zwei gewesen. Im selben Jahr starb auch der Vater der Mutter. Dann hatte sie, aus rechtschaffenem Grund (zwei Kinder waren durchzubringen), den besten Freund ihres Mannes geheiratet. Fünf Jahre später war auch dieser Stiefvater, den er herzlich liebte, tot. Drei Kinder hatte die Familie inzwischen begraben: die viereinhalbjährige Johanna, die vier Monate alte Anastasia, den Säugling Johann Christoph, der gerade zwei Stunden gelebt hatte und »von der Hebamm gäh getauft« worden war. Doch neben ihm lebte noch die siebenjährige Henrike und auch der dreijährige Karl. Die kleine Friederike Rosina wird noch sterben, aber da ist er schon dreizehn und fast erwachsen..

Seine Mutter war eine starke Frau. Als Tochter eines pietistischen Pfarrers (und Tochter einer Mutter, die Tochter eines pietistischen Pfarrers war und nun bei ihr lebte und dreißig Jahre bei ihr leben sollte) hielt sie durch, im festen Glauben daran, daß das »Reich Gottes« in Rechtschaffenheit auf Erden zu erreichen war.

Der Junge war von einer unergründlichen Trauer und verfaßte Gedichte. Von »tausend Entwürfen«, die er in den Weihnachtsferien zu Hause fertigstellen würde, schrieb der Fünfzehnjährige zutraulich aus der geistlichen Erziehungsanstalt. Aber die Mutter wollte davon nichts wissen. Auch sie lebte seelisch verschattet, aber doch angetrieben von der sicheren Gewißheit, daß ihr hochbegabter Erstgeborener Pfarrer sein würde. Sie hat sich getäuscht; aber eine Frau wie sie täuschte sich nicht so leicht. Und auch wenn ihr Erstgeborener nicht »im Gehorsam« blieb, wurde aus ihm kein Sieger. Die beiden quälten sich nach Kräften Jahrzehnte lang. Gute Schulen, strenge Internate, überall vielversprechende Anfänge. Die Mutter drückt, der Junge paßt sich ein und entkommt dann doch. Mindestens drei attraktive Pfarrstellen samt den dazu passenden Bräuten schlägt er aus. Er entschuldigt sich in abgründigen Briefen und bleibt schuldig. Und die Mutter gibt nicht auf. Er argumentiert mit seinem Charakter, mit seinen Launen, ja mit seinem Ehrgeiz, die ihm weder das Pfarrerdasein noch die Ehe möglich scheinen ließen. Und schickt ihr Rezensionen seiner Gedichte. Sie winkt ab und rechnet nach, was er da so leichtfertig aufgibt. Sie zeigt ihm ihre tiefe Not. Er ist ein Sohn der Sorge. Sie leidet an ihm. Sie läßt nicht los. Er ist doch ihr Gestirn.

Aber auch die Götter geben ihn nicht frei. Mindestens »Klopstocksgröße« muß er erreichen. Nicht umsonst will er gelebt haben und nicht umsonst gescheitert sein. Er liebt eine verheiratete Frau. Und flieht. Anders liebt er Jünglinge. Und anders flieht er. »Homosexuelle Panik« nennt es später ein Psychologe. Gebrochen findet er Kost und Logis im Haus eines Handwerkers; seine letzten Jahre teilt er hier mit einer Jungfrau, die für ihn sorgt.

Wer war der mythische Dichter, der einmal sagte: »Man kann auch in die Höhe fallen, so wie in die Tiefe«?

Es handelt sich um den deutschen Dichter Friedrich Hölderlin, 20. März 1770 – 7. Juni 1843.

31

Sie kam an Pfingsten zur Welt: Nach mehreren Fehlgeburten nahm die Mutter endlich ihr erstes lebendes Kind in den Arm. Das Mädchen war »so klein und zart und so schwach, daß man dasselbe in Baumwolle gehüllt eine Zeitlang in einer Schachtel aufbewahrte«. Doch sie überlebte und zeigte früh einen empfindsamen Geist. Eine der Kindheitsanekdoten besagt, daß der Vater, als er einmal nachts an das Bett der Kleinen trat und sah, daß seine Tochter munter im Bett saß, auf die Frage, ob sie denn nicht schlafe, die Antwort erhalten habe: »Nein, Papa, ich schlafe nie!« Mit zwölf soll sie – das erzählt ihr Mann – über Gottesbeweise nachgedacht haben, so daß sie am Mittagstisch der Familie einmal über der »Schotensuppe« in solche Verzweiflung geriet, daß sie in Ohnmacht fiel und fortan angesichts von »Schotensuppe« existentielle Schauer empfing. Insomnien, Idiosynkrasien und Kränklichkeiten sollten sie ihr Leben lang begleiten, vielleicht als der Tribut, den sie zu zahlen hatte für hohe Sensitivität und geniales Einfühlungsvermögen.

Sie war nicht schön, heiratete erst Mitte vierzig. Höfliche nannten ihr Aussehen »orientalisch«, andere, wie Franz Grillparzer, fühlten sich an »etwa eine Fee, um nicht zu sagen eine Hexe« erinnert. Er lobte aber – wie fast alle, die sie kannten –, emphatisch ihre Kunst zu unterhalten: »Meine Müdigkeit verflog oder machte vielmehr einer Trunkenheit Platz. Ich habe nie in meinem Leben interessanter und besser reden gehört.« Sie pflegte eine unorthodoxe Rechtschreibung, was einer ihrer Bewunderer rettend interpretierte: »In ihren Briefen sieht immer jedes Wort aus, als ob sie es für sich erfunden hätte.« Nach eigener Schätzung hat sie über 10.000 Briefe geschrieben. Vor gut 20 Jahren ist der verschollen geglaubte Nachlaß wieder aufgetaucht; heute liegt eine zehnbändige Gesamtausgabe vor.

Wer war die im deutschen Sprachraum wohl einflußreichste Intellektuelle ihrer Zeit, deren Toleranz Bettina von Arnim lobte, wenn sie sagte, das Schöne an ihrem Geist »war eben dies Eingehen in das Individuelle, nach welchem sie urtheilte, und so war sie nachsichtig, wo Andre verdammten, und sie schmeckte wohl gar das Salz in dem, was Andre als die Asche eines verbrannten Lebens verwarfen«?

Es handelt sich um die deutsche Schriftstellerin Rahel Varnhagen, 19. Mai 1771 – 7. März 1833.

32

Es ist doch ein schnurrig Ding, wenn man eine Frau hat«, schreibt er acht Tage nach seiner Verheiratung. »Schnurrig ist es, wenn man eine Wirtschaft hat, sei sie auch noch so klein; schnurrig ist mir's, wenn meine Frau mich mittags zu Tisch zu kommen einladet. Und endlich ist es schnurrig, wenn ich jetzt des Abends fein zu Hause bleibe und nicht wie sonst im Freien umherlaufe. Auch ist es mir gar schnurrig, daß alles, was ich jetzt unternehme, immer mit Rücksicht auf meine Frau geschieht und geschehen muß.« Mit 44 Jahren ist er der Gatte der 25jährigen Caroline geworden. Er staunt: »Schlage ich nur einen Nagel in die Wand, so darf er nicht so hoch sein, als ich langen kann, sondern nur so hoch, als meine Frau mit Bequemlichkeit langen kann. Kurz, seit sich das Ich in Wir verwandelt, ist gar manches anders geworden. Es wird mehr gegessen, mehr getrunken, mehr geschlafen, mehr gelacht, mehr geschäkert, mehr gelepscht.« Und mehr Geld ausgegeben: »Übrigens sind Vorhänge vor den Fenstern nötig geworden. Nötig geworden sind: Kaffeetrommel, Kaffeemühle, Kaffeetrichter, Kaffeesack, Kaffeekanne, Kaffeetasse; alles, alles ist nötig geworden. Töpfe und Töpfchen, Schüssel und Schüsselchen, Tiegel und Tiegelchen; alles, alles ist nötig geworden.« Caroline scheint den kargen Junggesellenhaushalt mit freundlicher Anmut aufgefüllt zu haben. Zwar brauchte man jetzt Vorhänge, aber vielleicht war Caroline die bestmögliche Antwort auf seine pietistischen, um Enthaltsamkeit ringenden Zierschriftübungen, auf seine selbstverfaßten Gebete: »Vor Bösem uns behüte, / Daß Sinneslust nicht wüte / In unserem Blut.« Nun wird nicht nur ehelich »gelepscht«, seine Arbeit ändert sich auch. Er, der einst an seine Braut schrieb: »Alles ist Stille-Stille-Stille um mich her; allein und immer allein; es tut mir wohl, aber immer möchte ich es nicht haben«, er malt nun vermehrt Paare, und auch die Einzelfiguren auf seinen Bildern werden größer. Er beseelt die majestätische Natur durch sinnende Menschen, die nun nicht mehr nur verloren wirken. Er malt sie in altdeutscher Tracht, der Mode der Burschenschaftler, dem Erkennungszeichen der nationalgesinnten Jugend: den Mann im enganliegenden, langen Gehrock, die Frauen im bodenlang geschlossenen Kleid mit Stehkragen. Französische Mode war ihm seit der napoleonischen Besetzung Deutschlands verhaßt. So »teutsch« waren Berg und Tal gefüllt mit Nebelglanz noch nie wie in seinen Bildern. Frankreich machte ihn krank. Als sein Bruder ihm einen Brief aus dem Reich der Tricolore schickt, quält ihn der Poststempel: »Als ich gedruckt LYON auf der Anschrift las und deine Hand erkannte, grollte es mich im Herzen, und um mir nicht die Nacht zu verderben, las ich deinen Brief erst gestern.« Er will nicht an des Bruders »Teutschheit« zweifeln und muß ihn bitten, »so lange Du in Frankreich bist, NICHT mehr an mich zu schreiben.« Treu der Trias Religion, Frau, Vaterland kritisierte der überzeugte Protestant heftig seine Malerkollegen, die zum Katholizismus konvertiert waren, um religiöse Bilder aus dem Geist mittelalterlicher Frömmigkeit zu pinseln: »Wenn große Leute wie die Kinder in die Stube scheißen wollten, um damit ihre Unschuld oder Schuldlosigkeit beweisen zu wollen, möchte das wohl nicht gut aufgenommen und geglaubt werden.«

Wer war der sichere Maler einer patriotisch-mystischen Natur, der Gott auch in einem Sandkorn sah?

Es handelt sich um den deutschen Maler Caspar David Friedrich,
5. Sept. 1774 – 7. Mai 1840.

33

Sein Vater ein Barbier und Perückenmacher; seine Mutter die Tochter eines Metzgers. Früh fiel auf, daß das Kind gerne zeichnete. Wenn man seinen Vater, der die Bilder des Kleinen im Friseursalon aufhängte, fragte, was sein Sohn einmal werden wolle, sagte der stolz: »ein Maler«! Die familiären Verhältnisse müssen bedrückend gewesen sein. Mit zehn Jahren kam er zu seinem Fleischeronkel; seine jüngere Schwester war gestorben, man bangte nun auch um seine Gesundheit. Zudem schien das Kind bei Verwandten besser untergebracht als bei einer Mutter, die oft ganz und gar außer sich geriet. (Sie wurde, als er 25 war, in eine Irrenanstalt gegeben, wo sie vier Jahre später starb.)

Er war Autodidakt. Beim Fleischeronkel kolorierte er Stiche für den befreundeten Vorarbeiter einer Brandweinbrennerei und bekam zwei Pence pro Seite. Doch mit 14 war er schon Stipendiat der Royal Academy. Die Akademie wurde sein Zuhause; er nannte sie »Mutter«. Mit 27 Jahren Professor (leider konnte er kaum dozieren; man kam wegen der Bilder, die er zeigte; einer seiner treuesten Hörer war ein tauber Bibliothekar). Seine künstlerische Begabung war fraglos. Aber sein Benehmen! In reinem Cockney-Akzent beschimpfte er, was ihm in den Weg kam. Ein Kunstkritiker erwähnte später höflich seine »merkwürdige Abneigung, freundlich zu erscheinen«. Was ihn absorbierte, war das Beobachten, das ständige Mitzeichnen. Die Leute waren ihm egal.

Mit 23 hatte er sich die Witwe eines katholischen Komponisten und Organisten, Mutter von vier Kindern, zur Geliebten genommen. Sie hatte ihm zwei Töchter geboren, was ihn auch nicht weiter interessierte. Er brauchte die Einsamkeit, das Reisen, Licht und die Höhenzüge fremder Länder. Für die heimliche Familie hatte er ein Haus in Soho organisiert. Bald Bordellbesuche. Die meisten dort entstandenen Skizzen wurden vom Kurator der National Gallery posthum vernichtet; sie hätten seinem Ruf schaden können. Fraglos war er ein Besessener! Als er einmal auf dem Meer in einen Sturm geriet, ließ er sich an den Mast des Schiffes festbinden, »weil ich zeigen wollte, wie solch ein Schauspiel aussieht.« Das ging vier Stunden, er glaubte nicht zu überleben, »aber ich wollte es festhalten, falls ich davonkäme«. Seine Malerei war seine Odyssee. Die sich auf dem Papier wiederholte: »Er begann damit, nasse Farbe darauf zu schütten, bis es gesättigt war, dann riß, kratzte und schabte er in einer Art Raserei und alles war ein Chaos – aber nach und nach und wie durch Zauberei nahm das reizende Schiff mit all seinen köstlichen Einzelheiten Gestalt an, und zur Mittagszeit wurde die Zeichnung im Triumph hinuntergetragen.« Im Alter sah man ihn, wie er mit den Händen Chromgelb in einem Eimer mischte. Und mit den Händen habe er die Farbe dann auch auf die Leinwand aufgetragen. Nicht alle Kritiker folgten ihm jetzt noch.

Er lebte nun von Milch und Rum, gerne incognito: Hatte eine dicke Geliebte an der Themse, deren Nachbarn ihn für einen Admiral hielten. Und ein Haus mit Galerie in der Innenstadt, das zunehmend gespenstisch verwitterte. Hier ließ seine kranke, ganz in weißes Flanell gewickelte Tochter stumm die Besucher herein, die erschraken, wenn die Katzen über die Dielen sprangen, und erschauerten vor dem Regen, der durch das schadhafte Dach auf die modernden Bilder tropfte.

Wer war der reiche, geizige, erste Maler reiner Lichtrotationen?

Es handelt sich um den englischen Maler William Turner, 23. April 1775 – 19. Dez. 1851.

34

*D*er 35jährige Jurist schrieb ein intimes Tagebuch in Chiffren und Vignetten. Das Weinglas, auch das Weinglas mit Flügeln, kommt beinahe täglich vor. Es ist leicht zu entziffern; es meint die Räusche in der »Rose«. Daneben erscheint ziemlich häufig ein Schmetterling; seine irritierende Buchstabenentsprechung ist »Ktch«. Seine Frau Mischa sollte, wenn sie heimlich las, an Kleists »Käthchen von Heilbronn« denken, das er gerade inszenierte. Auch er schätzte dieses Käthchen: es liebte somnambul, was ihn stimulierte. Dabei hieß sein Schmetterling Julia, war eine 15 Jahre alte, ziemlich aufgeweckte Schülerin aus gutem Hause und sang. Manchmal sangen sie Duett: »22. Februar: Unvernunft und Leidenschaft – quod deus bene vertat; 24. Februar: Ktch etwas nachgelassen; 25. Februar: Ktch – Ktch – Ktch!!! exaltiert bis zum Wahnsinn; 18. März: enthusiasmo mit Ktch beinahe den höchsten Gr. erreicht. Abends Pipicampu und geistiger Ehebruch.« So keusch verschlüsselt und imaginativ ekstatisch geht das fast zwei Jahre lang, bis Julia eine Vernunftehe eingehen muß. Das Tagebuch notiert in dem für Gattin Mischa unverständlichen Italienisch: »Il colpo è fatto.- La Donna è diventata la sposa di questo maledetto asino di mercante.« Nach außen will er sich beherrschen, was nicht ganz gelingt: »Partie nach Pommersfelden – sich ganz erschrecklich besoffen und die infamsten Streiche gemacht.« Will heißen: Als der Bräutigam im Rausch gestürzt war, hatte er ihn einen »Schweinehund« genannt, der nichts vertrage (und anderes). Hausverbot. Entschuldigungen. Verzeihen. Das schöne Kind aber heiratet nicht ungern den »verdammten Esel von einem Händler« und zieht mit ihm nach Hamburg. Am 4. März 1813 erwähnt das Tagebuch sie in griechischen Buchstaben zum letzten Mal: »Die einzige Nachricht, daß Ktch schwanger – traf mich wie ein Schlag.« Keine weiteren Kontakte. Doch in den Monaten vor seinem Tod bittet er brieflich einen Freund: »sagen Sie in einem Augenblick des heitren Sonnenscheins Julien, daß ihr Andenken in mir lebt.«

Wer war der tapfere Kammergerichtsrat, dessen Künstlertum im Zeichen des geflügelten Glases auf dem Wirtshaustisch stand und ihn eigentümlich der Romantik enthob?

Es handelt sich um den deutschen Schriftsteller E. T. A. Hoffmann, 24. Jan. 1776 – 25. Juni 1822.

35

Sein Rivale, der sein Sohn hätte sein können, lästerte über seine flächige Malerei, nannte ihn einen »beschränkten Chinesen«. (Er konterte mit »versoffener Besen« und »Apostel des Häßlichen.«) Vom Mosaikboden eines seiner Historiengemälde sagte der Jüngere, diese Rauten seien so exakt ausgeführt, daß der Boden glänze wie ein Spiegel, man könne »sich darin ansehen, um sich den Bart zurecht zu machen, aber man würde es nie wagen, darauf zu gehen, es sei denn, man wäre eine Fliege«. Diese Nichtbetretbarkeit der Kunst, ihre Selbstgenügsamkeit, könnten Nachgeborene als Lob sehen. Er malte zwischen Rokoko und Impressionismus, zwischen Fragonard und Monet, und galt den Zeitgenossen leicht als akademisch verstaubt. Sie sahen, daß er etwas konnte, bewunderten kühl die Fülle seiner Stoffe und Muster, all die Dekorationen, aber dann schauten sie nochmals hin und fanden ein Bein verdreht, eine Hand schlaff, einen Rücken zu lang. Hatte er keine Ahnung von Anatomie?

Er war der Erstgeborene von sieben Kindern eines Malers, Bildhauers und Stukkateurs. Bereits mit zehn Jahren zeichnete er in der Werkstatt des Vaters. Lehrjahre in Toulouse, Paris, Rom. Er wußte: »Man muß lange zeichnen, ehe man ans Malen denken darf.« Es konnte sein, daß er für einen Arm 200 Bleistiftzeichnungen und 50 Ölskizzen machte. Er arbeitete mit transparenten Papieren, legte frühere Entwürfe übereinander. Bis er sagte: »Was diesen Arm angeht, so bin ich sicher, daß er jetzt besser ausgefallen ist denn je. Ich habe den mathematischen Beweis dafür, denn ich habe alle Möglichkeiten ausgeschöpft.« Doch was war los mit den Proportionen, besonders bei den weiblichen Figuren? Ein kleines Abweichen, eine Überdehnung, eine etwas forcierte Drehung, was zunächst kaum auffiel, denn die Bildgestaltung war perfekt. Aber dann sah man es: die Brust saß schief, die Schulter rutschte ab, das Bein schien vom Körper gelöst. Diese Frauen gerieten in eine Verwandlung, wurden weicher, unversehens Teil der ornamentalen Schwünge, Rundungen des Bildes, hingegeben gleichsam an die Lust der Komposition. Nackte Leiber wie Kissen drapiert, Köpfe lasziv zurückgebogen, wartenden Blüten gleich. Waren diese sanften Mißbildungen sublime Perversionen, erotische Täuschungen, die die Zeitgenossen meist nicht benennen konnten? Baudelaire sprach von »tiefer Wollust« und dann von der »Sachlichkeit eines Chirurgen«. (Picasso sah sofort, was da geschah; nur einen Schritt weiter und die Malerei des Kubismus war erfunden.)

Erfolg mit Auftragsarbeiten. Er portraitierte die Mächtigen und ihre Frauen. Dabei hätte die Historienmalerei ihn mehr interessiert, aber er mußte Geld verdienen. Heimliche Spiele. Dieser Verleger, zum Beispiel (ein Buddha der Bourgeoisie), wie er stattlich dasitzt, ganz nah am Betrachter mit zerknittertem Hemd, zerzaustem Haar, die Hände auf den Knien. Hände? Pranken! Verdrehte grelle Finger wie Krallen. Aber alles so atemberaubend fein gemalt. Auf einer winzigen Stelle der Stuhllehne, in einem Brillenglas an der Leiste spiegelt sich das Fenster, das man im Bildraum nicht sieht. Seine detailgenauen erotischen Zeichnungen konnte er nicht ausstellen; sie blieben Kennern vorbehalten.

Wer war der konservative Revolutionär, dessen Werk eine Raffaelsche Madonna durchzieht und von dem Théophile Gautier sagte: »Nein, er ist nicht aus seiner Zeit, aber er ist ewig«?

Es handelt sich um den französischen Maler Jean Auguste Dominique Ingres, 29. Aug. 1780 – 14. Jan. 1867.

36

Er war ein verzärtelter Nachkömmling, der früh allein durch Wälder und Wiesen streifte, Gedichte schrieb und in der Pubertät an Anorexie mit lebensbedrohlichen Brechanfällen litt. »Ich stand in einer Ecke des Zimmers, mager und weißlich blau, wie eine Thermometer-Röhre, die man mit blauem Spiritus gefüllt hat.« Ein ehemaliger Leibarzt von Katharina der Großen behandelte ihn schließlich mit dem russischen Spezialmedikament »Hopelpopel«, einer stärkenden Mischung aus »Thee, Eigelb und Kirschgeist«, und mit Pfefferkörnern. Er hatte den erwartbaren Erfolg. Der Junge kotzte weiter. Der Kutscher des Vaters schleppte den Kleinen heimlich zu einem Hypnotiseur. Danach hatte er »magnetische hellseherische Träume«. Und nahm zu. Er war keine dreizehn, als sein Vater starb und er einem Schreinermeister übergeben wurde, wo er »die gröbsten Möbel allein verfertigen« durfte, »und diese waren die Särge, deren ich sehr viele schuf«. Mit fünfzehn wurde er Lehrling in einer Tuchfabrik, hier nähte er Säcke zusammen und beobachtete die Insassen des »Tollhauses«, die im selben Gebäude untergebracht waren. Erfolgreich beruhigte er nicht nur sich selbst, sondern auch die Kranken mit seinem »Brummeisen«, der Maultrommel. Ein väterlicher Freund half ihm, Medizin in Tübingen zu studieren. Eine Zeitlang medikamentierte er den armen Hölderlin und setzte sich später für die Herausgabe seiner Gedichte ein. Seine Dissertation nannte er »Beobachtungen über die Funktionen der einzelnen Theile des Ohres«. Zu diesem Zweck experimentierte er mit Tieren. So schnitt er einer Katze bei lebendigem Leib die rechte Ohrmuschel ab, um zu beobachten, wie sie sich allein mit der linken orientierte. Er lebte, wie ein Freund berichtete, in seiner Stube mit einem zahmen Storch und »Hunden, Katzen, Hühnern, Gänsen, Eulen, Kröten, Eidechsen (...). Überhaupt steht er der Natur sehr nahe und besonders der dunklen Seite.« Immer wieder nahm er Frauen auf, Seherinnen, Besessene, und beschrieb sie in minutiösen Studien. Nach dem Diktat einer jungen Kranken konstruierte er einen »Nervenstimmer«. Uhland schrieb er: »Weib zu sein, ist eigentlich Krankheit«.

Seine vielseitige Beobachtungsgabe ließ ihn zum Entdecker des tödlichen »Wurstgiftes« werden. Er gewann die Essenz durch Auslaugen verdorbener Leberwürste und experimentierte damit. So träufelte er es etwa einem Frosch ins Maul und beobachtete, wie dem rasch die »Augenlider zufielen«. Dann machte er mit Raben, Katzen, Kaninchen weiter. Auch vor Selbstversuchen schreckte er nicht zurück (»große Vertrocknung in Gaumen und Schlund, und jenes Gefühl von Zusammenziehen und Würgen in der Gegend des Kehlkopfes«).

Wer war der Arzt und Dichter, der sich, ohne daß wir es immer wissen, in die deutsche Volksliedtradition einschrieb?

Es handelt sich um den deutschen Arzt und Schriftsteller Justinus Kerner, 18. Sept. 1786 – 21. Feb. 1862.

37

Hochmusikalisch und in frommer Härte bestand die Mutter darauf, ihr Sohn sei Mozart: »Ehe ich noch den vollkommenen Gebrauch meiner Gliedmaßen hatte, setzte sich meine für Musik begeisterte Mutter vor, mich in die Geheimnisse des Klavierspiels einzuweihen. Noch gellt in meinen Ohren der Ton, mit dem die sonst nachsichtige Frau in ihrem Eifer die Lagen der Noten: ober den Linien, unter den Linien, auf den Linien, zwischen den Linien in mich hineinschrie. Wenn nun gar der Versuch auf dem Klavier gemacht wurde, und sie mir bei jedem verfehlten Tone die Hand von den Tasten riß, duldete ich Höllenqualen.« Nach dem frühen Tod des Vaters – der Sohn war 18 Jahre alt und wurde bald Beamter im Staatsdienst – begann seine eheähnliche Gemeinschaft mit der Mutter. »Seit ich nach dem Versiegen ihrer eigenen Hilfsquellen allein die Bedürfnisse des Hauses bestritt, vereinigte sich für sie in mir der Sohn und der Gatte.« Auch wenn er das Geldverdienen meinte, schwang anderes mit: »Sie hatte keinen Willen als den meinigen, mir fiel aber auch nicht ein, einen Willen zu haben, der nicht der ihrige gewesen wäre.« Mit den Jahren schlußfolgerte er: »Aus unserem Zusammenleben konnte ich abnehmen, daß ein eheliches Verhältnis meinem Wesen gar nicht entgegengesetzt war.« Das mußte sich als fataler Irrtum erweisen; der Gatte der großen Mutter (jenseits des körperlichen Inzests) war für jede andere Ehefrau verloren. Ein Biograph kommentierte: »Er war der Sohn seiner Mutter, die es in der Kunst, sich selbst und andere zu peinigen, weit gebracht hatte.« Ihre Selbstkasteiung gipfelte konsequent in der Selbsttötung, ein Umstand, den anzuerkennen er nicht bereit war. In seiner Autobiographie faselt er etwas von Unterkühlung auf dem nächtlichen Weg in die Kirche, und dann habe die Mutter einen »Schlagfluß« erlitten. Das Protokoll der Leichenkammer konstatiert lakonisch: »NB hat sich erhängt.« Nach dem Tod der Mutter gab es vier Frauen in seinem Leben. Eine verschmähte er, zwei waren verheiratet, und er übte sich subtil im Ehebruch, während er das eine, unschuldige Kind, das an ihn glaubte, das auf ihn hoffte, Kathi Fröhlich, ein Leben lang an sich zu binden wußte. Sie blieb Jungfrau. Zwar war er mit ihr jahrzehntelang verlobt, zwar lebte er im Alter zusammen mit ihr und ihren drei Schwestern (Wien, Spiegelgasse 21), aber er heiratete sie nicht. Einem Freund, der einmal direkt nachfragte, gestand er: »I fürcht' mi«. Und ins Tagebuch notierte er, was ihn am Ehestand irritierte, etwa, wie es wohl sein würde, wenn »man sich voreinander waschen soll«. Dann wieder erkennt er in seiner Beziehung zu Kathi kalt die »teuflische Lust, sie zu quälen, und mich mit ihr«. Von seinen Reisen schreibt er Karten: »Nachrichten gibt es nicht. Adieu.« Er ist ein Greis von 80 Jahren, als er Kathi in den Stephansdom beordert, um ihr zu erklären, er wolle sich mit ihr trauen lassen. Kathi ist entrüstet, dann bricht sie in Tränen aus, dann sagt sie stolz, sie sei keine alte Hofratsköchin.

Wer war der Autor der subtilsten Seelendramen, der frühe Großmeister psychischer Zwischentöne, der schrieb: »Gescheit gedacht und dumm gehandelt, / so bin ich meine Tage durchs Leben gewandelt«?

Es handelt sich um den österreichischen Schriftsteller Franz Grillparzer, 15. Jan. 1791 – 21. Jan. 1872.

38

*E*in Musikerkind, das sang wie ein Engel! Seine Kastration wurde schon diskutiert, aber dann durfte er doch ein Musikstudium (Cello, Klavier, Kontrapunkt) in Bologna beginnen. Bei einem Musikliebhaber entdeckte er »deutsche Partituren«, Haydns Schöpfung, Mozarts Zauberflöte, Figaros Hochzeit. Der Fünfzehnjährige, der kein Geld hatte, sie aus dem Ausland kommen zu lassen, lieh sie aus und »kopierte sie selbst mit Heißhunger. Meist habe ich erst die Singstimme ganz allein abgeschrieben, ohne mir die Orchesterbegleitung anzusehen. Dann komponierte ich auf einem losen Blatt selbst nach meinem Geschmack eine Begleitung, die ich darauf mit der von Haydn oder Mozart verglich; schließlich vervollständigte ich meine Kopie, indem ich die Orginalbegleitung abschrieb.« Früh hat er Erfolg, arbeitet streng pragmatisch und liefert, was die jeweiligen Theater brauchen, mit und ohne Ballett. Da er schnell sein muß, mischt und verfugt er musikalische Einfälle wie Bausteine. Er baut Pasticcio-Messen aus Opernmaterial, unterlegt ein Credo in unum Deum mit einem Liebesständchen und ein Stabat Mater mit einem heiteren Marsch. Seine Maßgaben sind die Möglichkeiten der Ausführenden. Und wenn er einmal auf eine »schauderhafte Seconda Donna trifft«, rettet er, was zu retten ist. »Sie war nicht allein über die Erlaubnis häßlich, auch ihre Stimme war unter aller Würde. Nach der sorgfältigsten Prüfung fand ich, daß sie einen einzigen Ton besaß, das B der eingestrichenen Oktave, welcher nicht übel klang. Ich schrieb ihr daher eine Arie, in welcher sie keinen anderen als diesen Ton zu singen hatte, legte alles ins Orchester, und da das Stück gefiel und applaudiert wurde, so war meine eintönige Sängerin überglücklich über ihren Triumph.« Er ist 32, als Stendhal über ihn schreibt: »Seit Napoleons Tod gibt es keinen anderen Mann, über den man jeden Tag in Moskau wie in Neapel, in London wie in Wien, in Paris wie in Kalkutta spricht.« Auf dem Höhepunkt seiner Karriere, er ist 37, zieht er sich zurück. »Ich hatte keine Kinder. Wenn ich welche gehabt hätte, hätte ich ohne Zweifel weitergearbeitet, und nachdem ich mich fünfzehn Jahre lang abgeplagt und während dieser Periode vierzig Opern geschrieben habe, empfand ich das Bedürfnis nach Ruhe.« Nun veröffentlicht er nicht mehr, aber er komponiert, »weil ich nicht anders kann«. In seinen Schränken stapeln sich Noten. (Klavierstücke als »Quatre hors-d'oeuvres« mit »Radieschen, Anchovis, Cornichons, Butter« oder »Studentenfutter« mit »Trockenen Feigen, Mandeln, Nüssen und Rosinen«, aber auch eine »Asthmatische Etüde«, ein »Gefolterter Walzer«.) Gespielt werden sie an den legendären Samstagabenden, wenn er Freunde zu Hauskonzerten in seine Villa lädt. Eine kleine, feierliche Messe, seine letzte »Alterssünde«, hätte er dann doch gerne in einer Kirche gehört mit Orchester und »zwölf Sängern dreier Geschlechter, Männer, Frauen und Kastraten«. Aber obwohl er an den Papst schrieb, scheiterte das Projekt daran, daß Männer und Frauen nicht miteinander im Chor einer katholischen Kirche singen durften.

Wer war der Komponist, der einmal sagte: »Essen, Lieben, Singen und Verdauen, das sind – in Wahrheit gesprochen – die vier Akte der komischen Oper, die »Das Leben« heißt und vergeht wie der Schaum einer Flasche Champagner. Wer sie verrinnen läßt, ohne sie genossen zu haben, ist ein vollendeter Narr«?

Es handelt sich um den italienischen Komponisten Gioachino Rossini, 29. Feb. 1792 – 13. Nov. 1868.

39

Manche Kritiker waren richtig böse auf ihn. Er war ihnen zu unanständig: »Er verfügt über ein Gebiet von Tönen und Bewegungen, wo für ein richtiges Gefühl der Ekel, das Erbrechen beginnt. Wir wollen sie nicht vernehmen, diese stinkenden Witze, die zu erraten geben, daß das innerste Heiligthum der Menschheit einen Phallus verberge.« Aber was sollte er machen! Stand er auf der Bühne, ging es immer wieder mit ihm durch. Nicht daß die Rollen, die er spielte, unbedingt obszön gewesen wären, nein, überhaupt nicht, es war vielmehr so, daß ihm gleichsam unter dem Wort eine Geste entkam, die noch die harmloseste Formulierung in eine Zote verwandeln konnte. Und dann extemporierte er wieder so heftig und ohne Rücksicht auf das »richtige Gefühl«, daß er mit Arrest dafür büßen mußte. So pendelte er zwischen Zelle und Bühne: »Wegen der Geringschätzung, mit der ich den Abend vorher das Publicum behandelte, mußte ich um neun Uhr vormittags in den Polizeyarrest, ging dann in die Probe, nach der Probe in den Arrest und zur Vorstellung wieder heraus. Den folgenden Tag mußte ich um neun Uhr vormittags in den Arrest bis vier Uhr nachmittags.« Mit seinen freien Einlagen hörte er deshalb keineswegs auf. Er hatte zweifellos exhibitionistische Neigungen und entäußerte sich auf der Bühne einer sexuellen Wut, der er im alltäglichen Leben nicht, oder doch nur sehr heimlich, nachkommen konnte. Seine Frau im Haus war streng. Und er war im Alltag eher ängstlich und scheu und auf ein friedliches Auskommen mit ihr bedacht. Man sagte auch, er stehe unter dem Pantoffel. Also bedurfte es höchster Umsicht. Da seine Affären ebenso zahlreich wie kostspielig waren, beschäftigte er ein ganzes Netz von verschwiegenen Vertrauten, die ihn finanziell und ideell bei seinen amourösen Treffen unterstützten. Seine Frau aber, die nichts ahnen sollte und alles wußte, organisierte ein Gegennetz von Spionen, um wenigstens den finanziellen Ruin der Liebeseskapaden abzufedern. Ihre Kontrolle war mütterlich und radikal; seine Briefe fing sie einfach ab.

Eigentlich wäre er viel lieber Opernsänger geworden, aber er sang nicht wirklich gut. Er rutschte in Sprechrollen, reüssierte schnell in komischen Stücken. Erotoman und misanthrop nahm er sich die Volksbühne als Ventil und wurde zum »Schopenhauer der Posse«. Karl Kraus hat ihn sehr in Schutz genommen. Er sei »der erste deutsche Satiriker, in dem sich die Sprache Gedanken macht über die Dinge. Er erlöst die Sprache vom Starrkrampf, und sie wirft ihm für jede Redensart einen Gedanken ab.«

Wer war der umstrittene Dramatiker und Schaupieler, der sagte: »Kunst ist, wenn mans nicht kann, denn wenn mans kann, ists keine Kunst«?

Es handelt sich um den österreichischen Schauspieler und Dramatiker Johann Nestroy, 7. Dez. 1801 – 25. Mai 1862.

40

*V*äterlicherseits hoher Adel: ihr Urgroßvater war August der Starke, Kurfürst von Sachsen, König von Polen (»der größte Wüstling seiner Zeit«); mütterlicherseits kam sie aus dem »alten Paris«, wo ihr Großvater auf den Quais der Seine als Vogelhändler arbeitete. Als sie mit vier Jahren den Vater durch einen Reitunfall verlor, übernahm die adelige Großmutter die Erziehung. Das Mädchen ersetzte ihr den verstorbenen Sohn und gern rief sie es wie einst diesen: »Maurice«. Doch die Freiheit eines Jungen bekam das Kind nicht. »Das feierliche Benehmen der Großmutter bedrückte meine Seele. Ihr düsteres, von Wohlgerüchen erfülltes Zimmer verursachte mir Kopfschmerzen und krampfhaftes Gähnen.« Die alte Dame, die zweimal im Leben einen längeren Spaziergang gemacht haben soll, fürchtete jeden Lufthauch. »Es kam mir vor, als sperrte sie uns beide in eine große Schachtel, wenn sie mir sagte: ›Amüsiere dich still‹. Sie gab mir Bilder zu besehen, aber ich sah sie nicht, denn ich hatte den Schwindel. Ich bebte, wenn ich draußen einen Hund bellen hörte oder wenn ein Vogel im Garten sang; ich wäre gern der Hund oder der Vogel gewesen.« Nach dem Tod der Großmutter ist sie eine 17jährige wohlhabende Erbin und wird mit einem vermögenslosen, trinkenden Leutnant verheiratet. Noch zwanzig Jahre später warnt sie ihren Halbbruder: »Verhindere, daß Dein Schwiegersohn in der Brautnacht brutal mit Deiner Tochter umgeht. Nichts ist abscheulicher als der Schrecken, die Qual und der Abscheu eines armen Kindes, das von nichts weiß und sich nun von einem Rohling vergewaltigt sieht. Wir erziehen sie wie Heilige, dann aber geben wir sie wie Stutenfüllen preis.« Mit einem Skandalroman wird sie berühmt. Darin leistet sie in langen Passagen – die sie später zensiert – die vielleicht erste weibliche Darstellung einer sexuellen Funktionsstörung: »Das Begehren war bei mir eine Seelenglut, die die Kraft der Sinne lähmte, bevor sie sie noch erweckt hatte; es war eine wilde Raserei, die sich meines Gehirns bemächtigte und sich ausschließlich darin konzentrierte. Mein Blut wurde eisig, ohnmächtig und dünn während der ungeheuren Anspannung meines Willens.« Und: »In der Phantasie wurde ich nicht nur dem Mann untreu, den ich liebte, sondern jeder anbrechende Morgen sah mich demjenigen untreu, den ich noch am Abend vorher geliebt hatte.« Bis ins hohe Alter wird sie die Heimat der erfüllten Leidenschaft suchen (und manchmal finden), meist mit jüngeren Männern. Bedeutende Künstler ihrer Zeit haben sie bewundert, waren mit ihr befreundet, haben einen leiblichen Versuch mit ihr gewagt. Sie ging durch alles durch: Tränen, Dramen, Herzensaufruhr bis zu Handgreiflichkeiten! Einmal schnitt sie sich die langen Haare ab, schickte sie dem Geliebten und ließ sich von Delacroix malen. In allem Tumult schrieb sie wie eine Besessene. Ihr Werk umfaßt 180 Bände, die Zeitungsartikel und 15.000 erhaltenen Briefe nicht mitgerechnet. Manchmal verfaßte sie in wenigen Wochen, ja Tagen, einen Roman. Sie hatte Erfolg und war geschäftstüchtig: »Es ist nicht nötig, daß ich die Nächte durcharbeite, damit Sie Trüffeln essen können«, erklärte sie bereits drei Jahre nach ihrem Debüt ihrem Verleger.

Wer war die Liebesmutige, die es als wunderbarstes Geständnis empfand, als ein Mann ihr einmal sagte, er liebe sie »wie ein Kind«?

Es handelt sich um die französische Schriftstellerin George Sand,
1. Juli 1804 – 8. Juni 1876.

41

Später sollte er gegenüber einem Freund von seiner »krankhaften Ängstlichkeit und jener vis inertiae« sprechen, der Kraft des Untüchtigen. Der Freund verstand. Andere machte der Schwache mit seinen obskuren Müdigkeiten und Krankheiten nervös. Für sie blieb er schlicht ein Hypochonder und ein »faules Luder«. Dabei war es vielleicht weniger Arbeitsscheu, die ihn zurückhaltend sein ließ, als ein existentielles Zögern vor der Welt. Und da halfen ihm »allgemeine Nervenschwächen« oder »Blutdrang«, dann wieder ein »Rückenmarks-Schlaganfall«, der mit Quecksilber kuriert wurde, oder Kreislaufstörungen, gegen die es Elektroschocks oder Galvanisationen gab. Kaum hatte er eine Arbeit, brauchte er eine Kur. Und er genoß die Wasser gegen Hämorrhoidalleiden, Krankheiten der Drüsen oder »erhöhte Venosität des Unterleibs«. Er wurde ein ewiger Patient, sein Lebensmotto hieß: nur nichts forcieren!

Das Schulkind war als Träumer aufgefallen, der Student blieb uninteressiert. Man schenkte dem Halbwaisen einen Gnaden-Abschluß; eigentlich war er durchs Examen gefallen. Mit gerade 40 Jahren ließ er sich dann pensionieren. Der Pfarrdienst in einer 600-Seelen-Gemeinde hatte ihn überfordert. Sich das Wort für die Kanzel auszudenken, war eine Zumutung. Sein rücksichtsvoller Freund würde das verstehen, so erbat er sich mit erstaunlicher Offenheit »für die Sonntage von Ostern an ein Dutzend Deiner Predigten«. Auch sonst wollte er sich nicht so recht einlassen auf das, was er tat. Mit der Frau, die er letztlich heiratete, verband ihn eine immerhin sechseinhalbjährige wilde Lebensgemeinschaft, er hatte sie in den

Haushalt zu sich und seiner Schwester aufgenommen. Als der gut Fünfzigjährige diese Ménage à trois vor dem Traualtar zu klären gedachte, soll ihn an der Pforte doch das Bangen gepackt haben, und seine Braut hörte ihn stocken: »Du, ich will es doch lieber bleiben lassen.« Es kam zur Trauung; es kam zu zwei Töchtern. Doch die Ehe scheiterte schauerlich.

Seine eigentliche Begabung witterte er – und kam auch ihr in den letzten 19 Lebensjahren kaum mehr nach.

Wie heißt der abgründig sichere Stilist, der gegen den Schaffensdrang seiner Kollegen wetterte: »Es ist doch wahrlich zum Erschrecken, was Alles wirklich schreibt und dichtet! So arg war doch die Affenschande mit dem Musendienst in Kammern und Unzucht noch zu keiner Zeit!«

Es handelt sich um den deutschen Schriftsteller Eduard Mörike, 8. Sept. 1804 – 4. Juni 1875.

42

Der Vater, ein erfolgreicher Arzt, prophezeite dem Halbwüchsigen: »Außer Schießen, Hunden und Rattenfangen hast Du nichts im Kopf; du wirst noch zur Schande für dich selbst und deine ganze Familie.« Er war tief getroffen. Er liebte seinen Vater und er fürchtete ihn. Auch seine Lehrer hielten ihn »für einen höchst mittelmäßigen Buben mit einem sogar unterdurchschnittlichen Verstand«.

Mit acht Jahren hatte er seine Mutter verloren, worauf die älteren weiblichen Geschwister seine Erziehung übernahmen. »Zu meinen Gunsten kann ich anführen, daß ich ein menschenfreundlicher Junge war; das Verdienst daran haben aber ganz und gar meine Schwestern, weil sie mir Unterweisung und Beispiel gaben.« Später überlegte er: »Mir war durchaus nicht klar, ob Menschenfreundlichkeit eine natürliche oder angeborene Eigenschaft ist.« Alleine streifte er durch Feld und Wald, suchte nach Käfern, sammelte Vogeleier (»ich nahm immer nur ein einziges Ei aus dem Nest«); und wenn er angelte, tötete er den Köder-Wurm zuvor in Salzwasser, aus Mitleid. Als er 16 war, schickte ihn sein Vater zum Medizinstudium nach Edinburgh. Dort aber langweilte er sich – außer in den Chemie-Vorlesungen oder in Gesellschaft eines Meereszoologen. Zweimal war er bei Operationen anwesend, floh aber, bevor sie beendet waren. (Man operierte noch ohne Chloroform.) Der Vater war einsichtig, schlug ihm vor, Geistlicher zu werden. Ein Leben als Landpfarrer war ihm vorstellbar. Sein Theologiestudium in Cambridge schloß er mit einem Bachelor ab. (Es blieb sein einziger Universitätsabschluß.) Während er noch ein wenig Geologie studierte, erhielt er die Einladung auf ein Forschungsschiff der Royal Navy. Der Kapitän suchte die Gesellschaft eines Naturkundlers, der mit ihm die Kajüte teilte und Aufzeichnungen machte. Der Job war unbezahlt. Er war begeistert; der Vater fand die Idee absurd, konnte aber durch einen weltaufgeschlosseneren Onkel überredet werden. Die fünfjährige Schiffsreise (geplant waren zwei Jahre) sollte zur wichtigsten Erfahrung seines Lebens werden. Als er in Bahia, Brasilien, zum ersten Mal Sklaven sah, war er über alle Maßen empört. Aber mehr noch wurde sein Empfinden verletzt, als er später entdeckte, daß auch in der Gesellschaft der Ameisen Sklavenhaltung vorkam. Lange wußte er nicht, ob er heiraten sollte. Auf Zetteln katalogisierte er Argumente: »Wenn nicht Heirat, dann Reisen? Europa – Ja? Amerika??« Oder: »Wenn Heirat – Mittel beschränkt. Fühle mich verpflichtet, gegen Geld zu arbeiten.« Oder: »Heiraten. Kinder – (wenn es Gott gefällt) – ständige Gesellschaft (Freund im Alter), der sich für einen interessiert, ein Objekt, das man lieben und mit dem man spielen kann – jedenfalls besser als ein Hund«. Aber das große Problem: »Wie soll ich alle meine Arbeit erledigen, wenn ich verpflichtet wäre, jeden Tag mit meiner Frau spazieren zu gehen. –Eheu!!« Das Ergebnis minutiöser Abwägungen überzeugte ihn, »daß geheiratet werden muß«. Er wurde der Gatte einer hinreißenden Cousine und Vater von zehn Kindern.

Wer war der epochemachende Biologe, den die langsamen Anpassungen faszinierten?

Es handelt sich um den britischen Naturforscher Charles Darwin, 12. Feb. 1809 – 19. April 1882.

43

*V*on sechs Kindern das älteste, wächst er auf an der Seite einer engelshaften Mutter, unter Aufsicht eines pragmatischen Vaters. Die Mutter lehrt ihn rechnen, lesen, die Achtung vor der Bibel; sie singt Volkslieder. Der Vater, Militärarzt, Irrenarzt, schließlich Medizinalrat, zeigt ihm den Schrank voller menschlicher Skelette. Was genau der Knabe gesehen hat, ist nicht gewiß. Der Vater jedenfalls veröffentlichte Berichte über eine Selbstkastration, die mißglückte Operation eines Blutschwammes bei einem Kind (das markerschütternd geschrien habe), schrieb vom Selbstmordversuch einer Frau, die sich durch wiederholtes Schlucken von Stecknadeln das Leben habe nehmen wollen. Der Vater war gründlich. Um die Glaubwürdigkeit dieser Patientin zu erkunden, beschaffte er sich einen Dackel, fügte seinem Essen eine Weile Nadeln zu, erschlug das Tier, sezierte es und zog seine Schlußfolgerungen. Im Wappen der Familie prangte der Pelikan, das Opfertier. Die Ahnen fühlten sich als »Menschenretter«. Auch er, der Erstgeborene, sollte Arzt werden. Spätestens als 18jähriger nahm der Junge an den Sezierstunden seines Vaters teil, die so schauerlich gewesen sein müssen, daß ein Medizinaldirektor sich gegenüber der Aufsichtsbehörde des Spitals entrüstete: Hier seien Schulbuben zu »Sectionen weiblicher Leichname zugelassen«, Gedärme würden »auf eine ekelhafte und unanständige Weise in den Zimmern aufgehängt«. Der Sohn, sensibel gegen jede Ungerechtigkeit, wird sich bis zur eigenen Verfolgung gegen den Landesvater auflehnen; vor dem leiblichen Patriarchen beugt er sich. Einem Freund schreibt er: »Ich komme eben aus dem Leichendunst und von der Schädelstätte, wo ich mich täglich wieder einige Stunden selbst kreuzige, und nach den kalten Brüsten und den toten Herzen, die ich da berührte, erquickte mich wieder das lebendige, warme, an das Du mich drücktest über die Paar Meilen hinaus, die unsere Kadaver trennen.« Er hofft, durch literarische Texte finanziell unabhängig zu werden, und obwohl der mächtigste Kritiker seiner Zeit sich für ihn einsetzt, schafft er das nicht. Dem Schrecken der Medizin versucht er auszuweichen, indem er sich zur Naturphilosophie hinwendet; er promoviert über die Kopfnerven der Flußbarbe. Dieser Urfisch ist billig und läßt sich bei einem Körpergewicht von bis zu 9 kg gut sezieren. Er schuftet Tag und Nacht, wird Privatdozent in Zürich. (Der Vater scheint zufrieden, verweigert aber finanzielle Unterstützung.) Zu seiner Vorlesung »Zootomische Demonstrationen« schreiben sich drei Studenten ein; zwei Freunde kommen dazu, damit das Kolleg stattfindet. Ihm fehlt Geld; er überlebt unter größter Anspannung. Er weiß, daß er nicht alt werden wird. Einmal spricht er vom »subtilen Selbstmord durch Arbeit«. An die Braut in Straßburg schreibt er: »Das Beste ist, meine Phantasie ist thätig, und die mechanische Beschäftigung des Präparirens läßt ihr Raum. Ich sehe dich immer so halb durch zwischen Fischschwänzen, Froschzehen u.s.w. (…) O, ich werde jeden Tag poetischer, alle meine Gedanken schwimmen in Spiritus.« Wenige Wochen später stirbt der geschwächte 24jährige an Typhus; vermutlich hat er sich beim Sezieren infiziert.

Wer war der große Dichter, der auf dem Totenbett sagte: »Hätte ich in der Unabhängigkeit leben können, die der Reichtum gibt, so konnte etwas Rechtes aus mir werden.«

Es handelt sich um den deutschen Schriftsteller Georg Büchner,
17. Okt. 1813 – 19. Feb. 1837.

44

*E*inmal vergaß sie einen ausgeliehenen Nähkorb gleich zurückzugeben und war darüber so entsetzt, daß sie konstatierte: »Diese Fehlleistungen meines Gedächtnisses sind mir ein eindeutiges Warnsignal, daß ich die Blütenjahre meines Lebens hinter mir habe.« Sie war 21 Jahre alt. Ihre Demut dürfte an Größenwahn gegrenzt haben. Erfüllt von der »Sehnsucht nach einer Heiligkeit, die ich niemals, niemals erreichen werde«, quälte sie sich mit der Hoffnung, »eines Tages ein besserer Mensch« zu sein, »weitaus besser, als es mir meine schlimmen, umherschweifenden Gedanken und mein verderbtes Herz, das so kalt zum Geist und so warm zum Fleisch spricht, im Augenblick gestatten«. Sie muß ein seltsames Geschöpf gewesen sein. Manche beschreiben sie als »verkümmert«, andere erinnern sich an die Geste ihrer schmalgliedrigen Hand als an die Berührung eines Vogels. Später sagte sie einmal: »Ich habe bemerkt, daß ein Fremder, der einmal in mein Gesicht gesehen hat, es sorgsam vermeidet, seine Augen ein zweites Mal in meine Richtung schweifen zu lassen.« Auch das war vermutlich übertrieben. Zugegeben: sie war klein und immer krank und sah schon als Mädchen etwas ältlich aus, oder auch nur altklug. Als eine Freundin ihr einmal ins Gesicht sagte, daß sie ausnehmend häßlich sei, soll sie geantwortet haben: »Du hast mir sehr geholfen.« Diese Freundin weiß noch, wie sie fast kulissenhaft abseits saß oder stand, wenn die anderen spielten. Wenn man sie ansprach, erzählte sie etwas Unverständliches, etwa über die Bewegung von Schatten. Einmal aufgefordert, beim Ballspiel mitzumachen, habe sie höflich geantwortet, daß sie das noch nie getan habe und es folglich auch nicht könne. »Wir brachten sie dazu, es wenigstens zu probieren, stellten aber bald fest, daß sie den Ball nicht sehen konnte, und so schickten wir sie wieder hinaus. Sie nahm die Art, wie wir mit ihr umgingen, mit ergebener Gleichgültigkeit hin.« Sie war extrem kurzsichtig und sann ihrem Schauen nach. Man sah sie unter Bäumen hin- und hergehen und in die Wipfel sehen. Dann wieder stand sie still auf einem Stein in einem Bach und versenkte sich in die Oberfläche des vorbeifließenden Wassers.

Sie kannte den Tod. Früh war die Mutter nach qualvollem Krankenlager gestorben, zwei Kinder folgten ihr nach. Der Vater, Pfarrer und Alkoholiker, zog sich im Haus zurück. Selbst die Mahlzeiten nahm er alleine ein, da er sein Laster kannte und niemandem den Anblick zumuten wollte. Die vier übriggebliebenen Kinder, neben ihr zwei jüngere Schwestern und ein Bruder, stille Geschöpfe, die die Not rücksichtsvoll gemacht hatte, waren sich selbst überlassen. Da sie nichts mehr hatten, gaben sie sich Geschichten. Sie erfanden fabelhafte Gegenwelten und schrieben sie auf in Druckbruchstaben, das sah dann schon aus wie im Buch.

Das wirkliche Veröffentlichen geschah zunächst unter männlichen Pseudonymen. Mit ihrem ersten Roman hatte sie sofort einen Skandal-Erfolg.

Wer war die legendäre Pionierin des Frauenromans, die einmal sagte: »Ich erlaube der Realität vorzuschlagen, aber nicht zu diktieren«?

Es handelt sich um um die britische Schriftstellerin Charlotte Brontë, 21. April 1816 – 31. März 1855.

45

Durch den dunklen Gang des Hauses, den meist noch die staubigen Mehlsäcke des Bäckers, der hier sein Geschäft betrieb, verengten, und über zwei steile Holztreppen hinauf gelangte man zu einer Zimmertür, auf der ein angeklebtes Papier von Quartformat seinen mit Bleistift in Antiqua aufgemalten Namen trug.« Am Fenster ein Schreibtisch, als Leselicht zwei Wachskerzen. Bücher. Ein Klavier, zwei Stiche: das Pantheon und St. Paul in Rom. Seine Texte seien bei Sonnenlicht entstanden, sagte er. Abends ging er aus. Weinstuben, Kaffeehäuser (die auch Weinstuben waren). »Meine Conversation bettle ich mir abends an den Bierbänken zusammen.« In guter Gesellschaft sei »noch nichts besseres erfunden worden als Hockenbleiben«. Am Wochenende Wanderungen übers Land. Der Blick in den Sternenhimmel über dem Schwarzwald: »eine Vision des Wohlseins«. Immer fand er eine heimatliche Dorfbeiz, wo es einen »vollgestopften Futtergang« gab und man an den Abenden »den Tabakdampf mit dem Messer schneiden konnte«. Von einer Lieblingsgaststube sagte er: »Die Verpflegung ist gerade gut genug; wäre sie etwas besser, so käme das scheußliche Geschlecht der Gourmands, Ichthyophagen, und vertriebe mich.« Er brauchte wenig, ein heiterer Pessimist: »Im Grunde sind wir ja überall in der Fremde, und die wahre Heimath ist aus wirklich Irdischem und aus Geistigem und Fernem wundersam gemischt.« Dreißig Jahre vor seinem Tod stellte er das Publizieren ein. Jetzt hielt er nur noch Vorlesungen. Zeitlebens hat er Manuskripte und Briefe »zernichtet«. Verbrennen! stand auf dem Manuskript seines Hauptwerks. Er wollte keinen Ruhm und keinen Nachruhm. Gut hat gelebt, der im Verborgenen gelebt hat, zitierte er Epikur. Für ihn gab es keinen Fortschritt, er sah die Gefahren der Moderne, dieses »räderschnurrende Elend« der Globalisierung: »Sie opfern, wenn es sein muß, alle ihre speciellen Literaturen und Culturen gegen durchgehende Nachtzüge auf.« Der Gotthardtunnel war ihm ein Graus. Frauen? Er hatte sie gekostet wie den »Duft von Apfeltorten vormittags. Ich sage nicht: wie die Apfeltorten selbst.« Schöne Liebesgedichte an ein schwarzäugiges Kind, das dann einen reichen Bankier heiratete. Er ertrug es. Mit zwölf Jahren hatte er die Mutter verloren (er lebte mit diesem Datum: »10 Jahre und 4 Tage nach dem Tod meiner unvergeßlichen Mutter«), als jungem Theologiestudenten war ihm Gott abhanden gekommen. Was sollte ihn noch treffen?

Er hing an seiner Geburtsstadt. Berufungen an andere Universitäten lehnte er ab; die Erhöhung seines Gehalts dafür, daß er blieb, ebenfalls. Er sah nicht aus wie ein Professor: weiche Hose, offenes Hemd, unter dem Arm eine blaue Mappe, aus der er in den Vorlesungen sorgsam seine italienischen Photographien zog. Es galt zu retten, was noch zu retten war: die Erinnerung an die Schönheit, das schmerzhafte Erbe des alten Europa.

Nach einem Unfall (er war die steile Hausstiege heruntergefallen) zog er in eine geräumigere Wohnung um. Hier beschäftigte der Greis erstmals eine Magd, die ihm auch kochte. Er nannte sie Perpetua, die Beständige. Seine Katze nannte er Miggi; sie war für ihn »das einzige wahrhaft philosophische Wesen« seiner späten Tage.

Gestorben ist er im Lehnstuhl.

Wer war der genügsame Gelehrte, der einmal sagte: »Die Idee Gottes?! Wenn ein Tier das andere auffrißt?«

Es handelt sich um den Schweizer Historiker Jacob Burckhardt,
25. Mai 1818 – 8. Aug. 1897.

46

Fast wäre er ein uneheliches Kind geworden. Aber sein Vater, Buchbinder und musikalischer Autodidakt, mußte die schöne Wirtstochter doch heiraten. Im Ehevertrag verzichtete er knirschend auf seine »Musick-Productionen«. Und edierte doch weiter Diabelli-Stücke, gestaltete im »Schwarzen Bock« einen Ball und hatte bald ein 12-Mann-Orchester, mit dem er im Gasthausgarten »Zu den zwey Tauben« aufspielte. Was er brauchte, komponierte er gern selbst. Der Sohn wurde groß mit dem wachsenden Erfolg seines Vaters, der Wirtshäuser in musikalischen Furor versetzen konnte. Er selbst blieb ein Schulversager, auch ein Privatlehrer konnte nicht helfen. Heimlich aber brachte er sich das Klavierspielen bei, gab selbst bald Klavierstunden und bezahlte so einen Geigenlehrer. Der Vater, der mit Tanzorchestern international unterwegs war, bekam wenig mit von ihm und seinen zwei Brüdern Pepi und Edi. Die Familie wurde reich, wohnte in 13 Zimmern (dazu vier Vorzimmer, drei Küchen, zwei Mägdezimmer). Der Vater verließ die Familie (sein Erstgeborener war 18 Jahre alt), nachdem er in seiner Arbeitswohnung mit einer mährischen Modistin bereits fünf Kinder gezeugt hatte, drei weitere sollten folgen. Nun wurde er, der älteste Sohn, an der Seite der enttäuschten Mutter das Familienoberhaupt. Und er setzte (gegen den Willen des Vaters, mit dem er konkurrierte) ganz auf die Musik. Als der Vater mit kaum 45 Jahren starb, folgten 100 000 Trauernde seinem Sarg. Er, sein Sohn, war nun 24 Jahre alt und trat das Erbe an, rauschhaft. Nicht nur übernahm er das Orchester des Vaters, bald hatte er mehrere Orchester, die gleichzeitig spielten, sodaß er mit der Kutsche von der einen Veranstaltung zur anderen jagte, um wenigstens andirigieren zu können. Er komponierte auf Bestellung. Die Juristen bekamen eine Juristen-Ball-Polka mit synkopierter Trio-Melodie; für die Technische Fakultät fiel ihm eine Tonmalerei der Stromschläge ein (mit schneidenden Wischern in der Piccolo-Lage), die »elektromagnetische Polka op. 110«. Er widmete seine Stücke Wirten und Gesangsvereinen und war bald so ausgebucht, daß auch die Brüder einspringen mußten. Pepi, Bauzeichner und Erfinder einer Straßenreinigungsmaschine: Komposition und Geige. Edi, eigentlich in konsularischen Diensten: Harfe und Dirigieren. In Jetty, einer neun Jahre älteren Sängerin, Mutter von sieben Kindern, die sie allerdings den verschiedenen leiblichen Vätern zur Erziehung überlassen hatte, fand er eine perfekte Managerin und Sekretärin. Nach dem Tod von Jetty wird er noch zweimal verheiratet sein: mit schönen Kindern, die mindestens 25 Jahre jünger waren als er. Unvorstellbar furios waren seine Auftritte in Amerika. Er erzählt: »Auf der Musikertribüne befanden sich Tausende Sänger und Orchestermitglieder, und das sollte ich dirigieren. Zur Bewältigung dieser Riesenmassen waren mir hundert Subdirigenten beigegeben, allein ich konnte nur die Allernächsten erkennen.« Er gab den Einsatz und das »Heidenspektakel« ging los. »Da wir so ziemlich zur gleichen Zeit angefangen hatten, war meine ganze Aufmerksamkeit nur noch darauf gerichtet, daß wir auch – zu gleicher Zeit aufhörten.« Natürlich übertrieb er.

Wer war der wunderbare Meister des Schwungs, über dessen Musik gesagt wurde, sie sei »ein kleines Stück erfüllter Sehnsucht nach Lebensfreude«?

Es handelt sich um den österreichischen Komponisten Johann Strauss, 25. Okt. 1825 – 3. Juni 1899.

47

Sie konnte Sätze sagen wie: »Die Kürze des Lebens macht mich kühn«. Oder: »Weißt du nicht, daß die Sprache kein Wort so wild kennt wie Nein?« Kühn hat sie das Nein ihrer besonderen Verweigerung gelebt in ihrem kurzen Dasein von 55 Jahren. Sie war die lebhafte Tochter aus gutem neuenglischen Haus. Als aber der seelennahe Bruder ihre über alles geliebte Freundin Sue heiratete, zog sie sich vorsichtig zurück. Ihr Lebensradius wurde das Geviert des väterlichen Anwesens: »I do not cross my Father`s ground to any House or Town«. Sie blieb unverheiratet und vermutlich Jungfrau. Sie buk Brot für den Vater, stellte Kuchen her (»Süßspeisen muß der Mensch doch haben«), beobachtete die Gartennatur und schrieb. Briefe und Gedichte, die oft unvermittelt wie Falter aus den Briefzeilen aufflatterten, um sich ebenso spontan wieder in Sätzen niederzulassen, wurden zu ihrer Welt. So lebte und liebte sie in einem dichten, emotional hoch aufgeladenen Netzwerk von Korrespondenzen. In filigraner Tintenschrift entstanden die Landkarten einer Utopie des Heimatlichen, ein nie zuvor betretener Sprachkontinent, den sie als Pionierin urbar machte. Einen ihrer letzten Briefe zeichnete sie nur noch mit »America«. Was kümmerte sie ihr kränkelnder Körper, wenn das Wort sicherer unterwegs war, um Liebe werbend, sei es die von Männern oder Frauen. Wenn sie ausnahmsweise Besucher empfing, dann mit inszenierten Gesten. Einer der Freunde erzählte: »Schritte wie die eines trippelnden Kindes & schon glitt eine kleine, unscheinbare Frau herein mit gescheiteltem rötlichen Haar & einem Gesicht ein klein wenig wie das von Belle Dove:

schlichter kaum – ohne jeden Vorzug – in einem sehr schlichten & blütenreinen weißen Piquekleid & gehäkeltem Schal aus blauer Kammwolle. Sie trat mir mit zwei Taglilien entgegen; die gab sie mir geradezu kindlich in die Hand.« Ein andermal: »Sie glitt ganz in Weiß herein, in der Hand Rosmarinseidelbast für mich & murmelte: Wie lange werden Sie bleiben?« Ihre Öffentlichkeit war privat. Von den etwa 1800 Gedichten, die sie schrieb, hat sie zu Lebzeiten kaum ein Dutzend anonym veröffentlicht. Als ihre Freundin Sue in einer Zeitschrift eines entdeckte und es ihr sagte, soll die Dichterin leichenblaß geworden sein. Doch sie wußte um ihre Sprachkraft und war sich ihres Nachruhms sicher. Zu Lebzeiten aber war ihr so etwas lästig. Was sie brauchte, war das unmittelbare Empfinden: »Ich finde im Leben Glückseligkeit – allein das Gefühl zu leben ist Glück genug.« Denn: »Wir werden nicht jeden Tag älter, sondern jeden Tag neu.«

Am Ende trug sie nur noch weiße Gewänder, feierliche Totenhemden, und verließ ihr Zimmer nicht mehr. Um ihren Nachlaß hat sie sich nicht gekümmert, um ihre Beerdigung schon. Sieben Männer, die sie täglich umgaben, Angestellte ihres Anwesens, sollten ihren weißen Sarg durch die Maiwiesen zum Friedhof tragen. Und wie sie es wollte, umtanzten Schmetterlingsschwärme die kleine Totenprozession. Am offenen Grab zitierte ein Freund das Gedicht von Emily Brontë »Kein Feigling-Herz ist mein«.

Wer war die extreme Dichterin, die einmal zu einem Besucher meinte: »Wie kann die Mehrzahl der Menschen ohne Gedanken leben? Es gibt viele Menschen auf der Welt (Sie werden es auf der Straße bemerkt haben). Wie leben sie? Wie bringen sie die Kraft auf, sich morgens anzukleiden?«

Es handelt sich um die amerikanische Dichterin Emily Dickinson,
10. Dez. 1830 – 14. Jan. 1886.

48

*U*nsicherer Gang, wenn er sich durch Oxford bewegte, als sei er nicht wirklich da. »›Wer bist denn du?‹ fragte die Raupe.« Er galt als scheu, war immer ohne Mantel unterwegs, aber er hatte »die kuriose Angewohnheit, zu jeder Jahreszeit ein Paar graue Wollhandschuhe zu tragen«. Linkshänder, den man zum Rechtshänder gemacht hatte. Stotterer ein Leben lang. Zum Priester geweiht, aber so einer konnte nicht predigen. Und wollte auch nicht. Erst als Student, hochbegabt, dann als Tutor (Mathematik), dann als Kurator: seit er 18 war, lebte er bis zu seinem Tod, 48 Jahre lang, im Schutz von Talaren und Mauern des Christ Church College. Ein Junggeselle, der Denkaufgaben veröffentlichte, Bücher über Logik schrieb. Seine Schüler fanden ihn penibel, umständlich, langweilig; er fand sie dumm. Im März 1856, er war 24 Jahre alt, hatte er sich in London einen dieser neuen Apparate gekauft, eine Kamera, und dazu die notwendigen chemischen Materialien. Kurz darauf – er wollte die Kathedrale von seinem Fenster aus photographieren – sah er unten im College-Garten die Kinder des neuen Diakons spielen. Und eines dieser Mädchen war besonders. Ein lockiges Geschöpf, dunkle Augen, vier Jahre alt vielleicht. Er freundete sich mit der Familie an. Er photographierte auch die kleinere und die größere Schwester, aber das Kind in der Mitte wurde sein liebstes Modell. Oft nahm er die Mädchen mit zu Ausflügen, Bootsfahrten mit Picknick, hinaus aus Oxford in eine freiere Welt. Die Kleine wurde älter. Etwas hatte begonnen, das keinen rechten Namen hat. Nach gut sieben Jahren endete der Kontakt abrupt. Warum, ist nicht geklärt. Aus seinem Nachlaß sind die entsprechenden Tagebücher verschwunden, manchmal fehlen auch nur einzelne Seiten, etwa die vom 27. Juni 1863. Hatte er der damals Elfjährigen nun einen Heiratsantrag gemacht? Deren Mutter jedenfalls hat die Briefe, die er ihrer schönen Tochter schrieb, vernichtet. Er war religiös, erzogen im Geist der High Church. Er wußte, was Gesetze sind. Ja, er hat das Kind immer und immer wieder auf Bildern festgehalten. Und nach der Trennung hat er – in Zusammenarbeit mit einer Malerin, die ihm Modelle zuführte – sehr viele vorpubertäre Mädchen photographiert, in Spitzenkleidchen auf Sofas liegend, nackt auf Sofas liegend, nackt am Strand, und die Bilder in seiner Dunkelkammer unter dem Dach entwickelt. »›Wie meinst du das‹? fragte die Raupe streng. ›Erkläre dich!‹« Und die scheue Antwort im Buch heißt: »Ich fürchte, ich kann mich nicht erklären, denn ich bin gar nicht ich, sehen Sie.« Er photographierte 24 Jahre lang bis ins Jahr 1880, die Hälfte seiner Aufnahmen waren Mädchen. Schlagartig hörte er auf. War es Zufall, daß es das Jahr war, in dem seine Kleine heiratete? Er hat der Tochter des Diakons von Christ Church ein literarisches Denkmal gesetzt. Ursprünglich war es nur eine Geschichte, die er während einer gemeinsamen Bootsfahrt erzählte und dann auf das Drängen der Kleinen hin für sie niederschrieb, in einer schönen Handschrift. Er schenkte ihr das Buch mit seinen Zeichnungen nach der Trennung. Als Widmung notierte er: »Ein Weihnachtsgeschenk für ein liebes Kind in Erinnerung an einen Sommertag.« Nabokov war der erste, der den Text ins Russische übersetzte.

Wer war der Mathematiker, Photograph und Schriftsteller, der eine Spiegelschrift aus Logik und Erotik erfand?

Es handelt sich um den englischen Schriftsteller Lewis Carroll,
27. Jan. 1832 – 14. Jan. 1898.

49

Wer ihm Bücher ausleihen wolle, sagte ein Freund einmal, dürfe nicht bibliophil sein. Denn wenn ihn ein Text fesselte, dann las er ihn ganz intensiv und ritzte und schabte mit den Fingernägeln heftig über die Seiten. Tiefe Kratzspuren in der Bibel (Altes Testament), im Grillparzer, im Keller, im Goethe. Seine geistige Erregung mußte unmittelbar aufs Papier.

Daß er Musiker werden sollte, war klar. Der Vater war Kontrabassist mit Leib und Seele und brauchte eine Begleitung, wenn er abends in den Hafenspelunken Hamburgs spielte. Doch der Junge übertraf schnell die väterlichen Erwartungen. Bereits als Zehnjähriger wurde er als »Wunderkind« nach Amerika eingeladen (er durfte nicht fahren). Doch mit 17 hatte er mit seiner Pianistenkarriere abgeschlossen. Er spürte, daß er komponieren mußte. Früh schieden sich an ihm die Geister der Künstlerkollegen. Wo die einen Zauberstab und Genialität sahen, erkannten die andern nur den Langweiler, den Epigonen, die »Melancholie des Unvermögens«. Nietzsche wußte es psychologisch genau: »In Sonderheit ist er der Musiker einer Art unbefriedigter Frauen.« Was immer der Philosoph damit meinte, dem zwanzigjährigen Jüngling (blonde Locken, Vergißmeinnichtaugen) gelang es, im Sturm seiner musikalischen Variationen das Herz einer um vierzehn Jahre älteren Pianistin und Mutter von sechs Kindern zu erobern. Ein siebtes Kind gebar sie, als ihr hochsensibler Mann (Komponist auch er) nach einem Selbsttötungsversuch bereits den vierten Monat in einer Anstalt saß. Daß das neue Knäblein ein Sproß des auratischen Jünglings war, ist nicht ganz auszuschließen. Immerhin lächelte der Knabe Felix unschuldig mit dessen üppiger Unterlippe. Das ungleiche Liebespaar, das sich nach zwei Jahren trennte, blieb übrigens ein Leben lang befreundet. Jahrzehnte später beschlossen sie gemeinsam, die frühen Briefe zu redigieren, und er, der mittlerweile immer noch umstritten, aber hochberühmt war, warf die seinen, die er von ihr zurückgefordert hatte, bei einer Dampferfahrt gleich alle in den Rhein. Er konnte herzzerreißend lieben, nicht aber sich binden. Nicht an eine Frau, nicht an eine feste Anstellung, nicht an gesellschaftliche Konventionen. Man sah ihn mit wirren Haaren, hemdsärmelig und ohne Kragen, beim Dirigieren eine Hand in der Sacktasche, beim Klavierspiel die Zigarre im Mund. Einmal vergaß er in der Premierenaufregung, sich umzuziehen, und dirigierte in Hosenträgern sein viel zu schwieriges Violinkonzert, das den berühmten, diesmal nach Noten spielenden Solisten an den Rand der Verzweiflung brachte. Am liebsten komponierte er ungebunden in der Sommerfrische. Lange vor der Dämmerung stand er auf, badete nackt im See, braute sich einen Kaffee und lief gegen fünf Uhr zur Inspiration in den Wald. Dann konnte es geschehen, daß er auf einmal wieder herausstürzte, keuchend den Rock im Gras hinter sich herschleifend, mit ins Leere starrenden Augen, die »leuchteten wie die eines Raubtiers«. Nun brauchte er ganz schnell Notenpapier.

Er war sein unerbittlichster Kritiker. Zwanzig Streichquartette soll er vor dem Druck verbrannt oder ins Wasser geworfen haben und später noch kistenweise Notenmanuskripte.

Wer war der Musiker, »frei, aber einsam«, der sich komponierend immer wieder »von seiner Liebe losgemacht« hat?

Es handelt sich um den deutschen Komponisten Johannes Brahms,
7. Mai 1833 – 3. April 1897.

50

Sie hat Shakespeare ins Neugriechische übersetzt, fließend Ungarisch gelernt und fühlte sich als Jüngerin von Heinrich Heine. Seine Gedichte konnte sie auswendig, und manchmal erschien ihr der tote Dichter im Traum und diktierte ihr Verse in die Feder. Gedichte waren gut gegen die Seelennot; sie führte auch ein poetisches Tagebuch. Und sie verfaßte Briefe an ihren Mann, den sie selten sah und dem sie, an ihrer Statt, eine verständige Freundin zugeführt hatte (die brauchte er einfach neben den kleinen Schauspielerinnen, mit denen er sich sexuell vergnügte). So war er nicht allein, und sie hatte ihre Ruhe. Immer wieder lebte sie reisend. Manche sprachen von Fluchtbewegungen. Einmal gestand sie ihrem Griechischlehrer: »Die Reiseziele sind nur deswegen begehrenswert, weil die Reise dazwischen liegt. Wenn ich irgendwo angekommen wäre und wüßte, daß ich nie mehr mich davon entfernen könnte, würde mir der Aufenthalt selbst in einem Paradies zur Hölle. Der Gedanke, einen Ort verlassen zu müssen, rührt mich und läßt mich ihn lieben.«

Vermutlich war sie ein Gesamtkunstwerk. Ehrgeizig hatte sie sich vorgenommen, die vollkommenste Frau Europas zu sein. In ein »Schönheitenalbum« klebte sie Bilder von optisch ernstzunehmenden Rivalinnen ein. Und dann arbeitete sie. In ihre weitläufigen Privaträume hatte sie einen Turnraum installiert (Ringe, Reck, Schwebebalken, Sprossenleiter). Sie war berüchtigt für ihre »Spaziergänge«, kilometerlange Gewaltmärsche bis auf 3.000 Meter Höhe, die sie unternahm, um ihr Gewicht unter Kontrolle zu halten. Ihre Diäten waren legendär. Frucht- und Gemüsesäfte, Kaviar, Austern, Spargel, aber am liebsten setzte sie auf Milch. Wenn sie offiziell reiste, führte sie ausgesuchte Kühe und Ziegen verschiedener Herkunft mit sich (in Zügen, auf Schiffen), damit sie frische, reine Mutternahrung degustieren konnte: »Heute abends möchte ich wieder ein kleines Gläschen von der Lipizzaner Kuh, eines von der Aninger, immer Mittagsmelke. Frostigen Rahm brauche ich nicht.« Dann: Orangen, oder Eier, oder nur gesalzenes Eiweiß; gerne trank sie einen Sud aus sechs Kilo ausgepreßtem rohen Ochsenfleisch. Oder genoß konzentrierte Kraftbrühen (Kalb, Fasan, Huhn), besonders wenn sie auf die Jagd ging. (Sie war eine verwegene Jagdreiterin.) Ein Mann konnte sie nicht wirklich verführen, wohl aber ein Veilcheneis, das mit Champagner aromatisiert wurde. Doch für diesen Genuß hungerte sie im voraus. Sie trieb ihre Ambitionen bis zu Hungerödemen. Dreimal am Tag auf die Waage. Gewicht: 50 kg bei einer Körpergröße von 1,72 m. Taille: 46 cm; Oberschenkel, Waden wurden gemessen und in eine Liste eingetragen.

Sie liebte ihre langen, vollen Locken. Auf einem Gemälde, das kaum bekannt war, da es im privaten Arbeitszimmer ihres Mannes hing, verknotet sie diese Pracht vorne über der Brust wie einen breiten Schal, eine an den Garten Eden gemahnende Geste. Das tägliche Kämmen des Haars dauerte drei Stunden (und da sie in rasende Wut geraten konnte, wenn sie ausgerissene Haare im Kamm sah, versteckte die Friseurin sie heimlich unter ihrem Rocksaum). Unmengen von Erdbeermousse als Körperbalsam, geklopfte Rindfleischscheiben über Nacht im Gesicht. Sie starb durch die angespitzte Feile eines Anarchisten.

Wer war die hohe Wundersame, deren Leben Legenden schrieb?

Es handelt sich um Kaiserin Elisabeth von Österreich (»Sissi«), 24. Dez. 1837 – 10. Sept. 1898.

51

*M*it 15 Monaten erkrankte sie an Kinderlähmung. Die radikalpietistische Mutter (mit 26 war sie Witwe geworden, davor hatte sie zwei Söhne verloren) wußte nicht so recht, womit sie auch noch diesen Krüppel verdient hatte. Oft sprangen die Großeltern ein, verwöhnten die Kleine, die gerne am Fenster saß und die Welt beobachtete. Sie spielte geduldig mit »2 kleinen Töpfchen und einer Hand voll Linsen.« Oder mit einer Schachtel alter Knöpfe. Kaum war sie größer, bettelte sie auch bei Eiseskälte: »Tragt mich auf die Gasse«. Da hockte sie in einem Leiterwagen, sah den Handwerkern zu, bekam »Schnitz und Hutzen«, schwäbisches Trockenobst, zugesteckt. Und da sie bei den wilden Spielen der anderen nicht mitmachen konnte, erfand und entwickelte sie Spiele, bei denen sie im Mittelpunkt stand, ohne selbst laufen zu müssen: »Herr, wo soll ich Tinte holen«, Farben raten. Sie erzählte Geschichten und wurde das Zentrum der Straße. Sie schaute auch nach den Kleinsten: »Ich hatte immer Platz für zwei oder drei in meinem Wägelchen, und die Frau Nachbarin war froh, wenn ich die Kinder hütete.« Operation und Kuraufenthalte in Ludwigsburg und Bad Wildbad brachten keine körperliche Verbesserung, aber einen eigenen Rollstuhl. Und sie hatte eine freiere Welt gesehen als die pietistische Bitternis am Ostrand der Schwäbischen Alb. Sie war jetzt neun Jahre alt. In der Schule ehrgeizig, erkämpfte sie sich im Nähunterricht die kompliziertesten Stiche mit der linken Hand. Sie wurde »Lohnnäherin« in fremden Haushalten. »Viele Wochen mußte ich mit einem alten Memminger Weible Federn putzen und kam die ganzen

Wochen nicht heim, weil ich dort schlafen mußte und in der Woche mindestens 42 Kreuzer verdiente samt der Kost. Der Verdienst stieg natürlich je nach der Leistung.« Sehr viel tiefer kann man nicht anfangen. Sie war 15, als sie mit ihren zwei Schwestern im Haus der Eltern eine kleine Damenschneiderei eröffnete. Mit 21 besaß sie die erste mechanische Nähmaschine der Stadt. Mit 30 eröffnete sie ein Filzgeschäft und ließ, nun von angestellten Näherinnen, strapazierfähige Kleider fertigen. Sie reiste. Auch wenn sie sich tragen, anziehen, auf die Toilette heben lassen mußte. »Bei meiner bekannten Unverfrorenheit nahm ich alles, was man für mich tat, zwar mit großem Dank, jedoch ganz selbstverständlich an.« 1903 gründete sie eine Nähfabrik. Die hochmoderne, arbeiterinnenfreundliche Doppelglas-Eisenkonstruktion nannte der Volksmund »Jungfrauenaquarium«.

Wer war die Pionierin des weichen Kinderspielzeugs, die mit einem »Elefäntle« aus Filz begann und ein Weltimperium schuf?

Es handelt sich um die deutsche Spielzeugfabrikantin Margarete Steiff 24. Juli 1847 – 9. Mai 1909.

52

Mehr, mehr, immer mehr! Laßt mich laufen, rennen, bis ich nicht mehr kann und wie von Sinnen sterbe. Abgeschmackte Vernunft, du machst mich ewig gähnen!« Vernünftig hat er nicht gelebt, und langweilen mußte er sich auch nicht. Um es sehr vorsichtig zu sagen. Dabei hatte alles so schön begonnen. Er war ein erfolgreicher Börsenmakler, hatte eine schöne dänische Frau, ein Kindlein kam nach dem andern. Er liebte Kunst, sammelte zeitgenössische Malerei: Pissarro, Cézanne, Degas, Manet, Renoir. Man lebte angenehm und hätte glücklich sein können. Doch da war so ein Stachel (vermutlich lag es in der Familie: seine Vorfahren waren peruanische Vizekönige, seine Großmutter eine draufgängerische Frauenrechtlerin, Schriftstellerin, Weltreisende). »Ich bin zwei Personen, die nicht lächerlich sein können: ein Kind und ein Wilder«, sagte er später stolz, und das hatte dann schon den Beigeschmack der Verteidigung. Er liebt seine Frau, und er leidet an ihr. »Es ist schon sonderbar, wohin die Ehe führt, entweder ins Verderben oder zum Selbstmord«, wird er einmal sagen. Aber auch: »Es gibt nur ein wirkliches Verbrechen, das ist der Ehebruch.« Zumindest letzteres wird er bald etwas anders sehen. Zunächst sind es Irritationen. Seine Frau lädt Gäste ein, und er verschwindet nach einigen Höflichkeitsfloskeln, um etwas später im Nachthemd zu erscheinen, durch den Salon zu schreiten, ein Buch zu holen und mit einem Seitenblick zu bitten, die Damen sollten sich nicht stören lassen. An der Börse muß er sich ähnlich rüpelhaft-entrückt verhalten haben. Er fängt an zu malen, autodidaktisch, und er spürt, wie ihm die Leinwand, die Farben immer wichtiger werden. Er ist 36 Jahre alt, als er seinen Beruf hinwirft. Nun setzt er rückhaltlos auf das wahre Leben im falschen. Seine Frau weiß nicht, wie ihr geschieht. Bald hat man kein Geld mehr, zieht in die billigere Provinz, dann zu ihren Verwandten nach Kopenhagen. Dort ist er der Versager, der Unhold auch, wenn er den Frauen am Strand beim Nacktbaden zusieht. Er geht zurück nach Frankreich, nimmt einen kleinen Sohn mit, kann aber nicht für ihn sorgen und gibt ihn weiter. Als seine Frau ihn einmal bittet, die Sommerferien mit ihr und den Kindern zu verbringen, lehnt er ab. Er will die Kinder nicht mehr sehen, er will sich diesen Emotionen nicht mehr aussetzen. »Du darfst nicht vergessen, daß in mir zwei Naturen leben: ein wilder und ein fühlender Mensch. Der fühlende Mensch ist tot, so kann der Wilde unbekümmert seinen geraden Weg gehen.« Der gerade Weg wird sich als ein Martyrium erweisen. Ständiger Geldmangel, Alkoholismus, Sumpffieber, Augenentzündungen mit zeitweiligem Erblinden, ein nie ausheilender, immer schmerzender gebrochener Knöchel, am Ende vermutlich Syphilis. Dazwischen auch ein Selbstmordversuch mit Arsen. Auf dem Tiefpunkt seiner physischen und materiellen Existenz malt er seine bedeutendsten Bilder.

Manchmal war auch Glück dabei: die Frauenkörper dreizehnjähriger, vierzehnjähriger Mädchen, ein Innehalten in Schönheit, die mythische Poesie der Natur, das Lächeln paradiesischen Beginns.

Wer war der Maler, der über den Eingang seines letzten Hauses schrieb: »Hier wird geliebt« und der mit 55 Jahren krank und völlig verarmt starb?

Es handelt sich um den französischen Maler Paul Gauguin,
7. Juni 1848 – 8. Mai 1903.

53

Sein Vater, ein schwerer Alkoholiker, heiratete mit 37 Jahren eine 20jährige, viktorianisch erzogene Frau. Nach zwei Töchtern und einem Sohn zog sich die Mutter endgültig aus der Ehe zurück und stürzte sich in ihre Leidenschaft: die Musik. Den Sohn ließ sie zwischen Dienstboten groß werden. So wuchs er »in furchtbarer Schüchternheit und völliger Unkenntnis dessen auf, wie man sich in Gesellschaft benimmt«. Wie man sich nicht benimmt, konnte er am Vater beobachten. »Seine Trunksucht war so demütigend, daß sie unerträglich gewesen wäre, hätten wir nicht im Gelächter Zuflucht gefunden.« Er entwickelte eine Art Schutz-Humor. Wenn der Vater sturzbetrunken nach Hause wankte, unter dem einen Arm eine tote Gans, unter dem anderen einen flüchtig verpackten Schinken, und sich gegen die Gartenmauer drückte (wobei sein Zylinder zur Ziehharmonika wurde), im Glauben, er stoße die Pforte auf, sah der Junge für sich nur eine Chance. Bevor er »bei dem Anblick von Scham und Angst überwältigt werden konnte«, zog er es vor, einfach nur zu lachen. »Wenn man ein Familien- Gespenst nicht loswerden kann, mag man es wenigstens tanzen lassen.« In der Schule tat er nichts, las aber zu Hause, was er bekommen konnte (von Shakespeare bis Dickens), und schwamm im Kielwasser der musikalischen Mutter, die mittlerweile ihren Gesangslehrer ins Haus geholt hatte. Der sah auch ein wenig nach ihm. »Ich konnte die Hauptwerke von Händel, Haydn, Mozart, Beethoven, Rossini, Bellini, Donizetti und Verdi von vorne bis hinten singen und pfeifen.« Mit 15 wird er Lehrling bei einem Grundstücksmakler, bildet sich aber autodidaktisch weiter. Ein

Jahr darauf zieht die Mutter mit dem Gesangslehrer nach London. Mit 20 folgt er ihr nach, jobt herum und schreibt seinen ersten Roman, den keiner drucken will. Auch für die vier folgenden Romane findet er keinen Verleger. Er gerät in sozialistische Kreise, wird Vegetarier, hält sich mit Kritiken über Wasser – und verfaßt sein erstes Drama. Nun hat er Erfolg. »Und die ganze Zeit liegt der eigentliche Witz darin, daß ich's ernst meine.« Seine Beziehung zu Frauen ist hochproblematisch. Mit 42 geht er eine Ehe ein, die, so der Biograph, nie vollzogen wurde. »Die ideale Liebesaffäre ist die per Briefpost«, weiß er und himmelt einen Fächer von Damen an. »Woher kommt es«, so fragte er in einem vertraulichen Brief, »daß Begräbnisse unseren Sinn für Humor und Witz immer so beleben?« Und dann erzählt er, wie er bei der Feuerbestattung seiner Mutter die Flammen beobachten wollte, die auf den lila überworfenen Sarg sprangen, bis »aus meiner Mutter ein wunderschönes Feuer wurde«. Später sah er »durch ein Loch im Fußboden auf einen anderen Fußboden hinunter«, wo an einem »großen Zementtisch zwei Köche eifrig beschäftigt waren. Aus Mamas schmutzigem, kleinem Häufchen aus Asche und Knochenresten pickten sie mit kleinen Zangen die Nägel und Beschläge des Sarges heraus. Dann schüttelten sie Mama in ein Sieb und rüttelten sie durch, so daß ein Häufchen Staub und ein Häufchen Knochensplitter übrigblieb. Und Mamie schien mir ins Ohr zu flüstern: ›Ich möchte bloß wissen, welches von den beiden Häufchen ich wohl bin.‹ – Und so endete diese fröhliche Episode. O Grab, wo ist dein Sieg?«

Wer war der einzige Literaturnobelpreisträger, der zugleich einen Oscar (für ein heiteres Drehbuch) bekam?

Es handelt sich um den irisch-britischen Schriftsteller George Bernard Shaw, 26. Juli 1856 – 2. Nov. 1950.

54

Er war kein Gesellschaftsmensch, eher ein Einsamer, und die Sorge der Geschwister mußte sein, ihm die Lästigkeiten des Alltags aus dem Weg zu räumen. Jeden Abend kam er zu uns, nahm wortkarg seine Mahlzeit zu sich, ging früh zu Bett. Wir verstanden sein stilles Kommen und Gehen.« So schrieb die Schwester. Ganz sicher scheint nicht, was sie verstand. Nach seinem Tod jedenfalls meldeten sich 14 (in Worten: vierzehn) Mütter und stellten Sorgerechtsansprüche. Vieren wurde nachgegeben. Drei Kinder hatte er schon zu Lebzeiten anerkannt. Vermutlich hat er eine Doppelexistenz geführt. Eine bürgerliche, in der strengen Enge mit der Mutter, flankiert von der Schwester, mit denen er zeitlebens die Wohnung teilte. Und dann die andere in seinem Atelier, das an einen Harem erinnern konnte. Freunde nannten es seinen »türkischen Geschmack an Frauen«. Seine Modelle waren schöne Mädchen, oft minderjährig und arm, Wäscherinnen, Serviererinnen, Verkäuferinnen. »Wir wissen«, formulierte ein Kunsthistoriker verständnisvoll, »daß er das Malen eines Portraits unterbrach, um im Nebenraum nach einem der stets wartenden Modelle zu zeichnen, um die vom Malen ermüdete Hand zu lockern.« Ein anderer schrieb: »Hier war er von geheimnisvoll-nackten Frauenwesen umgeben, die, während er stumm vor seiner Staffelei stand, in seiner Werkstatt auf und nieder wandelten, sich räkelten, faulenzten und in den Tag hineinblühten – stets auf den Wink des Meisters bereit, gehorsam stillzuhalten, sobald dieser eine Stellung, eine Bewegung erspähte, die in rascher Zeichnung flüchtig festzuhalten seinen Schönheitssinn reizte.«

In seinem Nachlaß fanden sich über 400 unveröffentlichte Zeichnungen, denen zu entnehmen ist, daß er die Mädchen aufforderte, zu onanieren oder lesbische Liebesumarmungen zu inszenieren, die ihn interessierten. Die sehr reichen Frauen der Gesellschaft malte er auf zweierlei Weise. Er verfertigte ein hochdotiertes Portrait, keusch, anmutig im Kleid, und dann malte er sie noch einmal, als Femme fatale, als Judith, die den abgeschlagenen Kopf sinnlich liebkost, als Sphinx, als Fisch, als Spermatozoon. Die hinreißende, blutjunge Gattin eines mäzenatischen Zuckerwarenfabrikanten nahm er sich als Geliebte, und dann bannte er sie in Gold, goß sie in byzantinische Ornamentik, machte sie zum hohen Gegenstand, der sein Begehren entließ. Das Bild wurde vor kurzem für 135 Millionen Dollar verkauft und gilt als das teuerste Gemälde der Welt..

Es gab auch Emilie, eine selbstbewußte Modedesignerin, an seiner Seite, die ihn distanziert seine Spiele spielen ließ mit Frauen, Kindern, Schwester, Mutter. Man fuhr in die Sommerfrische, entwarf zusammen Kleider. Manchmal schrieb er ihr mehrere Postkarten am Tag, rüde Zeilen, Verständigungen in Kürzeln, trockene Zeichen einer tiefen, alltäglichen Vertrautheit. »Er hat die Verantwortung des Glücks nicht auf sich zu laden gewagt«, kommentierte ein Kritiker. Er wagte nicht, die Frau, die er liebte, zu heiraten.

Wer war der Maler, der, getrieben zwischen Lust und Angst, sich auf dem Sterbebett endlich wünschte: »Die Emilie soll kommen«?

Es handelt sich um den österreichischen Maler Gustav Klimt, 14. Juli 1862 – 6. Feb. 1918.

55

Manchmal sahen mein Kollege und ich durch das Schlüsselloch. Wir sahen, daß er seine Hände wie ein Schauspieler hochhielt. Ein ekstatischer Ausdruck überzog sein Gesicht, und dann beugte er sich nach unten, um etwas aufzuschreiben. Das war der Moment der Inspiration! Wir fanden das natürlich komisch und kicherten. Wie konnten wir auch ahnen, daß er eines Tages berühmt werden sollte.« 33 Jahre lang Angestellter beim ägyptischen Wasserversorgungsamt; säuberlich kopierte er die offizielle Geschäftspost und plagte seine ihm untergebenen Mitarbeiter, indem er sie ihr Pensum immer wieder noch einmal abschreiben ließ, bis er mit der Exaktheit der Dokumente zufrieden sein konnte. Perfekte Doppelexistenz. Nachts zog der strenge Kopist (oft in Verkleidung) durch das düstere Hafenviertel seiner Stadt. In Literatenkreisen war seine exzentrische Erscheinung bekannt: »ein griechischer Gentleman mit einem Strohhut, der vollkommen bewegungslos, mit einer leichten Drehung zum Universum dasteht, vielleicht sogar mit ausgebreiteten Armen.« Er wohnte allein, zwischen alten Familienmöbeln, Relikten eines großbürgerlichen Lebens, das nach dem Tod des Vaters (ein reicher Baumwollhändler) zusammengebrochen war. Er, der Jüngste von neun Kindern, ein verzärtelter Liebling der Mutter, lebte zwischen Erinnerungen und Kerzen; elektrisches Licht lehnte er ab. Er schrieb Gedichte, »sehr gewagte Verse, die ich verbreite / Heimlich, versteht sich«. Sein Publikationsverhalten war subtil. Zu Lebzeiten erschien von ihm kein Buch. Er ließ seine Gedichte – da er sie ständig überarbeitete, waren es meist nur vier oder fünf pro Jahr! – einzeln drucken. Und verteilte diese Blätter (Auflage 100 oder 200 Stück), oft mit Randbemerkungen versehen, nach genauen Listen an Freunde und Bekannte. So entstanden über die Jahre »Sammlungen«, die alle variierten.

Er war 58, als er seinen Vorgesetzten in gestochener Kanzleischrift informierte, daß er seinen Arbeitsvertrag nicht verlängern wolle. Er hatte beim Roulettespiel gewonnen, eine kleine Summe angespart und berechnet, daß er die letzten Jahre seines Lebens nicht mehr werde arbeiten müssen. Er legte seine akkurate Berufskleidung ab, und Freunde beobachteten erstaunt, wie er äußerlich verwahrloste. Er aber nannte sich selbstbewußt »Dichter des Alters«. Und endlich, nach all den Jahren der Qual, bekannte er sich zu seinem Lebensthema, an dem er so lange gelitten hatte. Auf hunderten und aberhunderten Zetteln hatte er notiert: »Ich will es nie wieder tun« oder »Ich habe gesündigt«. Jetzt also gestand er sich ohne Scham die Liebe zu Knaben und Männern zu.

Er starb an seinem 70. Geburtstag an Kehlkopfkrebs. Zwei Jahre nach seinem Tod erschien die erste Buchausgabe seiner Lyrik; sie enthielt sein Hauptwerk: 154 Gedichte.

Wer war der »letzte Alexandriner«, der folgenreiche Lyriker der klaren, der nahezu metaphernfreien Verse (manchmal fragte er Hafenarbeiter, ob sie seine Wörter verstünden), in denen »die Windstille Stil« geworden scheint?

Es handelt sich um den griechischen Dichter Konstantinos Kavafis, 29. April 1863 – 29. April 1933.

56

Als ihre Mutter mit ihr schwanger wurde, trug sie Trauer. Sie hatte ihren Erstgeborenen, einen wunderbaren Jungen von nur zwei Wochen, verloren. 15 Monate später wird sie in einer eisigen Winternacht von einer Tochter entbunden. Inbrünstig hatte sie um einen Buben gebetet; nun weint sie laut auf vor Enttäuschung und gibt dem ungewünschten Mädchen einen androgynen Namen. Später wird man sich erinnern, daß die Kleine mit den riesigen Augen ihre Hände immer im Lehm hatte. Sie faßte gerne Erde an, Schlamm, sie knetete herum. Sie war die Wilde, die Zerzauste, die mit dem um vier Jahre jüngeren Bruder in den Bäumen hockte, statt wie die brave Lieblingstochter Louise am Klavier zu üben. Sie ist 15, als ihr Vater, der sie immer förderte, ihre kleinen, ungewöhnlich sicheren Tonfiguren einem befreundeten Bildhauer zeigt. Und eine Karriere beginnt. Da Mädchen damals nicht auf öffentliche Kunstakademien gehen durften, schickt man sie auf ein privates Institut. Paris, Montmartre, die hohe Zeit der Symbolisten. Mit ihrem Bruder, mit dem sie eine Beziehung hat, die ins Inzestuöse spielt, verkehrt sie im Salon von Mallarmé. Sie ist noch keine zwanzig, schön, stark, sinnlich. Paul Valéry schwärmt vom Glanz ihrer »wunderbaren nackten Arme«. Einmal wird sie ein Verhältnis mit Claude Debussy haben. Ein folgenloses. Das Drama ihrer Liebe aber beginnt für sie zwischen Marmorblöcken, im Atelier eines 24 Jahre älteren Bildhauers. Er wird ihr wichtigster Lehrer. Und ihr Liebhaber und Vertrauter. Daß er beginnt, ihr den Bruder zu ersetzen, verfolgt der Bruder mit allen Anzeichen von Mißtrauen. Die Vermutung, seine Schwester könne dem Bildhauer nackt Modell gesessen haben, wovon er, wenn er dessen Arbeiten sieht, ausgehen muß, lähmt ihn vor Eifersucht. Im Jahr, als ihm die Schwester ihre Leidenschaft offenbart, fällt er in eine religiöse Erweckung und liebt von nun an die Jungfrau Maria.

Sie liebt den Meister und schlägt ihren Liebestaumel in Stein, der mehr weiß als sie. Ihr Bruder schreibt über eine ihrer Skulpturen von Liebenden: »Die Körper sind jung, sie pochen vor Leben, aber die Draperie, die sie umhüllt, die ihnen folgt, die sich mit ihnen dreht, weht wie ein Sterbegewand.« Indizien legen nahe, daß sie bis zu viermal von ihrem Meister schwanger war. Als er sie nach Jahren der Versprechungen doch nicht heiratet, verläßt sie ihn und kann Liebe und Arbeit nicht trennen. Alleine hat sie die Kraft nicht mehr, sich als Bildhauerin durchzusetzen. Sie verwahrlost. Vielleicht trinkt sie. Sie fühlt sich verfolgt. Sie beginnt, ihre Werke zu zerstören, manche versenkt sie in der Seine oder verscharrt sie wie Föten. Als ihr Vater, der immer zu ihr hielt, stirbt, läßt die Mutter sie in eine psychiatrische Anstalt zwangseinweisen. Dort bleibt sie, entmündigt – gegen jede medizinische Notwendigkeit –, die restlichen 32 Jahre ihres Lebens. Ihr Bruder besucht sie in dieser Zeit dreizehnmal. Ihre Mutter zeigt sich nicht und verfügt, daß sie keinen fremden Besuch empfangen darf. Ihre Briefe werden kontrolliert. Ihr Bruder macht eine politische und literarische Karriere. Heute ist er ziemlich vergessen. Ihre Wiederentdeckung aber hat schon lange begonnen.

Wer war die unglaubliche Bildhauerin, die den Marmor beherrschte, aber nicht die Härte der Liebe?

Es handelt sich um die französische Bildhauerin Camille Claudel, 8. Dez. 1864 – 19. Okt. 1943.

57

*H*onfleur ist eine kleine Stadt, die poetischen Fluten der Seine und die stürmischen der Marne durchfließen sie beide – in stillem Einverständnis«, schrieb er über seinen Geburtsort am Atlantik. Die Wasser mischten sich vor den hohen Steingassen, in denen der Geruch von Apfelwein und Calvados hing. Und er? War er salzig oder süß, hochprozentig oder ein Kindergetränk? »Ich schillere«, meinte er, oder: »Jeder wird Ihnen sagen, daß ich kein Musiker sei. Das stimmt.« Sein Protest gegen die Konventionen der Konservatorien war pointiert. Hinzu kam also, daß er auch noch ein Dichter war.

Schon als Kind lernte er den Tod kennen. Als er fünf war, starb sein kleines Schwesterchen, mit sechs verlor er die Mutter, eine dunkellockige Schottin mit porzellanfarbenem Teint. Die Großmutter nahm den Jungen auf und ließ ihn katholisch umtaufen. Er ist zwölf, als sie beim Baden ertrinkt. Der Vater gibt den Dreizehnjährigen auf eine Musikhochschule, Vorbereitungsklasse Klavier; drei Jahre später wird er wegen schlechter Leistungen entlassen. Er versucht es als Gasthörer, Fach: Harmonielehre, bekommt eine zweite Chance fürs Klavier. Doch er erträgt das Lehrinstitut nicht, flieht zum Militär und hält das schon gar nicht aus. Halbnackt zwingt er sich zu einer Nacht im Kalten; die Bronchitis macht ihn untauglich. Mit einem Freund zieht er nach Montmartre, komponiert, 21jährig, seine bis heute bekanntesten, narkotisierend schönen Tonfolgen. Geld verdient er als zweiter Klavierspieler im Nachtcabaret Chat Noir. Er bastelt an Notenfolgen nach einer Art Bausatzweise, leider hat er so gar keine Ahnung von Kontrapunkt und Fugensatz. »Er war in der Situation eines Menschen, der nur dreizehn Buchstaben des Alphabets kennt und beschließt, mit nur diesem Material eine neue Literatur zu schaffen. Es hat selten etwas Mutigeres gegeben.« Minimalist war er vielleicht auch in der Liebe. Über seinem Bett hing das Zeugnis seines einzigen Versuchs, ein Karton mit einer Haarlocke und der Legende: »Am 14. Tag des Monats Januar des Heils 1893, der ein Samstag war, begann meine Liebesgeschichte mit Suzanne Valadon und endete am Dienstag, dem 20. Tag des Monats Juni des gleichen Jahres.« Er hatte das schöne Kind in einem Wutanfall aus dem Fenster geworfen und wollte zur Polizei gehen, um den Mord zu melden. Suzanne aber war einmal Trapezkünstlerin gewesen und fiel perfekt in den Stand. Ungefähr so erzählte er das jedenfalls. Zunehmend schrieb er Wörter in seine Kompositionen hinein. Geheime Anweisungen für den Pianisten. Statt »piano« oder »forte« gibt er die Lautstärke der Seele an: »in Furcht vor dem Unklaren« oder: »großartig und angemessen«. Oder er malt in Noten. Dann wird eine Tonfolge zur springenden Maus, eine gebundene Phrase ist der Körper der Katze. Oder er erfindet eine Klangtapete als Inneneinrichtung: »Sie soll das oft lastende Schweigen zwischen den Gästen möblieren. Sie wird ihnen die üblichen Banalitäten ersparen.« Er mischt Grundelemente mittelalterlicher Kirchenmusik mit dem Walzerschmelz der Cabarets; sein Humor ist religiös und todernst. Die letzten 27 Jahre haust er in einem Pariser Vorort; sein kleines Zimmer darf niemand betreten. Nach seinem Tod sind seine Freunde über die Armut schockiert. Er besaß nichts. Nichts: und einen halbleeren Schrank mit einem Dutzend identischer Samtanzüge.

Wer war der scheue Rebell der Töne?

Es handelt sich um den französischen Komponisten Erik Satie, 17. Mai 1866 – 1. Juli 1925.

58

Am Geld lag es nicht. Er war elf, als sein Vater, ein Pariser Juraprofessor, starb und er nun endgültig in die Fänge seiner strengen protestantischen Mutter fiel, aber materiell würde es ihm, dem einzigen Kind aus großbürgerlichem Haus, nie schlecht gehen. Er wechselte die besten Schulen, die exquisitesten Privatlehrer, ein komplizierter, sensibler Junge, der schon früh Nervenschwächen zeigte und schrieb. Er ist dreizehn, als er eine große Liebe zu einer älteren Kusine empfindet, mit der er sich Anfang zwanzig verlobt. Die Mutter aber schlägt dazwischen. Nach ihrem Tod, fünf Jahre später, wird er die Kusine dann doch heiraten. Ein später Triumph, den er nicht mehr so ganz auskosten kann. Denn er war in Nordafrika gewesen, mit einem Freund, und hatte im Schatten der unerhörten Kusine erste sexuelle Erfahrungen gemacht, die ihm Anlaß zum Verdacht gaben, zumindest bisexuell zu sein. Die Heirat sollte eine geschlechtliche Identität retten, die er nicht hatte. Das junge Paar unternimmt ausschweifende Reisen, schon die Hochzeitsreise dauert ein halbes Jahr, er muß nichts verdienen, man hat Zeit, ja Muße, und das Leben könnte schön sein. Aber die Zeit ist irgendwie leer, also wird sein Thema das Leben junger Dichter, denen ein Thema zum Leben fehlt. Ungefähr zehn Jahre nach der Eheschließung tritt ein junger Mann in sein Leben. Von nun an gehen seine Frau und er getrennte Wege. Sie verbrennt alle seine Briefe, was ihn empört. Immerhin ist er Schriftsteller; vermutlich hat sie Weltliteratur vernichtet. Sie pfeift auf die Poesie, sie will den Schlußstrich und die Ruhe ihrer Seele.

»Ein gerader Weg führt immer nur ans Ziel«, wird er einmal sagen. Aber wer es sich leisten kann, immer gleich ans Ziel zu kommen, der braucht vermutlich eine Krümmung in sich selbst für den Stoff, der die notwendigen Umwege der Kunst ausmacht. Er jedenfalls hatte seine Schlaflosigkeit, seine herbe Muse. Wie ein Generalbaß durchziehen die Protokolle allnächtlicher Insomnien seine Aufzeichnungen: »Furchtbare Nacht; ich war bis ein Uhr wach geblieben, hoffte, Müdigkeit werde der Schlaflosigkeit Herr werden. Nach ziemlich guter Arbeit legte ich mich ruhigen Geistes nieder. Unmöglich, zu schlafen, und fortschreitendes Erkalten des ganzen Körpers, trotz des Anhäufens von Decken. Vergeblich reibe ich mich, ziehe Kniewärmer an, lege noch die Überdecke auf mich. Eigentlich müßte ich ersticken; ich schlottere.« Oder: »Schlaf von längeren Schlaflosigkeiten unterbrochen, wobei sich die Einbildungskraft erhitzt und mir absurde Gegenstände der Beunruhigung vorführt.« Oder: »Gräßliche Nacht; nicht aufgehört zu reden, mir endlos Blödsinn ins Gedächtnis zurückzurufen (Besessenheit von Satzgliedern, von Wörtern, die man sich idiotisch, unwiderstehlich wiederholt, ich weiß nicht wieviele Male) und in einem offenen Buch neue Texte zu lesen, die ich erfand!« Wenn er nicht schläft, kann er nicht schreiben; wenn er nicht schreibt, kann er nicht schlafen. Er arbeitet an einem Schlafsystem mit Decken, mit Entspannungen, mit Autosuggestionen. Und scheitert. Er produziert in einer paradoxen Sprirale. Und kommt nächtelang herum: und nicht nur zum Ziel.

Wer war der Nobelpreisträger, der in seinem gleißenden Dunkel immer wieder beschloß: »Ich muß wieder methodisch lernen, glücklich zu sein. Das ist eine Gymnastik wie die der Hanteln; das läßt sich machen«?

Es handelt sich um den französischen Schriftsteller André Gide,
22. Nov. 1869 – 19. Feb. 1951.

59

Er wollte auf der Welt in Ferien sein. Zitternd zeigte sein Kompaß gegen Süden, ortete Fülle, Entspannung, die Ornamente kultivierter Lust. Er witterte Aromen aus arkadischen Gefilden, die süße Zugluft orientalischer Harems. Dabei hatte seine Karriere gut angefangen. Er, Sohn eines Farben- und Samenhändlers (der Vater kümmerte sich um die fruchtfähigen Körner, die Mutter um die Pigmente), hatte erfolgreich ein Jurastudium absolviert und stand am Beginn einer soliden Karriere. Eine komplizierte Blinddarmentzündung zwang den 21jährigen zu mehreren Monaten Bettruhe. Und die gute Farben-Mutter wollte den Jüngling aus der Langeweile befreien: sie schenkte ihm einen Malkasten. So verlor er die Unschuld über lockenden Tiegeln voller Rot, Blau, Türkis, Gelb. Sein erstes großes Bild nannte er programmatisch »Luxe, calme et volupté«, eine hingetupfte Strandszene in flimmerndem Sonnenlicht. Signac, hingerissen, kaufte das Bild des Anfängers und sollte sich ein Leben lang nicht davon trennen. Der Anfänger aber kaufte »Die Badende« von Cézanne. Später, wenn er eines seiner Modelle sehr schön fand, soll er nur geflüstert haben: »Madame de Senonnes.« Im üppigen Augenblick stieg das Gemälde von Ingres in ihm auf, das eine erfahrungsmelancholische Kurtisane in rotem Samt zeigt: von vorne mit perlmutternem Dekolleté, den Blick ruhig auf den Betrachter gerichtet, während im Hintergrund ihr hinreißend dicker Nacken, in filigrane Spitze gefaßt, aus dem Dunkel des Spiegels aufsteigt. Oh schöne, schilddrüsenkranke Beischläferin! Die hormonelle Abweichung muß ihn stimuliert haben; die meisten seiner

Modelle hatten einen Kropf. Henriette zum Beispiel, die neun Jahre lang für seine Odalisken Modell saß und deren Büste er noch in Bronze goß, als die weiche Halsesfülle schon klinisch war. Oder Doucia, eine 14jährige Russin, nach der er die »Briefe einer portugiesischen Nonne« illustrierte. Eine junge Nonne war es dann auch, die seine künstlerische Existenz auf den (für ihn fraglosen) Höhepunkt brachte. Er war schon alt, todkrank, als er im September 1941 nach einer schweren Darmkrebsoperation annoncierte, er suche eine »junge und hübsche Nachtschwester«. Monique kam. Die 21jährige hatte fülliges schwarzes Haar und einen Nacken, der wie ein weißer Turm auf ihren Schultern saß. Sie päppelte ihn auf. Kaum sah er über die Kante seines Leintuchs, bat er sie, sich malen zu lassen. Monique war großzügig. Sie begann selbst zu malen, der alte Mann ermunterte sie. Doch zwei Jahre später trat Monique in ein Domikanerinnenkloster ein und wurde Schwester Jacques-Marie, was er nicht verstand. Durch einen Zufall trafen sie sich nach dem Krieg wieder. Sie zeigte ihm Entwürfe, die sie für ein Fenster der zu restaurierenden Klosterkapelle angefertigt hatte. Und auf einmal visionierte der alte Mann ein Projekt: das Gesamtkunstwerk eines sakralen Raums. Einen Tempel farbiger Helle. Er entwarf alles, von der Architektur und den Wandzeichnungen bis zur Stickerei auf der Altardecke. Seine Glasfenster machten Lichtstrahlen zu Pinselstrichen: »Ich erzähle meine Geschichte in Weiß auf Schwarz auf den Mauern. Die Sonne, die durch das Fenster scheint, besorgt das übrige.«

Wer war der Maler, der, als Schwester Jacques-Marie sagte, Gott habe ihn zu diesem Werk inspiriert, antwortete: »Ja, aber dieser Gott bin ich«?

Es handelt sich um den französischen Maler Henri Matisse,
31. Dez. 1869 – 3. Nov. 1954.

60

Nachts stand sein Vater am offenen Fenster und rang nach Luft. Ja sicher, der Mann hatte Herzasthma. Aber nahm nicht die Sorge um seinen Sohn seiner Seele den letzten Sauerstoff? Die Mutter weinte und stürzte sich in religiösen Wahn. Drei Kinder hatte sie schon verloren, und nun war ihr Sohn dem Alkohol verfallen und randalierte mit einer Bande im fernen mondänen Wiesbaden. Während des Militärdienstes hatte man ihn gar wegen »Geisteskrankheit« ins Lazarett gesteckt. Nun war der Jüngling wieder Zivilist, schien aber endgültig zu versumpfen. Die guten Eltern schickten Geld, machten die letzten Spareinlagen flüssig, versetzten goldene Uhren. Aber der Sohn kam nicht auf die Beine. Ach, die armen Eltern! Vater und Mutter, beide hochmusikalisch, hatten dem Kind eine gute Ausbildung ermöglicht. Gerne hätte der Vater den Frühbegabten als Beamten bei der Post oder Bahn gesehen. Aber der Junge war Musiker geworden. Und was für einer! Wie der Vater hatte er das absolute Gehör. Aber was hörte der Vater in den Kompositionen des Sohns? »Verunklarung« der Tonalität, überladene Instrumentation. Exzesse der Liederlichkeit. Erfolg hatte er nicht; der Publikumsgeschmack war ihm egal: »Man sagt, das Leben sei aus Kompromissen zusammengesetzt – gut –, allein in der Musik gibt es keine Kompromisse.« Als man ihn endlich aus der Gosse zog und wieder nach Hause nahm, brachte er immerhin 20 Werke mit. Mit knapp dreißig heiratete er eine geschiedene protestantische Frau, wurde deshalb exkommuniziert und konnte sich stabilisieren. Sein Arbeitsprogramm wuchs gigantisch: Unterricht, Konzertreisen,

Komponieren. Es gab Zeiten, da war sein zweites Zuhause ein Eisenbahnabteil. Wie in der Jugend trank er weiter unmäßige Mengen Alkohol, und wenn er sich, was vorkam, zur Abstinenz zwang, schüttete er nach Konzerten 10 Liter Zitronenlimonade in sich hinein oder auch dieselbe Menge an Kakao. Man hat beobachtet, wie er mehrere Dutzend Weißwürste hintereinander essen konnte oder zum Kellner etwa sagte: »Nun bringen Sie mal zwei Stunden lang Beefsteak.« Er ging davon aus, daß er nicht lange leben würde. Ende Dreißig machte er sein Testament und wünschte eine Urnenbestattung. Er wollte nicht, daß man ihn eines Tages exhumierte, um seinen Schädel zu vermessen. Rasend arbeitete er gegen die Zeit. War seine hohe Produktivität eine Flucht vor dem Tod oder vor dem Leben? Gegenüber einem befreundeten Schriftsteller sagte er: »Haben Sie nicht gehört, daß durch alle meine Sachen der Choral hindurchklingt ›Wenn ich einmal soll scheiden‹?« Schwindelanfälle mehrten sich, bald mußte er beim Dirigieren sitzen. Zwei Jahre ist er abstinent und erholt sich etwas. Aber sein Herz ist krank. In seiner Stammkneipe hält der Kellner Opiumpulver bereit, das er nun immer öfter verlangt. Man findet den 43jährigen bei brennender Lampe in seinem Hotelzimmer, auf dem Tisch liegt der Korrekturabzug der »Acht Geistlichen Gesänge« für gemischten Chor.

Wer war der große Komponist, der über den Worten starb: »Der Mensch lebt und bestehet nur eine kleine Zeit, und alle Welt vergehet mit ihrer Herrlichkeit«?

Es handelt sich um den deutschen Komponisten Max Reger, 19. März 1873 – 11. Mai 1916.

61

*E*r war ein verzogener Bankierssohn. Seine Kindheit ruhte am Busen einer aufmerksam liebenden Mutter, die ihn zart und beständig nach seinem Befinden befragte. So lauschte er den Wettern seiner Seele nach und entwickelte, gleichsam natürlich, eine ungeahnte Virtuosität des nuancierten Erlebens. Bereits mit 17 Jahren formulierte der Knabe gegenüber einem älteren Freund: »Heute ist in der Luft etwas von der Stimmung des Ehemanns, der im dritten Jahr der Ehe erkennt, daß seine Frau doch nicht so ist, wie er sich einbildete.« Solch unmittelbares Auffassen von Luft und Licht als Valenzen der Seele sollte das Werk des Mannes bestimmen, der dann bereits mit 19 Jahren unvergleichliche Verse schrieb. Doch Empfindsamkeit kippt leicht in Überempfindlichkeit. Der frühreife Ästhet wurde zum Sklaven des Wetters. Für ihn sollte es Tage geben, an denen er in steigender Verzweiflung stündlich auf das Barometer sah, denn nur wenn es stieg, würde er wieder schreiben können. Es gab Wochen, da reiste er, ein Getriebener, den bleiernen Wolken davon, um in einer heiteren Lichtlandschaft mit konturierten Schatten und freundlichem Klima endlich wieder zu arbeiten. Was aber ein gutes Klima sei, war nicht sicher abgemacht. Minutiös kategorisierte er die Atmosphäre; er unterschied die Luft im Schatten, die »Grundluft«, von der Luft in der Sonne und die wiederum von der feuchten Luft, der »Wasserluft«, die er in Venedig liebte. Nebel war für sein Schaffen ganz verheerend, eine trübe Wiederkehr des Immergleichen, unter deren Einfluß ihm nichts gelang. Dann brachte er nichts zusammen: »kaum einen Gedanken, keinen Brief, das Mechanische nimmt abscheuliche Dimensionen an für mich, wie ein Hund, der im Novembernebel gespenstisch auf einen zukommt und groß aussieht wie ein Pferd.« Die Musen zeigen sich mit dem richtigen Wetter, bei schlechter Witterung bleiben sie fern und gebären Ungeheuer. Seine Vorstellungen von einer perfekten Landschaft als Grundbedingung des Schreibens waren erstaunlich konkret: »Brauche: ein Gasthaus, paar große Bäume davor, Linde, Edelkastanie, ein kleiner alter Laufbrunnen, viel Obstbäume, Landstraße – weiterhin Weinhügel, liebliche Berge, Kapelle, Burg, große friedliche segelnde Frühherbstwolken – habt ihr das?« Aber für die wahre Luft würde er zur Not auch ein zu weites Panorama, den zu tiefen Blick ins Tal und schroffe Felsen in Kauf nehmen. Denn das freie, das gehaltvolle Luftatmen war schon Inspiration. Und alle Wetter leuchteten in seinen Werken. Jahre später kann er »peinlich schlechte Stellen« in seinen Texten zum Beispiel auf den Föhn zurückführen. Noch der Vierzigjährige schreibt dem Vater verzweifelt von der »Abhängigkeit meiner Production von meinen Nerven, meiner Nerven von dem Licht und der Wetterbeschaffenheit und dazu dieses Teufelswetter in unserem Himmelsstrich«. Schutzlos ist er den natürlichen Himmeln ausgeliefert: »Das Wetter, für andere Leute ein ennui, ein Sozialärger, weiter nichts, ist für mich wie für den Landmann eine Katastrophe.«

Wer war der sensible Autor, der die Felder seiner Seele mit dem Klima des Augenblicks bestellte?

Es handelt sich um den österreichischen Schriftsteller Hugo von Hofmannsthal, 1. Feb. 1874 – 15. Juli 1929.

62

Mein Stolz war meine Seele«, schreibt die Siebzehnjährige an ihre Tante Marie nach England. Eigentlich hätte sie dort ein Jahr bleiben sollen, um Haushaltsführung und Englisch zu lernen. Aber schon bald ist sie wieder zurück in Bremen. Sie hat anderes vor. Sorgenvoll meint der Vater: »Ich glaube nicht, daß Du eine gottbegnadete Künstlerin ersten Ranges werden wirst, aber Du hast vielleicht ein niedliches Talent zum Zeichnen.« Die Mutter, eine Adlige aus Thüringen, unterstützt die Tochter. Zwar muß sie auf ein Lehrerinnenseminar, aber sie darf nebenher Malunterricht nehmen. »Heute habe ich mein erstes Pleinairportrait in der Lehmkuhle gemalt. Ein kleines, blondes, blauäugiges Dingelchen. Es stand zu schön auf dem gelben Sand. Es war ein Leuchten und Flimmern. Mir hüpfte das Herz.« Der Vater mahnt: »Meiner Ansicht nach mußt Du dich nach einer Stelle umsehen. Wenn Du Dich rechtzeitig darum bewirbst, findet sich vielleicht doch etwas.« Aber sie will nicht Gouvernante werden. In der Silvesternacht 1900 macht sie sich auf nach Paris. Zu Hause wartet ihr Verlobter, ein um elf Jahre älterer, verwitweter, ziemlich erfolgreicher Maler, der ihr die Idee eines materiell abgesicherten Lebens gibt. Doch der bekommt es mit der Angst zu tun: »Sie kennt zu viel, viel mehr als ich selbst«, notiert er in sein Tagebuch. Und: «Sie ist viel zu ultra-modern, frei bis zum Exzess.«

Während er saubere, konventionelle Stücke arbeitet, ist sie infiziert von Picasso, Gauguin, van Gogh, Cézanne. Und wenn er ihre Jungfräulichkeit feiert und sich in Enthaltsamkeit gefällt: »Das Animalische nicht so vortreten lassen – darum mäßig darin«, so genießt sie das nackte Luftbaden mit einer Freundin, und einmal erstürmen beide einen Glockenturm und läuten aus lauter Lust, was sich läuten läßt. Nur war die Feuerglocke dabei, das ganze Dorf lief zusammen, und als Entschädigung mußte sie unentgeltlich in der Kirche malen: Sonnenblumen der Sühne, gelbe Tulpen, weiße Seerosen.

Sie will Künstlerin sein. Doch die Familie sieht in ihr die gute Hausfrau, fordert ihr einen Kochkurs in Berlin ab. Sie schreibt an den Bräutigam, jeder müsse nun versuchen, sich »wacker zu halten und tüchtig zu schaffen, Du, mein König, schöne, schöne Bilder, ich – Suppen, Klöße und Ragouts.«

Ihr König aber sollte aus ihr keine Königin machen. Er vollzog die Ehe nicht. Sie ist dreißig, als sie die Trennung beschließt und an den befreundeten Gerhard Hauptmann schreibt: »Ich habe fünf Jahre neben ihm gelebt, ohne daß er mich zu seiner Frau machte, das war Tierquälerei.«

Irgendwie scheint ihr Gatte dann doch zur animalischen Vernunft gekommen zu sein. Sie gebiert ein Töchterchen. Wegen vermeintlicher Nervenschmerzen im Bein muß sie liegen. Als sie endlich nach Tagen aufstehen darf, steckt sie ihr Haar hoch, schmückt sich mit Rosen, läßt sich das Kind in den Arm legen und durchschreitet glücklich den geschmückten Saal. Das Bein schmerzt, sie legt es hoch. Und stirbt an einer Embolie mit den staunenden Worten: »Wie schade!«

Wer war die große expressionistische Malerin, die den ersten nachgewiesenen Selbstakt einer Frau geschaffen hat?

Es handelt sich um die deutsche Malerin Paula Modersohn-Becker,
8. Feb. 1876 – 20. Nov. 1907.

63

*M*it zehn Jahren stand er am Sterbebett der schwindsüchtigen Mutter und erlebte, »wie nach ihrem Segen und den Abschiedsworten an mich ihr vertrautes Gesicht spitz und fremd wurde, die Augen wie im Krampf nach oben schielten und das furchtbare Rasseln der letzten Atemzüge unser Schluchzen schrecklich übertönte.« Dann hob der Vater »die lange Leiche der abgezehrten Frau aus dem Bett und ging damit weinend und wie um Hilfe rufend in der ganzen Wohnung herum«. Die »zahllosen Leichen und Sterbenden«, die er als Künstler geschaffen habe, seien »Kinder jenes schauerlichen Tages«. Einen seiner Toten beschreibt er so: »Auf dem Boden ausgestreckt, kam mir die Leiche bedeutend länger vor, aber zu meinem Schrecken wuchs sie noch immer – ruckweise, knackend, wie aus einem geheimen Kraftüberschuß. Erst nach einiger Zeit hörte dieses Wachstum auf.« Eine zweite Traumatisierung kam hinzu, als er mit elfeinhalb das Opfer eines sexuellen Übergriffs durch eine ältere Schwangere wurde, was ihn »maßlos aufregte« und »bis in meine frühe Manneszeit seine Schatten warf«. Vorzeitiger Abgang vom Gymnasium, Abbruch der Gewerbeschule, vier Jahre beim Onkel in einer Photographenlehre, ohne Abschluß. Er will sich auf dem Grab der Mutter erschießen, doch die Pistole klemmt. Um ein zweites Mal abzudrücken, habe ihm »die seelische Kraft« gefehlt. Ein Nervenzusammenbruch beendet die Zeit beim Militär, er kommt in eine Heilanstalt. Ein Freund rät zum Kunststudium. Er geht nach München, »ein schmächtiger, immer schwarz gekleideter Jüngling mit dem blassen Knabengesicht, das sich zur Verdüsterung ein bißchen anstrengte und scheu tat wie ein junger Wolf, den man aus der Grube ans Licht gezogen hat«. Er gibt sich als »zeichnender Literat«, spricht überzeugend von seiner Kosmologie »Der Sohn als Weltenwanderer«, einem über 300seitigen Werk. Er hatte es nie geschrieben. Größenwahn, Verzweiflung, sexuelles Irrlichtern. Er zeichnet und verachtet Frauen, besonders Schwangere. Und kämpft mit einem starken Geschlechtstrieb. Vom Stubenmädchen Rosa, »groß, schwarz, sehr üppig«, schreibt er einem Freund: »Teufel – wenn ich zum Fick komme, drei Kerzen opfere ich der heil. Jungfrau auf.« Zu Hause hält er einen zahmen Affen als Ecce Homo. Im »Weiber«-Fragment portraitiert er sich, wie er beim Anblick einer Prostituierten (»fleischgewordener Göttertrunk«) mit »magerer Onanistenhand liebesdurstig seinen Schwanz umkrampft«. Unter Kollegen steht sein künstlerisches Talent außer Frage. Gegen Ignoranz und Unverständnis der Bürger schimpft er: »nilpferdäugige Masse«, »urinduftende Läuse«, »unflätiges Gevögel«. Offensichtlich war er eine Doppelbegabung. In einer Schaffenskrise als Zeichner warf er innerhalb von zwölf Wochen einen bemerkenswerten und zu Unrecht vergessenen Roman aufs Papier, den er dann in weiteren vier Wochen illustrierte. Wenige Abgründe hat er ausgelassen. Auch die harmlosesten Dinge konnten ihre schauerliche Seite zeigen. »Ich sehe die Welt nicht etwa so, sondern in seltsamen wie halbwachen Augenblicken erspähe ich erstaunt diese Verwandlungen, die oft kaum spürbar sind.« Erst allmählich müßten sie »tastend erwittert« werden. »Meine Räume, Beleuchtungen, Proportionen und Perspektiven sind weder in der Natur noch im Kopf vorhanden, und sind doch, eben im Zwischenbereich der Dämmerung.«

Wer war der Artist der lauernden Träume?

Es handelt sich um den österreichischen Graphiker und Schriftsteller Alfred Kubin, 10. April 1877 – 20. Aug. 1959.

64

*I*hre Mutter habe sich während der Schwangerschaft in seelischer Verwirrung befunden und sei nicht mehr davon ausgegangen, ein »normales« Kind auf die Welt zu bringen. Zudem ließen körperliche Irritationen nicht zu, daß sie anderes zu sich nehmen konnte als »geeiste Austern und eiskalten Champagner«. Das am 27. Mai 1877 in San Francisco geborene Kindlein habe dann »Arme und Beine in einer solchen Geschwindigkeit bewegt«, daß die Mutter nur noch schreien konnte: »Seht ihr, ich hatte recht, das Kind ist wahnsinnig.« Das stimmte dann doch nicht. In dem wonnigen, leicht pummeligen Mädchen entwickelte sich allerdings früh ein starker Geist der Rebellion. Die Mutter, die nach ihrer Scheidung von der braven Katholikin zur entschiedenen Atheistin geworden war, dürfte daran nicht unschuldig gewesen sein: »Es gibt keinen Weihnachtsmann und keinen Gott«, erklärte sie ihrer Tochter, »nur deinen eigenen Mut, der dir hilft.« Den hatte sie. Und dazu kam eine wachsende Wahlverwandtschaft mit Aphrodite. Die junge Frau erkannte im Meer ihr natürliches Element, dem sie nacheifern wollte: »Unter allen Bewegungen, die uns erfreuen und den Sinn der Seele für Bewegung befriedigen, sind es die Wogen des Meeres, die mir am schönsten erscheinen«, schrieb die 28jährige. Das Meer war nicht nur Inbegriff von ewigem Rhythmus, sanft verführerisch oder heftig, milde oder zerstörend, es war auch das natürlichste Bild von Aufbruch und Freiheit.

Sie liebte das Dasein, Kinder waren ihr Glück. Schon als Elfjährige arbeitete sie mit Babys. Sie gebar selbst drei Kinder von drei verschiedenen Männern; mit keinem von ihnen war sie verheiratet. Ihr Leben war ein Kampf um ihre Kunst, die ihr Leben war. Sie reiste, arbeitete zwischen Triumph und Lächerlichkeit. Niemand vor ihr hatte sich so auf der Bühne bewegt; sie tanzte barfuß und ohne Büstenhalter. Meist hatte sie kein Geld. Sie entwickelte exquisite Überlebenstechniken, die sie weiterempfahl. So fand sie es erlösend, sich gerade in Phasen des materiellen Notstands in das jeweils vornehmste Hotel vor Ort einzumieten und dort, unter irgendwelchen Ausflüchten, einige Zeit zu wohnen, ohne zu bezahlen. Manchmal tauchte jemand auf, der sie auslöste, manchmal flog sie unter Zurücklassung ihrer kleinen Habe raus. Wenn sie Geld hatte, gab sie es sofort aus. Sie verlor ihre Kinder und ihre Männer. Am Ende hatte sie einen knapp 30 Jahre jüngeren Liebhaber, einen Pianisten, den sie, wenn er nicht da war, mit schönen Männern von der Straße ersetzte. Sie sah keinen Grund, diese nicht zu bezahlen.

Wer war die moderne Tragödin, die von sich sagte, die Kunst des griechischen Theaters wiederentdeckt zu haben, und deren weltweiter Ruhm erst nach ihrem Tod einsetzte, einem Tod, der so seltsam zu ihrem Leben paßte?

Es handelt sich um die amerikanische Tänzerin Isadora Duncan, 27. Mai 1877 – 14. Sept. 1927.

65

Kanadische Provinz. Sie war ein Kind schottisch-englischer Einwanderer. Ihr Vater liebte Pferde, und vielleicht hatte er ihre Mutter geheiratet, weil deren Vater Rennpferde züchtete. Sie, seine kleine Tochter Florence Nightingale, wurde sein perfekter Stallknecht. Die Mutter war schwach, sie starb an Tuberkulose, als das Mädchen sechs Jahre alt war. Etwas älter geworden half sie dem Vater auf dem Markt, Produkte ihrer Farm zu verkaufen. Dabei lernte sie: wenn sie sich ein wenig jünger machte und als kleines Mädchen präsentierte, kaufte man ihr alles ab. Ihr Vorname prädestinierte sie zur Krankenschwester. Doch sie ertrug den Anblick und Geruch kranker Körper nicht. Jobs in Toronto. Über ihren Bruder lernte sie einen Zahnarzt kennen. Und nun tauchte sie ein in eine weißglänzende Gesundheitsästhetik aus Email und Glas: Während die Frauen im Behandlungsstuhl lagen, studierte sie schlechten Teint, Hautunreinheiten, buschige Augenbrauen. Sie hatte den untrüglichen Blick auf Pferde. Jetzt war sie weiblicher Schönheit auf der Spur. Sie schrieb den Patientinnen, wie leicht Zähne häßlichst faulen, wenn sie nicht regelmäßig zahnärztlich überwacht werden. Und die flau laufende Praxis füllte sich umgehend. Über ihren Bruder kommt sie nach New York, wird Stenographin, Buchhalterin in einer pharmazeutischen Firma. Und spioniert in deren Labors. Dann stiehlt sie sich als Kassiererin einer Kosmetikfirma weiteres Wissen zusammen. Gegen ein Trinkgeld beginnt sie mit Massagen vor den Gesichtsbehandlungen; manche der Kundinnen bescheinigen der kleinen Kanadierin »magische Hände«. 1910 (sie ist 32 Jahre) eröffnet sie mit einem hohen Kredit des Bruders einen eigenen Salon in der Fifth Avenue. Innen ist alles rosa; die Eingangstür aber ließ sie in Knallrot streichen: ihr Erkennungszeichen. Sie hat einen Sinn für Deals, klinkt sich ein in den Bund von drei Schwestern, zwei Frisörinnen, einer Hutverkäuferin, die sich wechselseitig Kundinnen zuführen. Mittlerweile hat sie ihr Kosmetikangebot zu einem Ganzkörperprogramm mit Yoga, Fechten und Tanzen erweitert. 1914 die ersten Filialen in Washington D.C. und Boston, 1922 in Paris. Ein guter Bankier verschafft ihr einen enormen Bankkredit, dann macht er ihr (sie ist 36 und in Bezug auf Männer völlig ahnungslos) einen Heiratsantrag (sie lehnt ab). Schließlich nimmt sie ihn als Mann, weil er ein genialer Geschäftsführer sein wird. Zwischen 1915 und 1920 avanciert sie zur größten Kosmetikproduzentin der Welt. Als die Ehe scheitert (sie wirft ihn aus machtpolitischen Gründen hinaus), beginnt sie eine Rennpferdzucht (mit erfolgreichem Rennstall) und verwirklicht die Idee der »Schönheitsfarm«. Auf zwanzig Gäste kommen vierzig Angestellte, darunter sechs Gärtner. Sie ist teuer und ausgebucht. Sie sagt: »Versuchen Sie diese Creme, ich benütze sie für meine Pferde«. Was stimmte. Die Tiere wurden mit der legendären »Eight-Hour-Cream« massiert.

Die Ehe mit einem 17 Jahre jüngeren russischen Prinzen (sie war 64) hielt ein gutes Jahr.

Sie stirbt 88jährig mit glatter Haut. Ein Angestellter schminkt die Tote rosa. Auf eigenen Wunsch wird sie in einem pinkfarbenen Kleid beerdigt. Sie soll 50 Millionen Dollar hinterlassen haben.

Wer war die geniale Chefin der Schönheit, die neben Pferden wohl nur eine dicke, mütterliche, lesbische Literaturagentin mit Krücke geliebt hat?

Es handelt sich um die amerikanische Kosmetikunternehmerin Elizabeth Arden, 31. Dez. 1878 – 18. Okt. 1966.

66

*M*it zweieinhalb Jahren konnte er noch kein Wort sagen, dann aber bildete er ganze Sätze und zwar doppelt. Er schien sich selbst zum Echo zu werden, so, als horche er sich nach. Es war, als ob er Sätze in seinem Kopf vorformulierte, sie leise ausprobierte und dann erst in die Welt entließ. Er spielte viel mit sich allein, Puzzles interessierten ihn, komplizierte Laubsägearbeiten, 14-stöckige Kartenhäuser. Draußen tobten die anderen Kinder und riefen ihm »Bruder Langweil« zu. Früh lernte er Geige, was ihm gefiel. Er wurde kein besonders begeisterter Schüler; als er sich das erste Mal im Polytechnikum in Zürich bewarb, fiel er durch. Allerdings war er damals auch noch sehr jung. Beim zweiten Versuch klappte es dann. Manchmal bekam er Krach mit einem Lehrer, dann hatte er schlechte Noten auch in Fächern, in denen er ziemlich gut war. Daß er sich gerne angepaßt hätte, kann man nicht sagen. Als er einmal, viele Jahre später, ins Weiße Haus eingeladen war, erschien er dort tatsächlich ohne Socken. Socken und ähnliche Konventionen sah er nicht ein. Manche waren vielleicht gefährlich. So schrieb er seiner Cousine, mit der er während seiner ersten Ehe schon Liebesbriefe tauschte und die er später heiraten sollte: »Haarbürste wird regelmäßig verwendet, auch sonst verhältnismäßig ordentliche Reinigung. Sonstiger Lebenswandel so so la la. Zahnbürste aus ächt wissenschaftlichen Erwägungen, betreffend die Gefährlichkeit der Schweinsborste, wieder in Ruhestand versetzt: Schweinsborste bohrt Diamanten durch; wie sollten also meine Zähne ihr widerstehen?« Und vermutlich hing es, wenn nicht mit »wissenschaftlichen Erwägungen«, so doch mit naturwissenschaftlichem Instinkt zusammen, daß er es ablehnte, für die Körperwäsche wie für die Rasur zwei verschiedene Seifen zu nehmen. Manchmal beschlich ihn das Gefühl, »die Einheitlichkeit eines Komplexes von Erscheinungen zu erkennen, die der direkten Wahrnehmung als ganz getrennte Dinge erscheinen.« Und Frau war Frau. Im Grunde. Lange schwankte er, ob er seine Cousine oder doch lieber deren Tochter ehelichen sollte, die für ihn als Sekretärin arbeitete. »Er lehnt jede Entscheidung ab«, gesteht die junge Frau einem Freund, »er ist bereit, mich oder Mama zu heiraten.« Schließlich wird sie es gewesen sein, die entschieden hat. Und er nahm die Mutter. Die war für ihn da in seinem manchmal furchtbar praktischen Sinn. Da er einen Friseurbesuch unnötig fand, kürzte sie ihm die Haare (so sah er auch aus) und sie schnitt ihm die Manschetten von den Hemdsärmeln ab, wenn sie ihn beim Schreiben störten.

Wer war das Monument des 20. Jahrhunderts, der manchmal nur dastand, eine seiner Locken um den Finger drehte und sagte: »Ich will a little think«?

Es handelt sich um den deutschen Physiker Albert Einstein, 14. März 1879 – 18. April 1955.

67

*M*an sagt, eine Kindheit habe er nicht gehabt. Als Säugling erkrankte er nach einer mißglückten Pockenimpfung und litt fünf Jahre lang unter juckenden und entstellenden Hautausschlägen. Wenn die Eltern Besuch hatten, wurde das fleckige Kind in seinem Zimmer weggeschlossen. So lernte er früh, daß er nicht gesellschaftsfähig war. Eine schwere Lungenentzündung kam hinzu, mit fünf Bronchitis. Erst der Sechsjährige holte langsam auf. In der Schule erwies er sich schnell als hochbegabt. Aber Spielkameraden zu haben hatte er nicht gelernt. Er wurde ein Sammler: Käfer, Pflanzen, Steine. Und sorgsam züchtete er Seidenraupen. Und als es ihm, er war sieben, gerade besser ging, starb sein junger Vater. Nun stand die Mutter, eine Lehrerin, mit zwei kleinen Kindern da, die sie kaum ernähren konnte. Eine Tante half, man zog dauernd um. Aber die Mutter erkannte, daß ihr Sohn sich für Musik interessierte und begann, ihm Klavierunterricht zu geben. Und noch im letzten siebenbürgischen Dorf fand sie jemanden, der zur musikalischen Weiterbildung des Knaben taugte, zum Beispiel einen violinespielenden Förster, mit dem der Zwölfjährige bald Beethoven durchnahm. »Mit der Kreuzer-Sonate sind wir schon vertig. Sie ist sehr schön besonders gefallen uns die Variazionen, mir von den besonders die 2te Variazion«, schreibt er der Mutter auf deutsch, ihrer vertrautesten Sprache. (Bald wird er auch Sprachen sammeln.) Eine Mitschülerin erinnert sich an den dürren Knaben in der mütterlichen Schutzhaut: »Jeder Gymnasiast kannte ihn. Seine Gestalt war fast gebrechlich. An seiner Kleidung war die liebevolle Sorge seiner früh verwitweten

Mutter zu erkennen, die ihn ängstlich zu behüten und von allem Schlimmen fernzuhalten bestrebt war.« Die Frau an seiner Seite, auch das hatte er gelernt, sollte für ihn sorgen und ihm den Raum geben, in dem er sich entfalten konnte. Mit 27 Jahren heiratete er seine 16jährige Klavierschülerin Márta, die bald alles wurde: Assistentin, Kopistin, Hausfrau. Die Ehe wurde übrigens zwischen Klavierstunde und Abendessen heimlich geschlossen. »Márta wird bleiben«, sagte er der Mutter nur, »sie ist meine Frau.« Spätere Gratulationen wies er ab. Das Schicksal der schönen Márta war abzusehen; sie war zu nützlich, um attraktiv zu bleiben. Als er mit 42 Jahren wieder eine auffallende 16jährige Klavierschülerin hat (neidische Kollegen nannten sie eine »Sexbombe«), begriff Márta schnell auch das und rät, um die Arbeitsfähigkeit des Genies besorgt, zur Scheidung. Er nimmt dankbar an, und sie weiht nun in den ersten Monaten die junge Nachfolgerin behutsam in die Geheimnisse der Gewohnheiten des Künstlers ein. Sein Alltag sollte wie bislang ohne Störungen verlaufen. Noch die irritierte Mutter wird von der guten Márta beruhigt. Natürlich wurde auch seine zweite Ehe nicht glücklich.

Biographen nennen sein Leben tragisch. Er war genau und kompromißlos, politisch aufrecht. Aber er blieb allein. Kaum Freunde, keine Geselligkeit unter Kollegen. Ständig in Geldsorgen. Ein Leben lang kränkelnd, dann elend in Amerika.

Wer war der große Komponist und Musikethnologe, der von sich sagte, die glücklichsten Stunden seines Lebens habe er unter Bauern verbracht, deren Lieder er sammelte?

Es handelt sich um den ungarischen Komponisten Béla Bartók, 25. März 1881 – 26. Sept. 1945.

68

Zwei Drittel seines Lebens hauste er in einem engen Studio in New York, Blick auf den Washington Square. Keine Toilette, kein Kühlschrank. Die Kohlen schleppte er vier Stockwerke hoch. Aber er hatte Oberlicht, und der Raum war ungewöhnlich hell. Zwischen zwei Fenstern neben seiner Staffelei hatte er einen Spiegel angebracht. So konnte er das Zimmer in seinem Rücken überblicken. Dort saß seine Frau, und die schaute wiederum zu ihm. Er war jetzt ihr Genie. Als die beiden sich kennenlernten, war sie eine erfolgreiche Malerin, deren Arbeiten neben Modigliani, Picasso, Man Ray ausgestellt wurden. Er war ein 30jähriger Maler, der als Illustrator seinen Lebensunterhalt mit Werbung verdiente. Sie half ihm, ein Bild zu verkaufen. Das war dann das zweite in zehn Jahren. Aber damit hatte sie den Kontakt zu einer Galerie hergestellt, bei der er bis zu seinem Lebensende bleiben würde. Auch bei dieser Frau wollte er bleiben. Die beiden heirateten. Und ihre Entwicklungen kreuzten sich: er übernahm Farbtöne aus ihrer hellen Palette; sie versuchte sich in seinem Stil. Aber während sein Erfolg nun stetig wuchs, verlor sie bald alle Anerkennung. Vielleicht hatte sie zu schnell ihren Blick geändert. Sie, die alleine gelebt und gemalt hatte, die mit 31 Jahren als Jungfrau in die Ehe ging, sie identifizierte sich nun mit diesem Mann. Seine Bilder waren das Werk ihrer fruchtbaren Zusammenarbeit. Sie sollten keine leiblichen Nachfahren haben, aber sie konnte sagen, sein jüngstes Bild »grüße wie ein neugeborener Erbe«. Über ihre eigenen Sachen sprach sie noch als »Totgeburten«. Eifersüchtig wachte sie darüber, sein einziges weibliches Modell zu sein, zumindest für alle Bilder, auf denen eine Frau als einzelne erschien. Sie erledigte seine gesamte Korrespondenz und wurde seine Chronistin. Minutiös führte sie Tagebuch über die Umstände, unter denen ein Bild entstand. »Natürlich«, schrieb sie, »wenn nur für einen von uns beiden Platz ist, dann muß es zweifellos er sein. Ich bin glücklich und dankbar darüber.« Die beiden lebten eng, exzentrisch, heftig. Sie biß ihn bis auf die Knochen, er warf sie im Zimmer herum und ließ sie mit Blutergüssen liegen. Als sie nach 25 Jahren Ehe bemerkte, ihr stehe ein Verdienstkreuz für tapferen Kampf zu, kreierte er ein Wappen mit Nudelholz und Suppenkelle für die Ehre wechselseitiger häuslicher Gewalt. Die Frauen auf seinen Bildern alterten nicht. Seine Frau schon. »Die Zeit vergeht, vergeht, Tropfen für Tropfen vom eigenen Lebensblut«, schreibt sie, »das Haar wird grau, die Moden wechseln, es herrscht ein völlig anderer Blickwinkel auf die grassierende Kunst, und 25 Jahre meines Lebens sind dahin.« Sie reisen an Orte, wo er malt, sie bleiben immer zu zweit. Als er hochberühmt, ein amerikanisches Idol, hochbetagt stirbt, fühlt sie sich »amputiert«; sie folgt ihm einige Monate später nach. Wer heute an ihn denkt, sieht sie in Räumen wie vor Bühnenbildern: eine Chiffre müder Weiblichkeit auf der Bettkante, ein fahler Körper, gelehnt an eine Kinowand, eine wehmütige Geste aus dem Fenster, eine tanzende Taille, die eine Treppe herunterkommt, ein Mädchenblick unter einem engen Hut.

Wer war der große Maler, der die Frau seines Lebens malte, als sei das Dasein eine Peepshow der Verlorenen?

Es handelt sich um den amerikanischen Maler Edward Hopper, 22. Juli 1882 – 15. Mai 1967.

69

Ein hinfälliger Säugling, röchelnd. Nachts Hustenanfälle. Ekzeme am Kopf, in den Kniekehlen, ein Problemkind, das anfällig blieb für Infektionskrankheiten. In der Schule ein Außenseiter, der körperliches Kräftemessen umging. Doch früh zeigte er geistige Haltung. Als der Schuldirektor ihn auswählte, die Abitursrede zu halten, auf Lateinisch, lehnte er kühl ab: so viel Latein habe man hier nicht gelernt; zu einem solchen Falschspiel sei er nicht bereit. Der Direktor rächte sich: »Aus Ihnen kann ja nichts werden, Sie sind organisch krank.« Der Vater wünschte, er möge Jura studieren. Vor Semesterbeginn fällt einem befreundeten Arzt das Aussehen des dürren, blassen Jünglings auf. Der Befund ist alarmierend: Bronchiektasen; bereits angegriffene Nieren; durch zunehmendes Emphysem sekundäre Herzinsuffizienz. Der Arzt macht ihm klar, daß er jede körperliche Anstrengung meiden und auf regelmäßige Entleerung des Auswurfs achten muß: in kleinen Mengen stündlich, in größeren zwei- bis dreimal täglich. (Im Glas die typische Konsistenz: schaumige Oberschicht, schleimige Mittelschicht, zäher Bodensatz mit Eiter). Wurde das Abhusten unterlassen, stellten sich bald Fieber und Bluthusten ein. Seine Lebenserwartung sei nicht hoch. »Lange wird es nicht mehr dauern«, sagt sich der junge Mann und wechselt das Studienfach. »Denn mein Gebiet ist der Mensch, zu nichts anderem hätte ich dauernd die Fähigkeit und Lust.« Er beginnt, in Heidelberg Medizin zu studieren. Da ihn das volle Pensum körperlich überfordert, schlägt er sich durch mit »passend verteiltem Schwänzen«. Im ersten Semester lernt er einen Seelenfreund kennen; bald kommt auch dessen

Schwester Gertrud zum Tee. Gertrud, mit 28 Jahren vier Jahre älter als er, ist eines von neun Kindern einer jüdisch orthodoxen Familie. Als Mädchen schon hatte sie eine ältere Schwester durch Diphtherie verloren; eine Jugendfreundin starb, als sie selbst 20 war; ein Jugendfreund nahm sich das Leben. Als ihre jüngere Schwester, unheilbar nervenkrank, interniert werden mußte, arbeitete sie kurzfristig in der Psychiatrie als Pflegerin. Soeben hatte sie begonnen, ihr Abitur nachzuholen; sie wollte Psychologie studieren. Nun saß sie mit einem jungen Mann am Teetisch, den die Aura des Todes umgab; er fühlte sich von ihr verstanden. Die Verlobung fand statt »in beider Klarheit, daß sie nur ein Gelöbnis der Freundschaft sein konnte«, wie der Biograph formuliert. Er promovierte zum Dr. med. mit der Dissertation »Heimweh und Verbrechen«, wurde Assistent an der Heidelberger Psychiatrischen Klinik, wo er, da nicht belastbar, ohne Lohn arbeitete. Als Gertrud von ihrem Bruder, seinem Freund, eine lebenslange Rente zugesichert bekommt, heiraten die beiden. An der Seite seiner intelligenten Pflegerin lebt er auf. Er verfaßt ein Standardwerk über die Psychopathologie, in dem er sich den Nervenkrankheiten geisteswissenschaftlich verstehend nähert. Damit ist der Weg zur Philosophie beschritten; er führte über den kranken Körper. Wider Erwarten wurde er sehr alt; er starb am 90. Geburtstag seiner Frau Gertrud.

Wer war der aufrechte Philosoph, Ehemann einer Jüdin, der, Zyankali auf dem Nachttisch, sich mit keiner Zeile auf die Nationalsozialisten eingelassen hat und nach dem Krieg aus Enttäuschung über die Bundesrepublik nach Basel ging, wo er über 20 Jahre als Ordinarius lehrte?

Es handelt sich um den deutschen Philosophen Karl Jaspers, 23. Feb. 1883 – 26. Feb. 1969.

70

O du kalte thörichte Jungfrau«, schreibt er aus Paris an seine Braut, »was weißt du von Sinnen. Was weißt du von Sinnen? Was weißt du von solchen entwürdigenden Tagen, an welchen jeder Atemzug, jeder Blick und jeder Schritt heißes tierisches Verlangen ist nur nach dem Weibe, nach dem andern Geschlecht.« Natürlich schickt er den Brief nicht ab. (Sie wird ihn später finden.) In sein Tagebuch notiert er: »Meine Sinnlichkeit, sie zuckt immer wieder auf. Ich glaube, man könnte sie wie einen Aal in Stücke hauen, sie würde in jedem Stücke mit verdoppelter Stärke weiterleben. Wie schön wäre das, wenn ich die los wäre. Ich meine die gemeine Sinnlichkeit. Wie schön könnte ich leben.« Er hat Bordellszenen gemalt. Aber nichts deutet darauf hin, daß er jemals als Kunde ein derartiges Etablissement aufgesucht hätte. Seine schöne blonde Braut wurde seine kluge Gattin, die als alte Frau rückblickend schrieb: »Keuschheit, dieser mißverständliche Begriff – er besaß sie in hohem Maße.«

Früh war er einer der bekanntesten Maler seiner Zeit, und seine Braut (beide hatten sich, er 18 Jahre, sie 21 Jahre alt, in der Kunstschule Weimar kennengelernt) wäre viel früher seine Frau geworden, hätte es da nicht ein Problem gegeben: Sie war hochbegabt. Und damit kam er wirklich nicht zurecht. Man müsse ihr, schreibt er ihr, das »Spielzeug« (er meint den Pinsel) entziehen, sie werde es dann schon vergessen. Nicht daß er etwa wollte, daß sie die Malerei gegen die Hausarbeit tauschte, ein Heimchen am Herd konnte er nicht brauchen. Er legte Wert auf eine Gefährtin, die etwas von seiner Arbeit verstand.

Aber er wollte keine Konkurrenz im Haus. So rangen die beiden bräutlich miteinander. Dem drohenden Malverbot setzte sie Liebesentzug entgegen. Was war stärker, der Sog des anderen oder die Besessenheit von der Kunst? Letztlich stellte sich für ihn die Frage nicht: »Ich habe niemals bei Gott oder so etwas mich gebückt, um Erfolg zu haben, aber ich würde mich durch sämtliche Kloaken der Welt, durch sämtliche Erniedrigungen und Schändungen hindurchwinden, um zu malen. Ich muß das.« Sie gibt nach. Er habe sie gebeten, ihr »Talent mit in seine Arbeiten hineinzulegen. Das bestand meist darin, daß ich seine jeweilige Malerei schön fand. Wenn ich nur sagte: na ja, es ist gut –, war er verstimmt. Es war schon damals nicht ganz einfach mit ihm, aber er war immer interessant.« Sie entsagt der Malerei, läßt sich als Sängerin ausbilden, wird eine gefragte Wagnerinterpretin. Aber selbstverständlich ist sie es, die den gemeinsamen Sohn aufzieht. Übrigens zur Zufriedenheit des Vaters: »Von seiner Entwicklung nehme ich von Zeit zu Zeit Stichproben, die mich sehr interessieren.« Sie ist Mitte vierzig, als er sie wegen einer zwanzig Jahre jüngeren Frau verläßt. Doch wird sie die Begegnung mit ihm zeitlebens als ein Glück verstehen. Sie wird mit ihm in Briefen verbunden bleiben und sich auch nach seinem Tod (er starb Weihnachten 1950 in New York) für sein Werk einsetzen.

Wer war der kompromißlose Maler?

Es handelt sich um den deutschen Maler Max Beckmann,
12. Feb. 1884 – 27. Dez. 1950.

71

Die Mutter warnte sie vor »Gitter, Gosse und Ginster«. Das waren: Gefängnis, Straße und Wahnsinn. Die Mutter war 43 Jahre alt gewesen, als sie »mich zu ihrem höchsten Erstaunen auf die Welt brachte«: ihr erstes und einziges Kind. Ihr Vater hatte als Seemann dreimal die Welt umsegelt. Wenn die Kleine über ihrer täglichen Hafergrütze saß, entdeckte sie die Kontinente in ihrem Teller. Die Familie bewohnte zwei Zimmer. In einem kleinen Garten pflegte die Mutter ein Rosenbäumchen auf einem Rundbeet und nutzte jeden Zentimeter Erde, um die arme Küche aufzufrischen. Der Lebensplan für die Tochter schien absehbar: Heirat, Kinder. Doch die Kleine liebte es, durch eine grüne Glasscherbe zu schauen: sie träumte vom Meer und träumte vom Träumen. Neben der Schule verdiente sie Geld (Waschküche, Verkauf von Hasenfellen), um sich Theaterkarten leisten zu können. Als sie Hauptmanns »Die versunkene Glocke« gesehen hatte, besorgte sie sich das Textbuch und inszenierte das Stück mit Nachbarskindern.

Mit 14 Abgang von der Schule, Anstellungen als Dienst- oder Küchenmädchen. Sie will den »Kinderwunsch Schauspielerin zu werden« unterdrücken, landet dann doch in Laientheatergruppen. Mit 17 erwartet sie ein Kind von ihrem Bühnengeliebten. Das kränkelnde Neugeborene kommt zu ihrer Mutter; als der Bub einjährig stirbt, ist sie mit einem Mädchen von einem anderen Mann schwanger. Auch dieses Kind gibt sie in die behüteten Verhältnisse um das Rosenbäumchen, wo es zehn Jahre bleiben wird. Sie ist die Rabenmutter, die unter Schmierenkomödianten brennt. Sie erlebt »Gitter und Gosse«: Engagements in wechselnden Truppen, das Dasein einer Wanderschauspielerin, Diseuse, Hausiererin, Bettlerin, Gelegenheitsprostituierten. Sie beginnt zu schreiben, wechselt zum Kabarett, hat Erfolg auf den kleinen Bühnen der großen Städte. Sie durchblitzt die Bohème, ein irrlichterndes Kind von der Nordseeküste, die Geliebte vieler, äther- und morphinsüchtig. Lebensrauschbereit. Mehrmals wird sie inhaftiert (u.a. wegen Beischlafdiebstahl), später schreibt sie ihren ersten längeren Prosatext über die traumatisierende Erfahrung des Eingesperrtseins. Kurz vor dem Beginn des Ersten Weltkriegs trifft sie in Berlin auf einen Mann, mit dem sie ihr weiteres Leben (bis zu dessen frühem Tod) in einer Künstler-Symbiose verbringt. »Ginster«, der prophezeite Wahnsinn? Sie fühlt ihre Schuld (die Ehe gebrochen, Mutter und Kind verraten, gestohlen, gehurt), sehnt sich nach göttlicher Gnade. Er, dieser vermutlich bisexuelle Vater-Mann (der ihr Glöckchen um die Knöchel bindet, damit sie ihn nicht beim Onanieren am Schreibtisch erwischt), hatte einmal Priester werden wollen; sie tritt zum Katholizismus über. Gegenseitig werden sie sich zu Heiligen. Wenn das Geld sehr knapp wird, willigt er ein, daß sie sich prostituiert. Als ihre Tochter zu ihnen kommt, ist er ein liebender Vater. Nach seinem Krebstod lebt sie, zunehmend schreibend, in großer Armut im Tessin. Dauernde Umzüge, weil sie die Miete nicht bezahlen kann – sie zieht ihre Bücher mit dem Leiterwägelchen weiter. Als fast 60jährige erfährt sie noch einmal die kurze, erfüllte Leidenschaft zu einem einquartierten jungen Soldaten.

Wer war die so lebensuntüchtig Liebende, die früh vergessene Schriftstellerin, die Muse ihres avantgardistischen Mannes, die in einem Gedicht fragte: »Verlorensein… ist dies das Ziel«?

Es handelt sich um die deutsche Schriftstellerin Emmy Ball-Hennings,
17. Jan. 1885 – 10. Aug. 1948.

72

Am Ende wog sie gerade noch 60 Pfund und ernährte sich von Kaviar, Champagner, Gemüsesäften und Gelée Royale. Gern ließ sie sich am Arm von Besuchern zu einer Anhöhe ihres Parks schleppen, wo sie ihnen erklärte, daß sie hier beerdigt sein wolle. Nur müsse man dem Pfarrer unbedingt verschweigen, daß schon ihr Hund dort ruhe, denn der gute Mann würde daran wohl Anstoß nehmen. An manchen Tagen war sie so schwach, daß ihre Betreuerin sie von einem Zimmer ins andere heben mußte. Als jedoch die Herausgeber des Magazins »Life«, die keine Ahnung von ihrem körperlichen Zustand hatten, sie baten, nach Kenia zu fahren, um eine aktuelle Reportage über den Unabhängigkeitskampf zu schreiben, bat sie sich Bedenkzeit aus. Obwohl das ja nicht gerade ihr Thema war. Daß ihr entsetzter Arzt ausrief: »Sie werden auf der Reise sterben«, irritierte sie weniger als die Vorstellung, man könnte sich ihrer in Afrika nicht mehr erinnern. Dabei hatte sie die besten Monate ihres Lebens dort verbracht, frischverheiratet an der Seite ihres Mannes, des schwedischen Barons, auf einer Safari. Damals hatten sich schon die ersten Symptome ihrer Syphiliserkrankung gezeigt. Später gefragt, was sie noch einmal erleben wollte, erwähnte sie diese Monate des Jagens. Sie hatte einen Sinn für Blutrausch und Mordlust. Und ein sublimes Gefallen an Leichen. Vor einem erlegten Löwen bemerkte sie, daß dieses Tier »auf arrogante Art in seinem Tod perfekt war und elegant bis in die Knochen«. Gern also hätte auch sie ihren Lebenskreis in Kenia beschlossen. Sie sagte ab, vielleicht weil sie die Enttäuschung der Wiederbegegnung fürchtete, und fuhr stattdessen nach Paris. »Ein Vollblutpferd geht, bis es stürzt«, war einer ihrer späten Kommentare. Sie hat auf Reisen, in Afrika und in Krankenhäusern gelebt. Sie war exzentrisch und stieg im Aufwind ihrer Widersprüche. Sie liebte Afrika und den europäischen Adel, beides konnte sie auch ekeln. In Paris wurde sie mit zwei somalischen Kinder-Pagen gesehen, die sie eingeführt hatte, damit sie sie beim Einkaufen begleiteten oder auch nur den Regenschirm hinter ihr hertrugen. Ein Kritiker formulierte einmal, sie habe »einen ganzen Erdteil als Handspiegel« benutzt. Irgendwie hat sie ihn für Europa auch erfunden.

Wer war die Autorin, die kühn erklärte: »Wenn eine hinreichend ansprechende Illusion erschaffen werden kann, folgt die Wirklichkeit von allein.«

Es handelt sich um die dänische Schriftstellerin Karen Blixen (Tania Blixen), 17. April 1885 – 7. Sept. 1962.

73

Zu ihrem siebzigsten Geburtstag schickte er der einstigen Geliebten ein Telegramm, in dem er immerhin Tristan und Isolde bemühte: »Seit dem Mittelalter hat es nichts Gleichartiges gegeben, denn kein Liebespaar hat je so leidenschaftlich in sich hineingeatmet.« Er war 26 Jahre alt gewesen, als er sie kennenlernte, ein junger, unbekannter Maler. Sie war um sieben Jahre älter, eine verwöhnte Dame der Salons. Er sollte sie portraitieren. Sie verfielen einander schon bei der ersten Sitzung und hielten das drei Jahre lang durch. Seine Geliebte wurde seine Obsession, was die Angebetete allerdings zunehmend nervte. Er war rasend eifersüchtig, überwachte sie, schirmte sie, wenn nur möglich, von der Außenwelt ab. Doch als sie ein Kind von ihm abtreiben ließ, konnte er nicht weiter. Aber ohne sie ging es auch nicht. Vergeblich versuchte er es mit verschiedenen Modellen, aber er sah in ihnen nur die Abwesenheit seiner Geliebten. Schließlich, immerhin waren seit der Trennung drei Jahre vergangen, nahm er diesen Mangel ernst. Er wandte sich an eine Kunstgewerblerin und gab ihr den Auftrag, eine Puppe herzustellen, die seiner verlorenen Liebe bis aufs Haar (lang und blond) gleichen sollte. Er formulierte seine Vorstellungen in ausführlichen Briefen, denen er Skizzen beilegte. Aufgeregt fieberte er der Ankunft der Puppe entgegen. Als er die weiche, nackte, lebensgroße Figur endlich aus der Holzkiste mit den Sägespänen auspacken konnte, war er »ehrlich erschrocken«, so wenig ähnelte sie dem Original. Tapfer zog er ihr die Unterwäsche an, die er für sie in Paris gekauft hatte, und bettete sie aufs Sofa. Fortan lebte er mit der »stillen Frau«, wie er sie nannte; er malte sie auch. Und man sprach davon, daß er manchmal einen Fiaker mieten ließ, um mit ihr auszufahren. Sie war sein Fetisch, sein »Traum der Wiederkehr der Eurydike«. Das ging fünf Jahre lang so. Dann, bei einem heftigen Trinkgelage mit Freunden, holte er endlich zum Befreiungsschlag aus. Er mußte die Puppe töten. Der Kopf der stillen Frau fiel, und schwerer Rotwein ersetzte das fließende Blut. Am Morgen erschien die Polizei. Der Postbote habe sie davon unterrichtet, daß in seinem Garten eine Leiche liege. Verkatert klärte er das Mißverständnis auf und erhielt eine Rüge wegen Erregung öffentlichen Ärgernisses.

Wer war der so heftig mit der Liebe ringende Maler?

Es handelt sich um den österreichischen Maler Oskar Kokoschka, 1. März 1886 – 22. Feb. 1980.

74

Meine Eltern konnten mich vom Augenblick meiner Geburt an nicht leiden«, sagte sie bitter. Ein Sohn als erstes Kind wäre in der englischen Aristokratie wohl freudiger begrüßt worden, aber vielleicht hätte die 18jährige, unglücklich verheiratete Mutter nur gerne Aufschub gehabt. »Du warst ein ungewöhnlich heftiges Kind«, gestand sie ihr. Zu den Legenden der Familie gehörte eine Antwort, die die Vierjährige gab. Auf die höfliche Frage einer zum Tee geladenen Lady, was sie werden wolle, wenn sie einmal groß sei, antwortete die Kleine kurz: »Ein Genie«. Man führte sie schnell wieder hinaus. Doch zunächst erlebte sich das Mädchen als Mißgeburt. Sein Haar, das waren »grüngoldene Locken«, die ein »Mondgesicht« umrahmten. Und dann wuchs es zu schnell, und es wuchs eine Nase, groß, scharf, nach unten gekrümmt. Mit 1,83 Metern erreichte die seltsame Tochter aus bestem Haus eine Größe, die für eine junge Frau ihrer Zeit zirkusverdächtig war. Die Eltern glaubten, eine Rückgratschwäche festzustellen, und übergaben sie einem Londoner Spezialisten, der ihren Körper in ein Eisengerüst zwängte. Demütigenderweise mußte sie die »stählerne Bastille« auch in der Schule tragen: »Dieser Kerker begann unter den Armen, so daß ich sie seitlich nicht mehr an den Rumpf legen konnte. Auch meine Beine waren eingekerkert, bis hinab zu den Fesseln, die überdies nachts gemeinsam mit meinen Fußsohlen in einer qualvollen Martervorrichtung zusammengeschlossen wurden.« Um die Nase meinte der Spezialist sich besonders kümmern zu müssen: »An einem Gummiband, das meine Stirn umschloß, war ein System aus zwei (mit Hilfe von

Schlüssel und Schloß zu verstellenden) Stahlstücken befestigt.« Dicke Polster verdrehten die Nase und versperrten ein Nasenloch, »so daß mir das Atmen schwer fiel«. Schöner wurde sie durch die Prozedur nicht; gesünder auch nicht, denn durch die Fixierung schwand die Muskulatur. Später wird sie sagen: »Ich besitze kein körperliches Leben mit Ausnahme zweier meiner Sinne – Hören und Sehen.« Das ist stilisiert, aber in der Selbststilisierung wird sie ihren Ausweg finden. Zwar publizierte sie früh, lebte als Kritikerin und Schriftstellerin (unter ständigen Geldsorgen, die sie mit Grandezza ignorierte), aber es war ihr »gotisches« Gesicht (gepflegt mit Kosmetika auf Lammblutbasis), es waren ihre weitfallenden Roben (gerne Samt, Brokat in den Farben alter Gobelins), die sie für Millionen von Menschen bekannt machten, auch wenn die nie eine Zeile von ihr gelesen hatten. Mit 40 Jahren lernte sie einen 29jährigen russischen Maler kennen, den sie 30 Jahre lang, bis zu seinem Tod, unglücklich lieben sollte. Sie blieb Jungfrau, nicht nur, weil er homosexuell war. »Frauen sind das Letzte«, hieß einer ihrer bekannten Sprüche. Und: »Wer nicht wie ein Mann schreiben kann, sollte es lieber ganz sein lassen.« Das richtete sich gegen »weibliche« Wehleidigkeit. Doch ihre Sekretärin erzählte, im Alter habe sie geweint, weil sie körperlich nie einen Mann geliebt hatte und nun doch sicher war, dazu begabt gewesen zu sein.

Wer war (wie ihre Künstlerfreunde sie nannten) »die Äbtissin der Nachtigallen«, der »wandelnde Hochaltar«, der »saubere Hasenknochen, den man auf dem Moor findet, mit Smaragden bedeckt« oder die »hochgewachsene, anmutige Vogelscheuche mit den Händen einer mittelalterlichen Heiligen«?

Es handelt sich um die britische Dichterin Edith Sitwell,
7. Sept. 1887 – 9. Dez. 1964.

75

*W*enn Du Äpfel malst«, fragte sie eine Freundin in einem Brief, »fühlst Du dann auch, wie Deine Brüste und Knie zu Äpfeln werden? Oder hältst Du das für den größten Blödsinn? Ich nicht. Ich bin sicher, daß das kein Unsinn ist. Wenn ich über Enten schreibe, dann bin ich, das schwöre ich Dir, eine rundäugige, weiße Ente, die auf dem von gelben Blumen gesäumten Teich schwimmt und sich ab und zu auf die andere rundäugige Ente stürzt, die kopfunter hinter ihr schwimmt.« Leben hieß für sie Schreiben. Und Schreiben hieß, mit den Dingen zu verschmelzen, ein Apfel zu werden, eine Ente zu sein.

Da solche Metamorphosen angewiesen waren auf radikale Wahrnehmungen, wurde sie eine Artistin des Schauens. Mit acht Jahren trägt sie stolz eine Brille mit Stahlrahmen. Mit neun veröffentlicht sie ihre ersten Geschichten. Als sich ihre Kurzsichtigkeit ausgewachsen hat, ist sie schon Meisterin des prüfenden Blicks. Auf dem College ist sie sicher, daß niemand so sehen könne wie sie. »Meine Sinne waren grad wie Eichhörnchen. Ich sammelte, sammelte und hortete.« Statt dem Rektor, der Bibelgeschichte liest, zuzuhören, starrt sie ihm ins Gesicht, »das sehr rund und von dunkelroter Farbe war und so einen Schimmer hatte und über und über mit feinen roten Äderchen mit endlos winzigen Verästelungen überzogen war, die bis hin zur Stirn hinaufliefen und sich in dem buschigen weißen Haar verloren.« Und aus dem Französischunterricht nimmt sie Beobachtungen mit über das grauschattierte Resedagrün der Fensterrahmen oder die nackten Knaben zu beiden Seiten des marmornen Kamins, die große Platten mit Trauben über ihren Köpfen halten.

Sie ist die Tochter aus gutem Haus, das sie nicht interessiert. Ihre Erzieherinnen schockiert sie, als sie nach der Bedeutung der freien Liebe fragt. Das Milieu der Prostituierten lockt bald mehr als der väterliche Salon. Sie sehnt sich nach Nähe, findet sie leicht und bleibt doch unbehaust. »Ich bin ein Kind, eine Frau und mehr als die Hälfte ein Mann.« Mit 21 wird sie schwanger vom Zwillingsbruder ihrer Kinderliebe. Sie sagt es nicht, überredet aber schnell einen freundlichen alten Musiklehrer zur Ehe. In der Hochzeitsnacht läßt sie ihn stehen. Ihr Körper rächt sich an der schreibenden Sammlerin. Totgeburt, Tripper, Tuberkulose. Sie ist 34 Jahre alt, als sie alles anders machen möchte. In einem »Institut zur harmonischen Entwicklung des Menschen« will sie gesund werden und lernen, mit den Händen zu arbeiten. Man ist freundlich zu ihr wie nur zu einer jungen Sterbenden.

Wer war die kühne Erzählerin, die früh wußte: «Glückliche Menschen sind niemals brillant. Dazu gehört Reibung«?

Es handelt sich um die neuseeländisch-britische Schriftstellerin Katherine Mansfield, 14. Okt. 1888 – 9. Jan. 1923.

76

*I*ch bin ein Brüll- und kein Stierkämpfer. Ich brülle, der getötete Stier brüllt nicht. Ich bin Gott und Stier.« Er brüllte, indem er schrieb. »Ich bin Apis. Ich bin ein Ägypter. Ich bin ein Hindu. Ich bin ein Indianer. Ich bin ein Neger, ich bin ein Chinese, ich bin ein Japaner. Ich bin ein Fremdling, ein Ausländer. Ich bin ein Seevogel. Ich bin ein Erdvogel. Ich bin Tolstois Baum. Ich bin Tolstois Wurzeln.« Er wußte nicht, was mit ihm geschah, aber er spürte, daß er an einer Schwelle stand. Er war keine 30 Jahre alt und weltberühmt. Könige und Bankiers huldigten ihm, Europa und Amerika lagen ihm zu Füßen, als Nervenkrisen einen Umschlag ankündigten. Nach einem Auftritt in einem Grandhotel in den Bergen ist es dann vorbei. Er fixiert das Publikum, bis es unruhig wird, und dann zeigt er sich wie noch nie. Die edle Klientel ist schockiert, fasziniert. »Die Aristokraten und das reiche Publikum bestürmten mich, doch Gott sagte mir: ›Genug‹. Ich hielt inne.« Die nächsten 30 Jahre seines Lebens wird er unter Beobachtung, meist in wechselnden Sanatorien, verbringen. Aber das weiß er noch nicht. Atemlos hat er begonnen, ein Tagebuch zu schreiben, das innerhalb von sechs Wochen zu mehreren Heften von fast 300 Seiten anwächst. Es beginnt: »Ich habe heute gut gefrühstückt, denn ich habe zwei weichgekochte Eier und Bratkartoffeln mit Bohnen gegessen. Ich mag Bohnen, nur sind sie trocken. Ich mag keine trockenen Bohnen, denn in ihnen ist kein Leben. Die Schweiz ist krank, denn hier steht Berg an Berg. In der Schweiz sind die Leute trocken, denn in ihnen ist kein Leben. Ich habe ein trockenes Zimmermädchen, denn sie fühlt nicht. Sie denkt viel nach, denn man hat sie andernorts, wo sie lange in Stellung war, austrocknen lassen.« Erst nach dem Tod seiner Frau kann das Manuskript ohne Streichungen veröffentlicht werden. In schnellen Notaten blickt er hastig zurück auf sein Leben. Fünf Jahre hat er mit einem komplizierten Mann gelebt (»Ich weiß, daß ich neunzehn war, als ich ihn kennenlernte. Ich liebte ihn aufrichtig, und wenn er sagte, daß die Liebe zu Frauen eine abscheuliche Sache sei, so glaubte ich ihm«). Dann fällt ihm während der Schiffsüberfahrt nach Amerika eine schöne Kollegin auf, in die er sich verliebt, als er bemerkt, wie sie ihm zusieht. Die beiden heiraten in Buenos Aires. Er wird Vater einer kleinen Tochter und wünscht sich sehnlichst einen Sohn. »Ich habe viel Samen, und ich spare ihn auf für ein neues Kind, denn ich hoffe, mit einem Jungen beschenkt zu werden.« Er sollte noch einmal Vater eines Mädchens werden, aber dieses Ereignis erreichte ihn kaum noch. Die Ärzte diagnostizieren Schizophrenie. Die Ehefrau versucht alles; die bedeutendsten Ärzte zwischen St. Moritz und Paris werden konsultiert, auch Freud und Jung können nicht helfen. Die tapfere Gattin erhält den übereinstimmenden Rat: »Lassen Sie ihn seine Träume träumen.«

Wer war der Mann der Metamorphosen am Abgrund der Schönheit?

Es handelt sich um den russischen Tänzer Vaslav Nijinsky, vermutlich 17. Dez. 1889 – 8. April 1950.

77

Zur Frage seiner Herkunft entschied er: »daß ich eine Mischung aus mongolischem, chinesischem, tibetanischem und jüdischem Blut bin«. Die Wirklichkeit sah anders aus. Seine Vorfahren waren Mitte des 19. Jahrhunderts aus Hessen und Bayern nach Amerika gekommen; sein Vater unterhielt nun eine kleine Schneiderei im Brooklyn der Einwanderer. Die Mutter seiner Mutter lebte früh in einer Irrenanstalt, seine Tante ebenfalls und auch seine kleine Schwester, die er sehr liebte, mußte schwachsinnig genannt werden. Sein Vater war ein guter Schneider und besserer Trinker, und auf der armen, strengen Mutter lag die Bürde, die Familie in Ordnung zu halten. Den Vater hatte sie abgeschrieben; ihre Hoffnung galt nur ihm, dem gesunden, dem strahlenden Sohn. Was aber sollte er mit so viel Mutterliebe, die eine Variante von Lebensverzweiflung war? Er war ein kluger Junge, aber nicht frühreif. Sein polnischer Freund wußte schon lange, daß es keinen Nikolaus gab, und machte ihn mit der unglaublichen Geschichte vertraut, daß die Babys aus dem Bauch der Frauen kamen. Dann sah er in den Sommerferien sein erstes nacktes Mädchen. Minnie war die ältere Schwester zweier Freunde; und wenn Minnie tat, als schliefe sie, deckten die Buben sie langsam auf. Und er sah ihren kleinen Körper ausgestreckt unter dem Kruzifix und einer Reproduktion von da Vincis Abendmahl. Der Zusammenhang von Geschlecht und Religion war rätselhaft und offenbar. Warum trugen die männlichen Apostel Kleider? Oder wenn es Frauen waren, warum trugen sie Bärte? In der dritten Klasse verliebte er sich in die dreizehnjährige Cora, die ebenfalls errötete, wenn er mit ihr sprach. Im Theater schenkte er ihr einen Veilchenstrauß, aber der fiel herunter und wurde aus Versehen zertreten, ein Vorfall, über den er immer wieder anders schrieb. Noch als alter Mann möchte er mit Coras Namen auf den Lippen sterben, und als Mann mittlerer Jahre, der schon einiges an Erkundungen des Weiblichen hinter sich hatte, wird er in »Erste Liebe« über Cora sagen: »In ihren tiefblauen Augen, so kalt und einladend, so rund und wie ein Spiegel, seh' ich mich für immer und ewig als lächerlicher Mann, einsame Seele, Wanderer, ruheloser und frustrierter Künstler, als Mann, der in die Liebe verliebt ist, immer auf der Suche nach dem Absoluten, dem Unerreichbaren.« Mit 17 liebte er eine 35jährige Witwe, heimlich und schuldbeladen, trieb Sport zur Reinigung seines Körpers vom Samenerguß. Er glaubte fest an die Ehe und war fünfmal verheiratet. Es waren fünf Katastrophen, die er literarisch fruchtbar machte. Manche seiner Frauen durchschauten ihn. »Nun hast Du Deinen letzten Satz für Dein Buch«, sagte die sexuell großzügige June nach einer finalen Eheszene. Die Kosenamen für ihre linke und ihre rechte Brust wurden zu Titeln seiner zwei bekanntesten Romane. Lag nicht in der geschlechtlichen Vereinigung das Absolute? Von der Vagina erwartete er die Erleuchtung. Und er war so rabiat, sie dort tatsächlich mit der Taschenlampe zu suchen. Doch wo, wenn nicht in der Literatur, war Sex vollkommen? Die Sprache gab ihm religiösen Sinn. Und machte den Autor zum prophetischen Liebhaber.

Wer war der Skandalautor, von dem ein unkomplizierterer Freund einmal sagte, er gehöre »zu diesen puritanischen Burschen, die in vorgerücktem Alter plötzlich mit großem Trara den Sex entdecken wie Kolumbus einst Amerika«?

Es handelt sich um den amerikanischen Schriftsteller Henry Miller, 26. Dez. 1891 – 7. Juni 1980.

78

Sex ist kein bißchen vulgärer als essen«, sagte sie und war stolz, immerhin zwei Sprachen zu sprechen: »Englisch und die Sprache meines Körpers«. Kaum Schulbesuche, auch später kein Interesse, Bildung nachzuholen. »Ich bin zu nervös, um zu lesen«, konnte sie sagen. Und lernte aus dem Leben. Am liebsten war es ihr, jemand las für sie ein Buch und gab ihr das Wichtigste kurz und mündlich weiter. Obwohl ihr Name auf drei Romanen, elf Bühnenstücken, vielen Drehbüchern, einer Autobiographie und einem Ratgeber steht, hat sie vermutlich keinen dieser Texte selbst verfaßt. Sie hatte zu große Probleme mit Rechtschreibung und Grammatik; also hatte sie Sekretäre. Und Co-Autoren (die sie gerne verheimlichte). Sie diktierte, oft habe sie, wie sie einmal gestand, auch nur Ideen ausgespuckt. Einer ihrer Ghostwriter sagte: »Geschrieben hat sie nichts, aber wir haben wochenlang miteinander geredet.« Jedenfalls war sie davon überzeugt, erst sie habe das Wort »Sex« (der Titel eines ihrer Stücke, für das sie publikumswirksam ein paar Tage im Gefängnis saß) in den offenen amerikanischen Sprachgebrauch gebracht. Zuvor sei die Vokabel nur hinter vorgehaltener Hand benutzt worden. Oder in medizinischen Fachbüchern. Auch ein anderes Projekt scheiterte nachhaltig. Mit einer Truppe von 40 Homosexuellen wollte sie »Der Schwule. Eine homosexuelle Komödie« an den Broadway bringen. Doch nach einer Voraufführung in Bridgeport, Connecticut, griff die Zensur ein. Das war 1927. Zwei Jahre später zeitigte ein Stück zum selben Thema monatelange Gerichtsverfahren. Die sie genoß.

Geboren in Brooklyn, New York, wuchs sie auf als das Kind

einer lebensfrohen bayrischen Mutter und eines irisch-amerikanischen Preisboxers. Der Vater hätte lieber einen Jungen gehabt. Doch die Mutter steckte das blonde, pummelige Mädchen in Seide und Rüschen, massierte seine weichen Glieder hingebungsvoll mit Ölen und vermittelte ihm, etwas besonderes zu sein. Die wonnige Tochter liebte Schaufensterpassagen: »Im Vorbeigehen posierte ich dann und schaute mir dabei selber zu.« Früh stand sie auf der Bühne, bald halbnackt in Varietés, wo sie mit Münzen aus dem Publikum beworfen wurde und Manager die erotische Aura des Mädchens aus Zensurgründen zu fürchten begannen. So dürfe sie nicht singen: »Tut mir leid, Kleine, großartig… aber einfach zu heiß.« Doch sie wuchs an der engen Moral und entwickelte sublimste Körpertechniken der Verführung. Legendär die Pose, in der sie die Hand auf die Hüfte stützte, die verheißungsvolle Langsamkeit ihrer immer fließenden Bewegungen, das Schleppende ihres rauchigen Sprechens (und dann die Pointe: »Ist das eine Pistole in Ihrer Hose, oder freuen Sie sich einfach, mich zu sehen?«). Ihre Mutter machte ihr klar: Affairen unbedingt! Aber keinen Ehemann, der etwa Ansprüche stellen könnte. Und die Karriere geht immer vor. Erotik war minutiöse Perfektion. Mit fast 50 Jahren spielte sie einen liebestollen Teenager; mit 85 parodierte sie, hochblond, in himmelblauer Robe sich selbst als ewigen Vamp. Manche sagen, sie habe sich abends Männer bestellt wie andere Leute Pizza. Doch blieb sie, anders als im Film, in ihrem Privatleben erstaunlich diskret. Sie verriet nicht Namen noch Details. Salvador Dali hat ihr Gesicht gemalt als eine Wohnung: ihre blonden Locken als Vorhang, ihre Lippen als Sofa. Und die Wohnung ihres Gesichts später dreidimensional nachgebildet.

Wer war die erste Sex-Ikone Amerikas, deren Lebensmotto war: »A thrill a day keeps the pill away«?

Es handelt sich um die amerikanische Schauspielerin und Drehbuchautorin Mae West, 17. Aug. 1893 – 22. Nov. 1980.

79

Mit drei Jahren hatte sie die Mutter (eine schottische Katholikin) verloren, und ihr Vater (ein jüdischer Stoffabrikant) stand alleine da mit vier Kindern. Sie war fünf, als die neue Mutter ins Haus kam, von der die Kleine nur als »die Haushälterin« sprach. Sie war zehn Jahre, als auch diese Stiefmutter starb, ein Tod, der sie mit Erleichterung und Schuld und Triumph erfüllte. Sie hatte sich das gewünscht, sie hatte Macht. Später wird sie von sich sagen, sie sei die »größte kleine Festung der Welt«. (Sie maß 1,50 Meter.) In einem katholischen Internat brachte man ihr sehr gute Manieren bei. Sie verließ es ohne Abschluß mit 14 Jahren. Tochter im Hause des Vaters. Als er starb – sie war 20 – stand sie mittellos da, eine hübsche junge Frau, die wenig gelernt hatte, in New York kurz vor dem Ersten Weltkrieg. Sie jobbte in einer Tanzschule als Klavierspielerin. Als »Vanity Fair« eines ihrer Gedichte druckte, stand sie vor dem Verleger, bereit, angestellt zu werden. Der schickte sie ein paar Zimmer weiter zu »Vogue«, wo sie Bildunterschriften für Modephotos schreiben durfte. Zwar war sie selbst exquisit angezogen, haßte aber die Leserinnen, diese unnützen Upper-Class-Blüten, und schmuggelte Gift in ihre Zeilen: »Dieses rosa Kleidchen wird Ihnen sicher einen Verehrer bescheren«. Sie ist 24 Jahre alt, als sie mit einem Haß-Gedicht: »Ich hasse Frauen. Sie gehen mir auf die Nerven« den Verleger von »Vanity Fair« doch überzeugen kann. Er macht sie zur ersten weiblichen Theaterkritikerin New Yorks. Sie enttäuscht ihn nicht. Über eine Aufführung: »Und wenn Sie nicht stricken können, bringen Sie ein Buch mit.« Sie ist nicht objektiv, sie ist böse. Ihre Verrisse werden

Kult. Nach einigen Affairen kommt die Liebe in Gestalt eines Börsenmaklers, der vor allem Alkoholiker ist. Nach dem Krieg ist er zudem Morphinist. Auch sie beginnt zu trinken; sie trinkt in der sich etablierenden Runde der exzentrischen Magazin-Autoren. Sie verliert ihren Job, hat aber sofort anderswo Erfolg. Nach einer Schwangerschaft (von einem uninteressierten Frauenhelden) und einer sie traumatisierenden Abtreibung versucht sie, sich das Leben zu nehmen. Danach schmückt sie ihre zerschnittenen Handgelenke mit blauen Schleifchen und winkt. Sie schreibt brillant, ist aber unzuverlässig. Als ihr neuer Chef beim New Yorker sie fragt, warum sie ihren Artikel nicht geliefert habe, lächelt sie, jemand habe ihren Bleistift benutzt. Als ihr Hund auf den teuren Teppich eines Hotelfoyers kackt und der Portier sich aufregt, sagt sie: »Das war ich«.

Immer mehr Männer, die immer jünger werden (»Ich liebte sie, bis sie mich liebten«), Drogen (zum Alkohol kommt Veronal), Gedichte (»Rasiermesser tun weh / Flüsse sind naß / Säuren verletzen dich / Drogen machen Krämpfe / (...) Gas riecht schrecklich / Du kannst genausogut leben«). Angst. Und in lichten Momenten unvergleichliche Kurzgeschichten. Sie säuft mit Truman Capote und F. Scott Fitzgerald, sie reist mit Hemingway (die See war so stürmisch, »daß alles, was ich in mir behalten konnte, der erste Offizier war«). Literaturpreise; manchmal dankt sie nur lallend.

Sie ist 73 Jahre alt geworden. Den Grabspruch »Wenn Sie das lesen können, stehen Sie zu nah dran« konnte sie nicht durchsetzen.

Wer war die scheue Sarkastikerin, die einmal sagte: »Oh, es ist so leicht, zu Menschen nett zu sein, bevor man sie liebt«?

Es handelt sich um die amerikanische Schriftstellerin Dorothy Parker,
22. Aug. 1893 – 7. Juni 1967.

80

Sie war eine Frühgeburt, ausgelöst durch den plötzlichen Tod des Vaters ihrer Mutter, die mit 21 Jahren noch am Beginn von Mädchenblütenträumen stand. Hilflos wickelte sie den Säugling in ein rotes Unterkleid. Zwei Jahre später kam das kleine Schwesterchen schon passender. Und als endlich »ein Junge!« da war, waren die Eltern glücklich. Die ungeliebte Erstgeborene kommentierte seine Ankunft mit: »Ein Eulchen wäre mir lieber.« Das immerhin verriet sprachliche Kompetenz. Spätestens mit Hilde, der Jüngsten, war sie, das ernst mit großen Augen blickende, alte Kind schon in eine Hausfrauen- und Mutterrolle hineingewachsen, die die Mutter für sie nicht hatte übernehmen wollen. Um das Mädchen blieb eine Aura von Einsamkeit; in der Schule hieß sie die »irre Trude«. Der Vater der vier Kinder war eine Eminenz, der Wilhelm II. so ähnlich sah, daß, wenn er auf dem Fahrrad durch den Grunewald fuhr, Kinder hinter ihm herliefen und riefen: »Der Kaiser, der Kaiser«. Aber der Kaiser war ein erfolgreicher Rechtsanwalt und so gut wie nie zu Hause. Und wenn er da war, durften die Kinder bei Tisch nicht sprechen. Sie aber verehrte ihn. Er war der Held, der Mann. Und sie wollte ihm letztlich dienen. »Gebt mir Kugeln! Schleift mir Degen! / Oh, ein Mann sein! Ja, ein Held!«, schreibt sie in einem Kindergedicht. Zumindest wurde sie zur »Vatertochter«, tapfer, opferbereit. Sie träumte sich nach Sparta und wollte schwarze Blutsuppe essen. Das Opfer aber sollte anders aussehen, als sie es sich gedacht hatte. Sie ist keine zwanzig, als sie ihren Helden, einen Offizier, kennenlernt. Von Sexualität hat sie keine Ahnung, von Sehnsucht nach Hingabe schon. Als sie schwanger wird, hat der Offizier kein weitergehendes Interesse. Die Eltern drängen zur Abtreibung. Und sie opfert ihr kommendes Kind dem guten Ruf des Vaters, dessen großbürgerliche Karriere gelitten hätte. »Es ist doch Nacht. Und ist ein Ding, das Schande heißt. / Ich darf dich nicht gebären. / Ich weiß den Schnellzug, der den Wald zerreißt.« Nach der Abtreibung und einem (von den Eltern vertuschten) Selbsttötungsversuch kommt sie vorübergehend in eine Nervenheilanstalt. Zum Trost gibt der mächtige Vater ihre Gedichte einem Verleger. Jetzt hat sie Verse statt eines Kindes, Ruhm statt Mutterseligkeit. Vom Literaturbetrieb hält sie sich fern. Nie sieht man sie im »Café Größenwahn«; es gibt Gespräche, Korrespondenzen mit ihrem Cousin Walter Benjamin. Sie macht ein Dolmetscherexamen, arbeitet als Erzieherin, die Kinder haben sie gern, mit ihnen kann sie witzig sein. Anders als ihre Geschwister, anders als Nelly Sachs, mit der sie oft verglichen wird (Winterkinder beide, am 10. Dezember geboren), flieht sie nicht aus dem nationalsozialistischen Deutschland. Sie pflegt die kranke Mutter, ist Sekretärin des Vaters, pflegt, nach dem Tod der Mutter, den Vater. Er wird im September 1942 nach Theresienstadt abgeholt; sie, mittlerweile Zwangsarbeiterin in einer Rüstungsfabrik, wird Ende Februar verhaftet, wenige Tage später nach Auschwitz gebracht. Eine Karteikarte im Berliner Landesarchiv vermerkt unter ihrem Namen: »32. Osttransp. v. 2. 3. 43 (erl. II Nr. 179)«.

Wer war die unerhörte Dichterin?

Es handelt sich um die deutsche Dichterin Gertrud Kolmar,
10. Dez. 1894 – ~Anfang März 1943.

81

Seine Eltern hatten nichts; also setzten sie auf Wunder. Als er geboren werden sollte, waren sie mit ihrer »Mohawk Indian Medicine Show« auf Tournee, verkauften Elixiere gegen Krankheiten und überzeugten das Publikum durch musikalische Einlagen, Zaubertricks, akrobatische Kunststücke. Er war ihr erstes Kind, und sie fanden ihn erstaunlich. Schon als Baby fiel er ihnen eine steile Treppe hinunter. Er hätte tot sein können. Aber der Kleine schlug die Augen auf: unversehrt. Der Vater trank sich in die Zukunft, die er bald in New York vermutete. Dort gab es Vaudeville Shows, Schaubudentheater. Das mußte der soziale Aufstieg sein. Doch der Erfolg des Paares war mäßig. Da kam der Vater auf eine Idee. Der kleine Sohn war lästig, störte bei den Proben. Sollte er doch mitspielen! Der Plot lag auf der Hand: Erziehung des ungehorsamen Knaben. Der Vater schlug auf den Buben ein, warf ihn in hohem Bogen in die Kulissen, behandelte ihn als einen »menschlichen Mop«. Die Zuschauer tobten vor Freude. Ein Kritiker munkelte, das Kind müsse adoptiert sein, kein Vater würde seinen Sohn so behandeln. Mit fünf Jahren war er ein absurder Star: »The Little Boy Who Can't Be Damaged«. Eine Schule hat er nie besucht. Gegenüber einer Kinderschutzorganisation, die sich einschaltete, sagte der Vater, der Sohn sei ein kleinwüchsiger Erwachsener, oder auch, er spiele ja gar nicht wirklich, er sei doch nur eine Requisite. So lernte der Junge auszusehen, als geschähe ihm nichts. Mit acht Jahren setzte ihn ein Schlag des Vaters für einen Tag außer Gefecht. Doch er war dem Vater nicht böse. Mit Artistenstolz soll er später gesagt haben, daß dies das einzige

Mal gewesen sei, daß eine Vorstellung wegen eines Bühnenunfalls habe gestrichen werden müssen. Er ist ein Ausnahmeakrobat. Ein Zufall bringt ihn zum Film. Er wagt bisher nicht gesehene Stunts. Die Kameramänner haben strikte Anweisung, sich nicht irritieren zu lassen, sie sollen stur filmen, egal was geschieht. Einmal ertrinkt er fast in einem Wasserfall, ein andermal springt er – von einem Dach zum andern – zu kurz, hält sich mit den Händen gerade noch fest, gleitet ab und fällt in die Tiefe. Die Kameras surren. Niemand weiß, ob er unten noch lebt. Wenn er rennt und springt und fällt, scheint er nichts zu spüren. Eine animierte Puppe. Nur in Ruhe zeigt sein androgynes Gesicht einen seltsamen Schmerz. Er will den echten Augenblick. Auch mit den Maschinen geht er aufs Ganze. Einmal läßt er für einen Sekundengag eine Brücke mit einer historischen Dampflok einstürzen. So was ist auf Dauer nicht finanzierbar. Man ködert ihn mit einem Schauspielvertrag. Versucht, ihn mit Drehbüchern zu domestizieren. Doch er braucht den Überschuß der Improvisation. Er wird gekündigt. Gerät in Vergessenheit. Er verkauft sich in billig produzierten Kurzfilmen, steht auf Varietébühnen. Nach 15 Jahren feiert ein Kritiker seine frühen Filme. Ein Comeback beginnt. Auf einmal ist er eine lebende Legende. Nun wird er für die Werbung interessant, er tritt auf als Zitat seiner selbst. Beckett bittet ihn, eine Hauptrolle zu übernehmen.

Wer war der philosophische Akrobat, der damit spielte, er sei ein Clown?

Es handelt sich um den amerikanischen Schauspieler und Regisseur Buster Keaton, 4. Okt. 1895 – 1. Feb. 1966.

82

Schon mit 19 Jahren hatte er sich an Laudanum, eine Opiumtinktur, gewöhnt, die freiverkäuflich war und gegen Depressionen, Kopfschmerzen oder Durchfall genommen wurde. Als 1930 ein Betäubungsmittelgesetz die Droge verbietet, schreibt er an den Gesetzgeber: »Es gibt ein Leiden, gegen das das Opium unfehlbar ist, und dieses Leiden heißt Angst.« Louis Aragon erinnert sich, den bald 40jährigen während einer Mexiko-Reise 1936 getroffen zu haben, »einen verwüsteten und strahlenden Mann, bis zum Äußersten aufgezehrt«. Als erstes habe er ihn gebeten, ihm Laudanum zu beschaffen, worauf sich Aragon an einen befreundeten Arzt wandte. Der konnte ihm das Medikament legal nur für äußerliche Anwendungen geben. Da aber diese Laudanumumschläge in Mexiko auf Leinsamenbasis hergestellt wurden, fragte Aragon nach einem Rezept auf der Basis von Kartoffelmehl. Er bekam die Paste, die der Süchtige sofort aufaß.

Er suchte die Kultur hinter dem Spiegel, den wahren Wahn der Wirklichkeit. In Mexiko fand er die Mysterien der Indianer; in Irland die Riten der keltischen Druiden. Er fühlte, daß er »ohne Unterlaß brennt«. Jean Louis Barrault charakterisierte ihn als »Flugzeugmotor in einem Citroen 2 CV«. Am Ende seines nicht langen Lebens hatte er in 22 Filmen gespielt (auch unter Fritz Lang), zwei Theater gegründet und fast 30 Bücher geschrieben. Wegen Gefährdung der öffentlichen Ordnung wurde er mit 41 Jahren zwangseingewiesen; das war der Anfang einer neunjährigen Odyssee durch Psychiatrien. Die fortschrittliche Medizin machte ihn zum Opfer der neuen Elektroschock-Therapie. In einem Brief schrieb er seinem Arzt:

»denn woran mir vor allem liegt, ist, eine neue Behandlung zu vermeiden. Ich erinnere mich, daß während der letzten Elektroschock-Kur ein Zwischenfall passierte, der furchtbare Auswirkungen in mir hervorgerufen hat. Diese Elektroschockbehandlung ließ mich entsetzlich leiden und ich bitte Sie, mir einen neuen Schmerz zu ersparen.« Der Arzt sah das anders und setzte die Behandlung fort. In Erwartung einer neuen Serie von Stromschlägen schreibt der Kranke: »Ich bitte Sie, sich Ihrer wahren Seele zu erinnern und zu begreifen, daß eine zusätzliche Serie von Elektroschocks mich vernichten würde.« Der Arzt ist nicht zu irritieren. Endlich kommt der Kranke mit Hilfe von Freunden frei. Rückblickend schreibt er nach 58 provozierten epileptischen Anfällen: »Ich bin unter einem Elektroschock gestorben. / Ich sage gestorben. Rechtlich und medizinisch gestorben. / Was die Seele angeht, so war ich nichts als Entsetzen unter mehreren Erstickungsanfällen.«

Nach seiner Entlassung sollte er noch 22 Monate leben. Sie werden zu seinen produktivsten. Er kommt in einem Sanatorium unter, wo er einen eigenen Flügel bewohnt und sich frei bewegen kann. »Wenn er einen Holzklotz mit Hammer oder Messer traktiert, um Rhythmen für seine Silben zu suchen, wenn er deklamiert oder halblaut singt, stört er keinen, vor allem interveniert niemand. Sein Geld wird zwar von Dritten verwaltet, aber was man ihm zugesteht, reicht aus, sich mit Drogen zu versorgen. Notfalls sediert er sich mit Chloralhydrat«, schreibt sein Biograph. Eines Morgens, er ist 51 Jahre alt, findet ihn der Gärtner des Sanatoriums auf seinem Bett sitzend, tot, einen Schuh in der Hand.

Wer war der Künstler, der zu einem der wichtigsten Impulsgeber des modernen Theaters werden sollte?

Es handelt sich um den französischen Schauspieler und Dramatiker Antonin Artaud, 4. Sept. 1896 – 4. März 1948.

83

Die Lieblingsgeschichte war, wie ihr Vater ihr das Leben rettete. Immer mußte er davon erzählen. Wie süß sie war, seine Erstgeborene, ihm wie aus dem Gesicht geschnitten mit ihren dunklen Augen, so aufmerksam, so lebhaft. Und gerade drei Monate alt sei sie gewesen, als eine furchtbare Erkältung sie niederwarf. Der Doktor, den man gerufen hatte an diesem bitterkalten Novemberabend, habe nur sehr ernst auf das kleine Kind geschaut. Und den Blick gesenkt. Nein, es würde wohl nicht überleben. Da aber habe er, der Vater, das Kleine aus den Armen der Mutter genommen und an sich gedrückt. Und er habe es gewärmt und sei mit seinem Mädchen auf- und abgegangen und habe auf es eingesprochen, die ganze Nacht. Und so habe er sie davon überzeugt, leben zu wollen. Sie konnte sich nicht satthören an der Geschichte ihrer zweiten Geburt durch den Vater. Und wer weiß, ob der Vater sie damals wirklich rettete oder ob er sie mit dieser und anderen Erzählungen früh in ein Leben als Schriftstellerin entließ. Da der Vater sie für musikalisch hielt, saß sie brav am Klavier und übte. Mit Leidenschaft aber begann sie zu lesen und zu schreiben. Sie hatte ein auffallendes Gedächtnis. Wenn sie eine Buchseite kurz ansah, konnte sie sie Wort für Wort aufsagen. Sie erfand eine subtile Geheimschrift, deren Buchstaben aus mit Strichen angedeuteten Quadraten bestanden, in denen ein Punkt wanderte. Nur das »N« war ein geschlossenes Quadrat und hatte den Punkt direkt in der Mitte. Die Welt der 13jährigen brach zusammen, als der Vater die Familie verließ. Sie haßte ihre Mutter, sie haßte seine neue Frau. Sie schnitt sich die Haare ab und wünschte sich, ein Junge zu sein. In der Schule wurde sie berüchtigt für ihre Streiche. Bald konnte niemand sie mehr am Klavier halten. Mit 18 begann sie gegen den Willen ihrer Eltern eine Ausbildung als Erzieherin. 1922 erschien ihr erstes Buch »Child Whispers«; nach ihrer Verheiratung mit einem Verlagslektor gab sie ihren Beruf auf. Von Hand schrieb sie fünf- bis sechstausend Wörter am Tag. Später mit der Schreibmaschine wurden es bis zu zwölftausend Wörter. In einem Rekordjahr verfaßte sie 37 Bücher. Insgesamt hat sie es auf fast 700 Bücher gebracht, Gesamtauflage etwa 400 Millionen. »Ich schließe meine Augen für ein paar Minuten«, beschreibt sie den kreativen Prozeß, »meine Reiseschreibmaschine auf meinen Knien; ich lasse meine Gedanken ganz leer werden und warte – und dann stehen, so klar, als ob ich wirkliche Kinder sehen würde, meine Figuren vor mir. Die Geschichte spult sich vor mir ab wie auf einer privaten Filmleinwand.« Sie schöpfte aus ihrer Zeit als Schülerin, Kindermädchen, Lehrerin. Kritiker, die älter als 12 Jahre alt waren, interessierten sie »überhaupt nicht«. Man hat ihr Rassismus vorgeworfen und mangelnde politische Korrektheit. Also wurde aus dem »tramp« eben ein »homeless man«, und »gypsies« waren dann »travelling people«. Ihre Texte wurden in knapp 40 Sprachen übersetzt und dabei je nach Verlagsgeschmack redigiert, gekürzt, verlängert; nach ihrem Tod produzierten Ghostwriter einige ihrer Serien weiter. Spät war sie selbst Mutter zweier Mädchen geworden. Aber sie gab sie an Kindermädchen ab. Ihr Kino im Kopf war attraktiver als die krähende Wirklichkeit.

Wer war die Autorin, die einen Kinderkosmos aus der Moral einer heilen Vaterwelt schuf?

Es handelt sich um die englische Kinderbuchautorin Enid Blyton, 11. Aug. 1897 – 28. Nov. 1968.

84

Gerne erzählte sie: Ihr Vater, ein strenger, mürrischer Mann, habe einen Kanarienvogel in einem Käfig besessen. Und während er Frau und Kinder nur anherrschte, habe er mit dem Vogel in einer unendlich zärtlichen Stimme gesprochen. Einmal aber habe sie mit Ohrenschmerzen lange am Boden gehockt und leise geweint. Da habe der Vater sie vorsichtig auf den Arm genommen und sie in seiner Vogelstimme getröstet. Und als der Arzt gekommen sei, habe der gesagt, das Geschwür habe sich von allein geöffnet. Das gute Wort hatte geheilt.

Als sie zehn war, kam ein Student als Hauslehrer in die Familie (der sich später einen Namen machte als Begründer des Psychodramas). Mit ihm lernte sie Märchen erfinden und erzählen. Sie werde einmal Schauspielerin, sagte der junge Mann den Eltern, die nur lachten. Mit 14 kam sie in einer Schauspielschule unter. Sie war mager, scheu, fiel nicht weiter auf. Und wurde sich und den andern ein Rätsel. Bei den Proben stellte sie sich furchtbar an, hatte Angst, wollte am liebsten nichts zeigen, ja, lehnte es ab, mit Perücke zu üben. (Als müßte sie zum Schutz ihren natürlichen Kopf behalten.) Aber kaum war Publikum im Raum, spielte sie mit einer irritierenden Selbstverständlichkeit. Später sagte sie, sie habe nie gewußt, wie sie an einer Rolle »arbeite«. Sie gehe einfach so lange auf und ab, bis sie den Text könne. »Während dieses Aufundabgehens muß wohl etwas von der seelischen Essenz des Charakters in mich eindringen«, dabei werde ihr »die Gestalt immer intimer«. Das gute Wort kommt ihr ins Ohr. Innsbruck, Zürich, Wien, Berlin. Die Kritiker überschlagen sich. Tucholsky liegt ihr zu Füßen;

Kurt Pinthus schreibt: »Sie ist die liebreizendste und grausigste Schauspielerin, die kindlichste und raffinierteste, die knabenhafteste und weiblichste, die keuscheste und verderbteste.« Ein anderer sagt: »Sexlos beherrschte sie das Hexeneinmaleins der Verführung.« Vielleicht ist ihre jeweilige Rolle ihre gelebte Intimität. Jedenfalls spielt sie mit Männern, als habe sie keinerlei Ahnung von der Höhe des Einsatzes. Lehmbruck soll sich wegen ihr das Leben genommen haben. Als ein anderer Unglücklicher ihr sagt: »Ich hoffe, daß Gott Dir Deine Grausamkeit verzeiht«, erwidert sie: »Warum sollte er nicht. Das ist schließlich sein Beruf.« Auch eine Avance der Garbo lehnt sie ab: »Auf einmal legte sie ganz ruhig ihre Hand auf meine Brust und sah mich ganz ernst an. Ich brauchte ein paar konfuse Sekunden. Dann nahm ich, auch ganz ruhig, ihre Hand von meiner Brust und ließ sie allein in meinem Badezimmer.« Danach aber tanzten die beiden seelenverbunden zusammen im Wohnzimmer: jede für sich allein.

Als Jüdin lebt sie im englischen Exil, geht nach Hollywood, heiratet ihren Gefährten, einen Regisseur. Ihre Ehe sei »die schönste Freundschaft ihres Lebens« gewesen. Mühelos schaffte sie den Übergang von der Bühne zur Leinwand, vom Stummfilm zum Tonfilm.

Wer war die Schauspiel-Legende, die sich keinen ihrer Filme angesehen hat?

Es handelt sich um die österreichisch-britische Schauspielerin Elisabeth Bergner, 22. Aug. 1897 – 12. Mai 1986.

85

Opus 9 ist ein »Tagebuch«, vertont als »Eine kleine Kantate für Frauenterzett, Tenor, Geige und Klavier«. Hier finden sich die aufschlußreichen Verse: »Die ganze Welt ist eine kalte Dusche, vor der ich hundserbärmlich kusche! Was soll ich tun, damit ich nicht zerplatze? Es trieft das Naß von meiner Glatze.« Wie ausgesetzt nackt, wie sensibel der Mensch da sein kann, wo er nicht die Haare hat, die den anderen selbstverständlich sind, mußte schon der Dreizehnjährige erfahren, der »eine Glatze wie ein Vierzigjähriger« trug. Sein Freund erzählt: »Wenn man sich vorstellt, daß auf einem eher kurzgebauten Körper ein großer Kopf saß, mit einem heiteren, vollmondförmigen, immer hämisch schmunzelnden Gesicht, und daß dieser Kopf bei jeder brüsken Wendung eine Glatze enthüllte!« Diese spezifische Nacktheit verband ihn quälend mit seinem berühmten Lehrer. Dieser berichtet, wie sein Lieblingsschüler ihn in dem eiskalten Nachkriegswinter 1919 subtil mißhandelt hatte: »Er stand stets hinter mir und blies mir seinen vielleicht wohlriechenden, aber jedenfalls sehr kühlenden Atem auf meine ungeschützteste Stelle – ich saß am Klavier – auf meine Glatze, so daß mich noch mehr fror als die anderen. Das werde ich ihm nie verzeihen – mag er in musikalischer Hinsicht über mich sagen, was er will – das wird das Ärgste bleiben, was er mir antun kann.« Was das andere Arge war, verschweigt das Tagebuch nicht. Im Tenorsolo »Depression« heißt es: »Wenn man ein dummer schlechter Bürgerknabe ist: o wie alles häßlich ist!« Er hatte dem Lehrer elitäre Bürgerlichkeit vorgeworfen, und dieser hatte gekontert, er sei ein »mit Modeworten vollgestopfter

›dernier cri‹- Bürgerknabe«. Das war sehr schlimm. Denn sein Vater war ja schon ein bürgerlicher Philosoph. Mühsam versuchte er, seine Biographie zu retten, indem er aus seiner Mutter eine »Arbeiterin aus Leipzig« machte, »völlig unbürgerlich, sie wußte, was Armut ist, sie wußte auch, was kämpfen ist«. Das war natürlich Quatsch: die Mutter war eine Metzgerstochter, poetisch und musikalisch begabt, die in der Leipziger Zeitung veröffentlicht und als Gasthörerin an der Universität verkehrt hatte. Was aber hatte dann er, der Sohn aus gutem Hause, mit dem revolutionären Proletariat zu tun? Er lehnte das Taschentuch ab, rotzte auf den Boden und formulierte tapfer: »Erst wenn wir gesiegt haben, wird am Himmel ein ganz anständiges Blau sein.« Und dann wieder komponierte er sein Quartett »Vierzehn Arten, den Regen zu beschreiben«; es waren »vierzehn Arten, mit Anstand traurig zu sein«.

Wer war der schillernde Komponist der Neuen Zeit, der über den realexistierenden Sozialismus allerdings sagen konnte: »Hier trügt alles, nur nicht der Schein«?

Es handelt sich um den österreichischen Komponisten Hanns Eisler,
6. Juli 1898 – 6. Sept. 1962.

86

Sie war das falsche Linnerl. Das echte war tot. Das echte Linnerl war ihre Schwester Karoline gewesen, ein blondes Engelchen, das sich zu einer Zeit, da andere Kinder gerade laufen und sprechen lernen, schon anmutig im Kreise drehte und auf dem Knie des Vaters saß und glockenrein das Fiakerlied trällerte. Der Vater, ein Wiener Kutscher, nahm den Applaus der Passanten stolz entgegen. Nichts liebte er so sehr wie dieses göttliche Kind. Als ein böses Fieber die Kleine mit vier Jahren aus dem Leben nahm, begann er zu trinken. Und dann wollte er Ersatz. Aber sie, die zweite Karoline, das zweite Linnerl, war nicht blond und nicht von vergleichbarer Anmut, und so schnell lernte sie auch keine Lieder auswendig. Aber sie strengte sich an. Die Familie lebte in ärmsten und engsten Verhältnissen. Das Bett der Kleinen war eine Kiste, die, umgedreht, der Mutter, einer Wäscherin, tagsüber als Bügelbrett diente oder auch als Backbrett, auf dem der Teig ausgerollt wurde. Dann hockte die Kleine auf dem einzig freien Platz, der Fensterbank, und sah hinaus. Der Vater wurde zunehmend zum Alkoholiker, und bald vollzog sich Nacht für Nacht dasselbe grausame Ritual. Kam er betrunken heim, weckte er das Kind, das aus dem Schlaf heraus singen und tanzen mußte. Früh lernte es, für die Bedürfnisse des starken schwachen Mannes bereit zu sein. Tanzen, Prügel, Tränen, Singen, Prügel, Tränen. »Bin ich nicht schön?« fragte sie einmal die Mutter, »Nein«, antwortete die, »ein schönes Mädchen bist du gerade nicht. Aber den Männern wirst du gefallen.« Mit fünf tingelte sie in einem vorbeikommenden Wanderzirkus. Mit elf oder zwölf (oder auch später, je nachdem, wem sie davon erzählte) ging sie auf den Strich. Mit 14 jedenfalls hatte sie die Schule verlassen, und spätestens jetzt kam sie als Putzmacherin, die an den feinen Hüten der feinen Herren nähte, in jene Häuser, in denen man sich auch ein kleines Mädchen kaufen konnte. Ihr Körper wurde ihr Kapital. Sie spielte mit ihm; sie hatte Schlimmeres hinter sich. Einen Musiker, den sie zufällig kennenlernte, elektrisierte auf Anhieb ihre Stimme und ihr ganz eigener, naiver, gleichsam kreatürlicher Zugang zur Musik. Er machte aus ihr die kongeniale Interpretin seiner Lieder. Sie machte seine Lieder weltberühmt. Als Brecht einmal von ihr wissen wollte, was ein Mädchen einen Mann denn so im Bordell frage, antwortete sie: »Trage ich Wäsche unterm Rock, oder gehe ich ohne?« Er übernahm es sofort. Noten lernte sie nie. Auch sonst hielt sie sich wenig an Festgelegtes. Ihre Liebhaber und Liebhaberinnen wechselten wie die Jahreszeiten. Sie war fünfmal verheiratet und überlebte alle ihre Männer, auch wenn sie wie die beiden letzten um 27 und 29 Jahre jünger waren als sie. Am Ende, sie war eine alte Frau von über 80 Jahren, litt sie an Krebs, worüber sie ungern sprach, leistete sich aber jetzt als letzten Luxus noch eine Schönheitsoperation: an den Brüsten.

Wer war die Unerschrockene, die immer wußte, daß das Schiff mit den Segeln kommen würde und deren »Hoppla!« Mentalitätsgeschichte schrieb?

Es handelt sich um die österreichische Schauspielerin und Sängerin Lotte Lenya, 18. Okt. 1898 – 27. Nov. 1981.

87

Der Vater meinte es gut mit ihm. Er schickte den begabten Jungen mit Eton-Kragen und Schlips in die Schule. Doch die Rotznasen von Mitschülern hatten keine Ahnung, wo Europa lag, geschweige denn ein englisches Eliteinternat in Berkshire; sie fanden das blasse, dickliche Kind mit den Brillengläsern gerade recht für eine Tracht Prügel. Aber sein Vater meinte es weiterhin gut mit ihm. Als er 18 Jahre alt war – mittlerweile lebte die Familie in Genf –, fragte er den Sohn nach sexuellen Erfahrungen mit Frauen. Da der verneinte, schickte ihn der Vater in ein Bordell, damit er solide zum Mann werde. Diese Initiation sollte ihn fürs ganze Leben traumatisieren. Verstörender vielleicht als die körperliche Erfahrung selbst muß ihm der Gedanke gewesen sein, die zuvorkommende fleischliche Dame sei auch mit dem Vater intim bekannt.

Auch die Mutter meinte es gut mit ihm. Sie nahm ihm alles ab. Sie frisierte ihn, kaufte ihm die Hemden, die Anzüge. Und er selbst? Konnte er es gut mit sich meinen? Was war das Ich? Der Augenblick? Die überall reflektierende Ewigkeit? Er hatte Angst vor Spiegeln, den glatten tiefschimmernden Oberflächen alter Mahagoni-Möbel, Glas, Lack, manchmal schreckte ihn schon klares Wasser. Er fürchtete sich davor, »wiederholt zu werden«. Gab es ihn auf der anderen Seite der Wirklichkeit? Anhaltende Scheu vor Selbstverlust: kein Alkohol, keine Drogen, kein Sex (»Alle Menschen sind im schwindelerregenden Augenblick des Koitus derselbe Mensch«). Doch schon als Kind ging er gerne in den Zoo, dort roch es nach »Karamel und Tiger«. Sein erster erhaltener Text (er schrieb ihn mit fünf) lautete: »Tiger, Löwe, Papa, Leopard«. Daß er Schriftsteller werden würde, stand außer Frage. Also mußte er kein Geld verdienen, nur lesen und schreiben. Sein Erfolg hielt sich in Grenzen. Den ersten Band mit Gedichten (»drittrangig grandios«, wie er später fand, Auflage 300 Stück) bezahlte der Vater. Er avancierte zu einer lokalen Berühmtheit. Immer wieder verliebte er sich leidenschaftlich, blieb aber schüchtern und keusch. Er ist Mitte 40, als er eine Frau kennenlernt mit dem »Lächeln der Mona Lisa« und den »Bewegungen eines Schachpferdchens«. Nächtelang läuft er mit ihr durch die Stadt (ruft dazwischen die Mama an und sagt, wann er nach Hause kommt). Sie gehen in Bars, er trinkt Wasser, sie Wein, beides in großen Mengen. Als er ihr endlich, sehr feierlich, einen Heiratsantrag macht, sagt sie: »Bitte vergiß nicht, ich bin eine Schülerin von Bernard Shaw. Wir können nicht heiraten, bevor wir nicht miteinander geschlafen haben.« Das aber kann er nicht. Er denkt an Selbstmord, aber der wäre noch gefährlicher als Sex. Also macht er sich an eine neue Geschichte, ein Kinderspielzeug, ein Kaleidoskop, hat ihn inspiriert.

Probleme mit den Augen. Seine Erblindung ist vom Steigen des Ruhms begleitet. Vorträge, Dozenturen, eine Professur. Er wird Direktor der Nationalbibliothek, ein Ehrenamt: »Niemand schmähe durch Tränen oder Hader / diese Offenbarung der Meisterschaft Gottes, / der mit großartiger Ironie / mir zugleich die Nacht und die Bücher gab.«

Als Moribunder heiratet er eine um 47 Jahre jüngere ehemalige Studentin, die ihm die letzten Jahre schreibende Hand und lesender Mund war.

Wer war der moderne Klassiker, der schrieb: »Ich habe die schlimmste Sünde begangen, / die ein Mensch nur begehen kann. / Ich war nicht glücklich.«

Es handelt sich um den argentinischen Schriftsteller Jorge Luis Borges,
24. Aug. 1899 – 14. Juni 1986.

88

Nichts hatte er von der Welt gesehen. Nur Theater! Jetzt wollte er reisen, bevor es zu spät war. Ein Flug nach London. Dann mit dem Schiff: Southampton, Gibraltar, Neapel, Port Said, Aden, Colombo, Singapur. Warum nicht am Ende Manila? Manila, was für ein wunderbares Wort. Warum Manila nicht als Ende?

Er war 63 Jahre alt, als sein junger Begleiter ihn auf dem Boden im Bad des Hotelzimmers fand. Neben ihm lag ein Luftpostumschlag mit den hingeworfenen Zeilen: »Ich glaube, ich habe zuviel Schlaftabletten genommen. Ich fühle mich ein bißchen unbehaglich oder wunderlich. Laßt mich lange schlafen.« Das klang nach Wallenstein. Und er war Schauspieler. Und wie hätte ein Schauspieler eine Selbsttötung eleganter denn als Unfall darstellen können? Nein, er war kein Anfänger. Nicht im Leben und nicht im Sterben. Totentanz sei die Wirklichkeit des Theaters, antwortete ihm einst ein verehrter Kollege in einer Dankesrede. »Die Anmut, die Gewalt des Todes ist die große Hexerei des Theaters. Solange Menschen leben und sterben und den Tod fürchten, wird es Theaterspiel geben.« Er hat applaudiert. Aber gab es ein Leben jenseits des Theaters? Seinem Biographen erzählte er, einmal sei er so weit gewesen, daß er sich die Pistole an die Stirn gesetzt hatte: »Da ging das Telefon. Irgend jemand rief mich an, wegen einer gleichgültigen Sache. Da ließ ich es.« Immerhin blieb das Sterben eine Möglichkeit, der fragwürdigen Existenz eines alten, alleinstehenden Mannes auszuweichen. Auch war er der letzte, der vorhatte, »Vaterrollen« zu geben.

Auf eine Zeitungsumfrage, was ihn persönlich am meisten entzücke, antwortet er: »a) Mozart, b) Jugend, c) Mozart«. Als er 43 ist, lernt er einen 24jährigen Knaben kennen, der ihn und das Theater verehrt. Sie werden ein Paar; später adoptiert er ihn. Kosmetische Eingriffe nehmen ihm optisch einige Jahre seines gelebten Lebens. Aber schon lange ist er ein sehr kranker Mann. Migräneanfälle und Kopfneuralgien begleiteten ihn seit seiner Soldatenzeit im Ersten Weltkrieg. Manchmal sagt er Sätze wie: »Ich habe keinen Hunger, aber Kopfschmerzen vor Hunger.« Schlafstörungen waren hinzugekommen und mit ihnen die Furien der Angst, nicht schlafen zu können. Eigentlich hatte er alles: Durchblutungsstörungen, Sprachstörungen, Appetitlosigkeit. Natürlich Depressionen. Manchmal verharrte er, mit Schlafmitteln sediert, hinter der Bühne auf einer Liege. Und dann riß er sich immer wieder hoch zum letzten Auftritt. Infolge einer wachsenden Gefäßsklerose bestand seine Halswirbelsäule nur noch aus Trümmern; den Ärzten war der Mann, der den Kopf immer noch aufrecht hielt, ein Rätsel.

Wer war der Schauspieler, Regisseur, Intendant, der gerne Hugo von Hofmannsthal zitierte: »Auf der höchsten Stufe der Kunst herrscht Nacktheit, Selbstentblößung; ihr Gegengewicht ist höchster Ernst, völlige Erfülltheit. Wo dieser Zustand intermittiert, ein Auge nach außen blinzt, ist Schamlosigkeit.«

Es handelt sich um den deutschen Schauspieler und Regisseur Gustaf Gründgens, 22. Dez. 1899 – 7. Okt. 1963.

89

*W*as war das für eine Geste? Am offenen Grab seines Freundes und Kollegen Hanns Eisler fährt er sich ein letztes Mal mit seiner Bürste durch die Haare und wirft sie dann hinunter auf den Sarg. Ironische Männerzärtlichkeit? Beiläufige Todesverachtung? Nur ein Charismatiker wie er konnte sich so was leisten. Er war noch ein Bub gewesen, Sohn eines Kieler Maurers und einer unermüdlichen Näherin (die die winterlichen Lohneinbrüche des Mannes ausglich), als der Herr Pfarrer den Weg in die amselige Wohnküche der Mutter fand, um zu fragen, ob der Junge nicht im Kirchenchor mitsingen könne. Die Stimme des Kindes war aufgefallen. Die Mutter hatte sich die Hände an der Kittelschürze abgewischt und nur gesagt, sie wolle den Vater fragen. Der aber meinte am Abend: »Nö, denn kann he ook bi uns singen!« So kam der Siebenjährige auf das Podium der 1. Mai-Feierlichkeiten der Sozialdemokraten im Bezirk Kiel-Waldesruh. In die Darbietung des Chors der Maurer hinein schmetterte er die zweite Strophe der Internationale als strahlendes Kindersolo: »Es rettet uns kein höh'res Wesen, / Kein Gott, kein Kaiser noch Tribun, / Uns aus dem Elend zu erlösen, / Können wir nur selber tun.« Vielleicht war hier angelegt, was seine Freunde später vorsichtig seinen Größenwahn nannten. Mit 15 Jahren beginnt der Junge eine Ausbildung als Werkzeugmacher bei der Kruppschen Germania Werft, bald ist er Facharbeiter im Ventilbau für U-Boote. Er lernt, was handwerkliche Perfektion ist. In seiner Freizeit engagiert er sich bei der Sozialistischen Arbeiterjugend. In Abgrenzung zu den proletarischen Elternhäusern wird hier bewußt nicht geraucht und nicht getrunken. Zum Ansehen gehört das Beherrschen des gemeinschaftlichen Liedguts; als chic gilt das Reclambändchen oder ein Inseltaschenbuch in der Anoraktasche. Die selbstbewußtesten Arbeiterkinder schmuggeln sich in die Universität und hören heimlich Vorlesungen. Er, einer der Frechsten, Aufgewecktesten, lernt schnell auswendig, und seine Jugendfreundin erzählt: »Eines Tages stellte er sich auf der Germaniawerft neben einen ratternden Preßlufthammer und rezitierte Shakespeares Julius Cäsar.« (Das erste Drama, das er auswendig konnte, sei Goethes Faust I gewesen.) Als ihm im Sommer 1921 aus »Mangel an Arbeit« bei der Werft gekündigt wird, bewirbt er sich beim Kieler Stadttheater. Ein wenig Schauspielunterricht und Gesangsstunden hatte er genommen und, da es zu Hause zu eng war, nachts gerne auf dem Friedhof laut geübt, bis man ihn wegen Ruhestörung anzeigte. Aus dem arbeitslosen Maschinenbaulehrling wurde ein Schauspieler und Sänger. Von Wuchs eher klein, umgab ihn die Aura des Kühlen, Harten. Seine Wirkung, nicht nur auf Frauen, war legendär. Wenn er sang, wurde die Sehnsucht handzahm. Die Nazis erkannten sein Propagandapotential und versuchten, ihn abzuwerben. Aber er zog es vor, durch halb Europa zu fliehen. Er wurde der berühmteste deutsche Sänger der Sowjetunion. Spaniens Himmel machte er zu einem Versprechen. Mit der DDR, als deren fast perfekte Ikone er gehandelt wurde, konnte er sich letztlich nicht arrangieren. Er soll Honecker geohrfeigt haben und mußte sich zurückziehen. Die letzten zwanzig Jahre seines Lebens produzierte er Neuaufnahmen seiner alten Lieder, die er in maximaler Lautstärke bei geöffneten Fenstern hörte.

Wer war der Sänger der »Freiei-heit«?

Es handelt sich um den deutschen Sänger Ernst Busch, 22. Jan. 1900 – 8. Juni 1980.

90

Zu seiner Wirklichkeit gehörte die phantastische Realität der Imagination und der Träume. Seine Vitalität war nicht denkbar ohne den dauernden Gegenklang des Todes. Er kam aus einem Dorf, in dem das »Mittelalter bis zum Ersten Weltkrieg gedauert hat«. Am Anfang seiner Erinnerungen läuten die Sterbeglocken: »War ein Bewohner des Ortes an den Pforten des Todes angekommen, schlug langsam eine Glocke für ihn, eine große, tiefe und ernste Glocke beim letzten Kampf eines Erwachsenen, eine kleine Glocke aus hellerer Bronze beim Sterben eines Kindes. Auf den Feldern, Wegen und Straßen blieben die Leute stehen und fragten sich: ›Wer wohl stirbt?‹« Für den Jungen war der Tod ein allgegenwärtiges Schwingen aus dem Himmelsblau. Wenn aber der Tod das blühende Leben mit aller Sinnlichkeit durchdrang, war es dann nicht selbstverständlich, im scheinbar sicheren Augenschein immer schon das Unerklärliche zu sehen? Er wurde empfänglich für abgründige Bilder. Mit acht Jahren entdeckte er das Kino: »Die ersten bewegten Bilder, die ich sah und die mich in begeistertes Staunen versetzten, zeigten ein Schwein. Es war ein Zeichentrickfilm, und das mit einer Trikolore umgürtete Schwein sang.« Der Film war in Farbe, das heißt handcoloriert, und es war ein Tonfilm, weil hinter der Leinwand ein Grammophon stand. Ein solches Gesamtkunstwerk muß ihm Mut gemacht haben. Bis zwölf glaubte er, daß die Babys mit einem Zug aus Paris kamen. Dann gingen erwachendes Begehren und katholischer Rigorismus eine hochexplosive, sensitive Mischung ein. Seinen ersten Film drehte er vom Geld seiner Mutter, das heißt von der Hälfte des Geldes seiner Mutter, die andere Hälfte vertrank er. Der Streifen hatte die Länge von 16 Minuten und schrieb Filmgeschichte. Er war nicht jugendfrei. Seine beiden Hauptdarsteller nahmen sich später das Leben. Was durchaus nicht im Zusammenhang mit dem Film gestanden haben muß und trotzdem paßte – wie kalkuliert erfunden. Die unsichtbare Rolle war mit dem Tod besetzt. Er war bekennender Atheist und tierlieb. Sein Herz gehörte seinen zahmen Ratten, denen er aus ästhetischen Gründen die häßlichen Schwänze verkürzte. Auch Zwerge liebte er: »Ich bewundere ihre Selbstsicherheit.« Die Hölle dachte er sich so: »Ich sehe mich in der ewigen Dunkelheit schweben, mit meinem Körper, mit allen meinen Fasern, die ja am Jüngsten Tag noch gebraucht werden. Dann plötzlich stoße ich in den höllischen Gefilden an einen anderen Körper. Es ist ein Siamese, der vor zweitausend Jahren von einer Kokospalme in den Tod gestürzt ist. Er entfernt sich ins Dunkel. Millionen Jahre vergehen, und da spüre ich wieder einen Stoß im Rücken. Diesmal ist es eine Marketenderin Napoleons. Und so weiter.« Als finalen Scherz für seine Freunde erwog er eine Beichte mit letzter Ölung.

Wer war der phantasiesüchtige, der imaginationsmutige Regisseur, der einmal bekannte: »Verstehen – welcher Horror! Welches Glück, fürs Unerwartete offen zu sein«?

Es handelt sich um den spanischen Regisseur Luis Buñuel,
22. Feb. 1900 – 29. Juli 1983.

91

Ich möchte mich einmal bis zum Rasendwerden verlieben«, schreibt der 19jährige an seinen Bruder, »so, daß ich darüber alles andere vergessen würde, ich glaube, das wäre wohltuend. Es gibt nur noch eins, was eine ähnliche Wirkung auf mich ausübt, wie ich mir die Liebe denke: Beethoven. Eben hörte ich in der Hochschule wieder die Kreutzer-Sonate; die könnte mich noch zum Weinen bringen, die allein könnte mich, wenn ich schlecht wäre, gut machen.« Er war nicht schlecht, und verlieben sollte er sich auch. Zunächst aber studiert er Musik, wobei ihn das Studium langweilt. Sein größter Traum wären Privatstunden bei Schönberg. Er schreibt ihm, bekommt auch freundlich Antwort, kann aber eine Reise nach Wien nicht bezahlen. Seinem Vater, einem Kantor in der jüdischen Gemeinde, wurde gekündigt, jetzt muß er helfen, die Familie durchzubringen. Er wird Korrepetitor am heimatlichen Theater. Man gängelt ihn. Er geht an eine Schmierenbühne nach Lüdenscheid. Gespielt wird im Saal vom »Hotel zur Post«, Schauspiel, Oper, Operette. Auf den Rändern der Programmplakate annonciert die Bahnhofs-Drogerie, und unten steht: »Nach dem Theater: Warme Küche im Wein- und Bier-Restaurant«. Er besorgt die Noten und schreibt sie nach den Fähigkeiten von Chor und Orchester um. Dann stürzt er sich in die Proben. Da das Zuschauerpotential gering ist, muß das Programm schnell wechseln. »Du kannst dir denken, wie ich zu tun habe. Sonntag nachmittag ›Fledermaus‹, abends ›Cavalleria Rusticana‹, Montag nachmittag ›Zigeunerbaron‹, abends Premiere einer neuen Operette.« Und wenn er Pech hat, ist das »eine furchtbar dreckige Gesangsposse«. Lüdenscheid war schlimm, wurde aber kein Trauma; hier erkannte er, »daß das Theater meine eigentliche Domäne werden würde«. Der Vater kommt wieder zu Geld und er für drei Jahre nach Berlin in eine Meisterklasse für Komposition. Und dann fällt ihm bei einer Einladung die Stimme einer Schauspielerin auf. Mehr nicht. Als er sie zwei Jahre später zufällig wieder trifft, kann sie sich an ihn nicht erinnern. Er hört sie sofort. Sie ist etwas älter als er, ein Kind aus einer Wiener Waschküche, sexuell erfahren. Sie rudert ihn über den See, und am Ufer sind sie verlobt. Er ist 24 Jahre alt. »Wenn ich mich nach Dir sehne, so denke ich am meisten an den Klang Deiner Stimme, den ich wie eine Naturkraft, wie ein Element liebe.« Er komponiert für sie; sie kann keine Noten lesen. Was ihm sehr recht ist. Sie singt, wie sie atmet, wie sie liebt. Innerhalb weniger Jahre macht sie seine Stücke weltberühmt. Sie hat viele Männer und Frauen; er hat viel Arbeit. Sie sagt: »Ich betrüge ihn keinesfalls. Er weiß ganz genau, was vorgeht«. Er sagt: »Es ist nicht einfach, mit mir verheiratet zu sein. Wenn ich arbeite, brauche ich niemanden um mich herum. Sie respektiert mich und ist ein Profi.« Sie lassen sich scheiden, ohne sich zu trennen. Sie emigriert mit ihm nach Amerika. Sie heiraten wieder.

Er stirbt mit 50 Jahren an einem Herzinfarkt mitten in der Arbeit an einem Musical nach Mark Twains Huckleberry Finn.

Wer war der leidenschaftliche Komponist, der einmal sagte: »Ich habe niemals den Unterschied zwischen ›ernster‹ und ›leichter‹ Musik anerkannt. Es gibt nur gute und schlechte Musik«?

Es handelt sich um den deutschen Komponisten Kurt Weill, 2. März 1900 – 3. April 1950.

92

Alles ging schief. Er war der Sohn eines Farmers, der mit dem Projekt einer Pflaumenplantage scheiterte. Er war 15, als seine Mutter starb und der Vater zusammenbrach. Also verließ er die Schule, half auf den Feldern, belegte einen Fernkurs in Zeichnen (und hörte nach der vierten Stunde auf). Er floh, versuchte es als Laufbursche einer Druckerei in San Francisco, bewarb sich als Zeichner bei Zeitungen. Alle lehnten ab. Nach 18 Monaten, er war nun 19 Jahre alt, tauchte er wieder beim Vater auf. Mit 20 heiratete er ein 16jähriges Mädchen und kam im Sägewerk des Schwiegervaters unter. Ehe er es sich versah, hatte er zwei Töchter, an denen er kein Interesse fand, die er aber ernähren mußte. In Sacramento verdingte er sich als Arbeiter bei der Eisenbahn. Es gelang ihm, Sketche an ein Witzemagazin zu verkaufen (dicke Frauen auf dünnen Beinchen etc.). Er schrieb auch kleine Texte und Gedichte. Seiner Gattin hatte er sich schnell entfremdet. Sie verstand nicht, warum es ihm nicht genügte, ein guter Arbeiter bei der Eisenbahn zu sein. Sie wollte ausgehen, ein Familienleben führen, Freunde einladen! Er aber saß am Tisch und zeichnete. Als sie ging, hatte er bereits eine andere Frau kennengelernt, die ihn besser verstand. Leider war sie Alkoholikerin.

Er ist Mitte 30, als er in einem Medienkonzern als »Zwischenphasenzeichner« unterkommt, der en détail Bewegungsabläufe ausführt, damit sie filmbar sind. Er denkt mit, entwirft auch mal einen Plot. Bald steigt er in die Storyabteilung auf. Als der Konzern zunehmend Kriegsfilme dreht, gibt er an, die Klimaanlage nicht zu vertragen, und kündigt. Mit seiner trinkenden Partnerin, die er geheiratet hat, zieht er auf eine Hühnerfarm. Er plant, sich nebenbei als Zeichner selbständig zu machen. Mit den Hühnern klappt es nicht. Mit dem Zeichnen schon. Für einen Comic-Verlag entwickelt er eine imaginäre Dorfgemeinschaft. Ihre Hauptfigur ist an seine Biographie angelehnt. Diesem Alltags-Draufgänger gelingt nichts. Er ist der Dauerverlierer als Jedermann. Eine Aufstehfigur, tragisch, sympathisch. Wie wir. Unverdrossen kämpft er für seine hohen Ziele (als Milchmann oder Friseur, Detektiv, Expeditionsleiter) und stürzt, stolpert, scheitert. Tobt, beruhigt sich. Und hat schon wieder ein grandioses Projekt.

Nach der Scheidung von seiner trinkenden Frau steht er mit leeren Händen da: »zwei Leintücher, meine Kleider, mein Zeichenbrett und die Bände von National Geographics«. Seine Kollegen lachen ihn aus: wie kann man nur so viel Zeit investieren in solche Zeichnungen! Das sind doch Comics! Er aber recherchiert die Blumen tropischer Inseln, Bergzüge ferner Kontinente. Wenn er erfindet, soll es echt sein. Er schickt seine Helden auf den Mond und in die Tiefsee mit den Recherchen aus der Encyclopedia Britannica. Anfang 50 heiratet er eine 16 Jahre jüngere Malerin, mit der er bis zu ihrem Tod glücklich ist. Seine Chefs haben Erfolg mit ihm; sein Name wird nicht genannt. Selbst seine deutsche Übersetzerin ahnt lange nicht, daß es ihn gibt, daß er mehr ist als die Summe einer Teamarbeit. Fans spüren ihn in den 60ern auf, da ist er schon fast pensioniert. Mit 94 macht er seine erste Europareise und staunt über die Alte Welt und seinen Ruhm in ihr.

Wer war der übersehene Gott moderner Kindermythen, der in Erinnerung bleiben wollte als einer, der »gute Arbeit geleistet hat«?

Es handelt sich um den amerikanischen Comicautor und Zeichner Carl Barks, 27. März 1901 – 25. Aug. 2000.

93

Sie ist 19, als ihr Vater stirbt und die mittellose Mutter sie überredet, nach Amerika auszuwandern: Zwei Kinder könne sie nicht ernähren; sie als die ältere der beiden Töchter müsse gehen. Sie gehorcht und wechselt den Kontinent, doch die Bindung an die Mutter, eine nachgetragene Liebe, bleibt. Später schreibt sie: »Mein Stern hängt / an ihrer Nabelschnur / Ich trinke ihre Milch / Bald / werde ich geboren / hinter meinem Tod / wächst sie mir zu.« Letztlich unbehaust fährt sie zwischen dem Frühjahr 1921 und September 1939 siebenmal über den Atlantik. Sie jobbt hier wie dort, schlägt sich als Sekretärin und Hilfsredakteurin durch, sie übersetzt und gibt Englischstunden, veröffentlicht in Zeitschriften und hat auch einmal eine Kolumne für Lebensberatung »Frau Ruth gibt Antwort«. Auf dem Höhepunkt der Weltwirtschaftskrise macht sie eine Ausbildung als Fleischbeschauerin. Sie führt ein Doppelleben. Sie ist die kleine Hilfskraft, die in möblierten Zimmern wohnt, und sie ist die Dichterin, deren Leben auf weißem Papier stattfindet. Obwohl sie sich bei Ausbruch des Kriegs – mittlerweile hat sie die amerikanische Staatsbürgerschaft – in Sicherheit befindet, reist sie doch von New York zur kranken Mutter, die sie ruft, zurück. Beide überleben in den Ghettokellern ihrer Stadt. Hier lernt sie auch einen jungen Dichter kennen, der ihre eigenen Schreibversuche bestätigt. 1939 hatte sie einen ersten Lyrikband »Der Regenbogen« veröffentlicht, der aber dem nazistischen Zeitgeist nicht entsprach und bald eingestampft wurde. Nach dem Krieg, wieder in Amerika, schreibt sie weiter, aber für viele Jahre nur in englischer Sprache. Als ihr zweiter Lyrikband 1965, nun wieder auf deutsch, erscheint, ist die Kritik angetan; aber es werden nur 100 Stück verkauft. Ihr Alter verbringt sie in Europa. Und nun wird sie langsam bekannt. Sie lebt in einer kleinen Düsseldorfer Pension mit gepackten Koffern, von wo sie rastlos zu Vorträgen und Lesereisen aufbricht. 1972 zwingt sie ein Schenkelhalsbruch ins Altenheim. Jetzt existiert sie zunehmend nur noch schreibend. Elf Jahre vor ihrem Tod verläßt sie zu einer letzten Lesung das Haus. Dann erklärt sie, sie sei bettlägrig. Sie will Ablenkung vermeiden. »Jeder will etwas von mir: ein bißchen Blut, ein bißchen Hautduft, ein bißchen Futter, ein bißchen Schadenfreude, ein bißchen Halleluja.« Das ist jetzt vorbei. Sie schreibt Gedichte; eine Privatschwester kümmert sich um den Rest. Einmal die Woche diktiert sie einem Sekretär aus ihrem Stenogramm. Februar 1985 empfängt sie als ihren letzten Gast Ilse Aichinger. Im Juli 1986 arbeitet sie in einem »Akt ruhiger Raserei« noch 120 Gedichte für eine Taschenbuchausgabe um. Danach sagt sie: »Es ist genug. Es ist mir kein Bedürfnis mehr.« Sie stirbt Anfang Januar 1988.

Wer war die radikale Dichterin, die sagte: »Ich lebe in meinem Mutterland / Wort«?

Es handelt sich um die aus der Bukowina stammende Lyrikerin Rose Ausländer, 11. Mai 1901 – 3. Jan. 1988.

94

*I*hr Vater war ein aus Konstantinopel stammender deutscher Kaufmann, ihre Mutter eine großbürgerliche Jüdin ungarischer Abstammung. Familienbilder zeigen das Mädchen Margarete mit ihrem um kein Jahr jüngeren Bruder Hans in wilhelminisch steifen Matrosenanzügen. Die junge Mutter war überfordert, gab die Kinder der Großmutter und tauchte immer wieder ab. Der Vater mußte Konkurs anmelden, was seine sehnsüchtige Frau nicht davon abhielt, rauschhaft Kleider und Hüte zu kaufen. Man sprach von Trennung, beschloß einen Neuanfang in Amerika. Nach wenigen Jahren kehrte die Mutter mit Hänsel und Gretel zurück, die freilich immer enger aneinanderhingen. Es gibt verschiedene Wälder des Ausgesetztseins. Margarete war ein lebhaftes Kind, ein Springteufel, die mit einem Zirkus davonlaufen wollte. Die Mutter steckte sie zur Zähmung ins Ballett und in ein Internat. Aber Hänsel ertrug die Trennung nicht und nahm sich im Badezimmer das Leben; er wurde 16 Jahre alt. Und Gretel will sich nicht im Reigen drehen, jetzt schon gar nicht mehr, sondern trampeln und springen. Fliegen. Sie ist nicht zierlich, Hans war zierlich. Sie ist ein kleiner drahtiger Sportler, ein weiblicher Athlet. Mit 17 Jahren erlebt sie einen Tanzabend Mary Wigmans. Jetzt weiß sie, was möglich wäre. Nie mehr auf der Spitze, sondern barfuß. Bald tanzt sie in Wigmans Tuppe; aber sie kann sich schlecht einpassen. Sie ist Solistin, eine koboldhafte Diva. Nach einem nicht vorgesehenen Extrasprung, der ihr Szenenapplaus einbringt, fliegt sie von der Schule. Ein Jahr später hat sie, mit 23 Jahren, eine eigene Tanzschule. Fraglos ist sie begabt; aber begabt auch durch den jeweils richtigen Mann. Ein Jungindustrieller liegt ihr zu Füßen, und im Haus ihrer Schwiegermutter verkehren die wichtigsten Maler der Zeit. Ihr Gatte bittet die Künstler, die seine Mutter kauft, sie mögen doch freundliche Worte über seine tanzende Frau für den Prospekt schreiben. Sie tun es: Kandinsky und Klee und Jawlensky und andere. Ich möchte tanzen wie Modigliani, sagt sie und hängt sein Bild über den Flügel. Mit ihren Füßen springt sie Muster in den Raum. Nach sechs Jahren läßt sie sich scheiden und pflegt eine Affaire mit einem Kunsthistoriker, der unter einem Pseudonym eine wichtige Monographie über sie schreibt. Sie, die »Halbjüdin«, schafft es, bei der Olympiade 1936 einen Soloauftritt zu bekommen und als Hitlers Tischdame zu speisen. Zwar muß sie 1939 ihre Schule schließen, wird aber mit keinem Aufführungsverbot belegt. (Ihrem jüdischen Agenten hat sie schon 1933 fristlos gekündigt.) In der Saison 1942/43 bereist sie Nobelhotels und kommt auf knapp 100 Auftritte. (Sie gilt als »heitere Tänzerin«, choreographiert Mozart, Schumann, Brahms.) Nach dem Krieg ist sie eine der bestbezahlten Künstlerinnen der DDR. Als sie 1959 damit droht, von einem Aufenthalt auf Sylt nicht zurückzukehren, kann sie verhandeln. Der Sozialismus ermöglicht ihr, großbürgerlich zu leben, mit einem Wagen und Chauffeur, einem Haus auf Hiddensee. Seit den letzten Kriegsjahren ist sie mit einer lesbischen Kinderärztin befreundet. Manchmal leben die beiden auch mit einer dritten Frau zusammen. Konformismus kann man ihr nicht recht vorwerfen. Sie habe, schreibt ein Kritiker, die Nazis ebenso hinters Licht geführt wie die Funktionäre der DDR.

Wer war die »tanzende Glücksspielerin mit sorgfältig gezinkten Karten«?

Es handelt sich um die deutsche Tänzerin Gret Palucca, 8. Jan. 1902 – 22. März 1993.

95

Bevor er aufhörte zu schreiben, lebte er in einem Schloß mit 22 Zimmern und einem Dienstbotenflügel für elf Angestellte. Von jedem Schlafzimmer im Haus führte ein Gleitschacht in den zentralen Wäscheraum im Untergeschoß, wo sechs Waschmaschinen liefen und eine Wäscherin ganztags arbeitete. Sein Bett war so groß, daß in ihm vier Personen Platz finden konnten. (Sein Biograph sprach diesbezüglich von seinem »unverwüstlichen Optimismus«). Die meisten Zimmer waren mit heimlichen Mikrophonen ausgestattet; er brauchte nur einen Schalter umzulegen, und schon wußte er, was wo vor sich ging. Ein kompliziertes System von Korridoren war so angelegt, daß sich Gäste verlaufen mußten. Zwei Gänge etwa endeten vor dem gleichen Portraitgemälde, das ihn darstellte (eines war das Original, das andere die vom Original nicht zu unterscheidende Kopie). Und der irritierte Gast stand schon wieder vor des Gastgebers Blick.

Er liebte den Geruch sauberer Wäsche. Gerne ging er zum Wäscheschrank, öffnete ihn und roch an den frisch gewaschenen, auf Kante gebügelten Laken: »sie stellen für mich den Inbegriff des friedlichen Lebens dar.« Das Leben aber war nicht friedlich. Den ersten (und längsten) Krieg mußte er mit der Mutter führen. Sie liebte ihn nicht; sie liebte seinen jüngeren Bruder. Dabei war er der Musterschüler gewesen und Ministrant und Stipendiat einer Jesuitenschule. Aber die Mutter fand, daß etwas mit ihm nicht in Ordnung war. Er verletzte sich und weinte dann nicht; er schlafwandelte. Stimmte es, daß er an einem Freitag dem 13. kurz nach Mitternacht auf die Welt gekommen war und daß die Mutter den Vater überreden konnte, das Geburtsdatum des Unglückseligen zum Donnerstag hin zu korrigieren?

In seinen »Mémoires intimes« notierte er noch als 78jähriger Mann: »Du glaubtest nie an mich, Mutter. Du warst immer in Sorge um mich und schienst zu erwarten, daß ich mich zu einem Versager entwickeln würde.« Dabei hatte die Mutter seine unwahrscheinlichen Triumphe alle miterlebt; vom Senkrechtstart des Schulabbrechers in der Lokalredaktion einer Zeitung (sein Vater war jung gestorben, und das Kind mußte nun Geld verdienen) zu einem der weltweit erfolgreichsten Schriftsteller. Sie las alles, was er schrieb: etwa 200 Romane unter 18 Pseudonymen; 193 Romane unter eigenem Namen. Aber es reichte weder zum Glauben an den Sohn noch zur Liebe.

Aber wenn die Mutter nicht liebte, liebten vielleicht andere Frauen. Dann mußten andere Frauen lieben! Mit zwölf die erste sexuelle Erfahrung. Bald und zunehmend Bordelle. »Er vögelte, wie er atmete«, sagte ein Freund. Er selbst sagte, das habe etwas mit Kommunikation zu tun und mit Kindheit. Die erste Ehefrau betrog er mit allem, was nicht floh; die zweite Ehefrau (er sagte, sie habe eine »vaginale Stimme«) akzeptierte ihn, wie er war. Die Ehe scheiterte trotzdem fürchterlich.

Als seine Mutter starb, war er 63 Jahre alt. Innerhalb von zwölf Monaten nach ihrem Tod hörte er auf, Romane zu schreiben. In seinen Reisepaß ließ er »ohne Beruf« eintragen. Er kündigte zehn von seinen elf Angestellten und zog mit seiner langjährigen italienischen Haushälterin und Geliebten in eine kleinere Wohnung mit Garten, wo sie ihn umsorgte, am Ende pflegte, bis er dort mit 86 Jahren starb.

Wer war der große Autor, der einmal sagte: »Ein Schriftsteller ist ein Mann, der seine Mutter nicht mag.«

Es handelt sich um den französischen Schriftsteller Georges Simenon, 12. Feb. 1903 – 4. Sept. 1989.

96

Ihre Mutter war eine vegetativ flirtende Belle-Époque-Amerikanerin in Paris, deren Vorfahren auf George Washington zurückgingen; ihr Vater arbeitete an der Börse. Sie hatte eine hinreißend blonde, engelsgleiche Schwester, war selbst aber braunhaarig und durchaus nicht schön. Eine Schulbildung hielten die Eltern für verzichtbar, aber sie ersannen viele wunderbare Ausflüge für die Kleinen. Zur Krönungsfeier von George V. etwa schickten sie die Kinder mit den beiden Kindermädchen nach London, damit sie von der offenen Tribüne aus beim historischen Spektakel dabei sein konnten. Unter all den Königen und Fürsten mit ihren Hofstaaten gab es (König George und Queen Mary waren auch Kaiser und Kaiserin von Indien) »Maharadschas wie Sand am Meer, und sie schmückten ihre Elefanten – ihre Elefanten! – mit Edelsteinen«. Und diese unwahrscheinlichen Tiere zogen »an meiner Schwester und mir vorbei wie Taxis auf der Park Avenue. Bis es Nacht wurde.« Als die Familie nach dem Ersten Weltkrieg nach New York umzog, kam sie in eine feine Mädchenschule. Sie durfte kein Französisch mehr sprechen, und ihre Lehrerin erklärte: »Was man nicht sagen kann, weiß man nicht.« Sie begann zu stottern, suchte bei anderen Mädchen nach Vorbildern. Aber da sie keines fand, beschloß sie, selbst das großartige Vorbild-Mädchen zu sein. Immerhin hieß ihr Geburtsname übersetzt: »Ich wage.« Sie durfte auf eine russische Ballettschule wechseln und lernte Disziplin. Mit 18 heiratete sie einen 25jährigen Jungbankier, vor dem sie (wie sie als alte Frau sagte) auch nach 40jähriger Ehe nie ganz die Scheu verloren hatte. Sie fand ihn wunderschön. Vielleicht war sie auf eine besondere Weise sinnlich. Pferde zum Beispiel, fand sie, riechen besser als Menschen. Farben elektrisierten sie. »Ich war mein Leben lang auf der Suche nach dem vollkommenen Rot«, konnte sie erklären. »Ungefähr das schönste Rot ist das einer Kinderhaube auf jedem beliebigen Renaissancegemälde.« Sie sah, wie die Augen des Duke of Windsor ihn in ein magnetisches Blau tauchten: »Das meine ich ernst – sein Gesicht hatte eine azurblaue Aura. Das ahnt man selbst auf Schwarzweißaufnahmen.« Berüchtigt ihr Umgang mit Photographen. Sie brauchte also einen billardtischgrünen Hintergrund. Als ihr die vorgelegten Versuche auch beim dritten Mal nicht genügten, wies der Photograph scheu darauf hin, er habe eben einen Billardtisch photographiert. Aber sie wolle doch keinen Billardtisch, lächelte sie da, sie wolle »die Idee von Billardtischgrün«. Oder: »Bei keiner Farbe ist es schwerer, den richtigen Ton zu treffen als bei Schwarz. Außer bei Grau.« Dann referierte sie Diskussionen um den delikaten Ton, in dem ihre Cousine Pauline de Rothschild die Wände des Salons habe streichen lassen und erklärte: »Ich kann es Ihnen sagen: ein helles Rauchgrau. Die Farbe im Inneren einer Perle.« Und mit einem Lächeln warf sie hin: »Rosa ist wirklich das Marineblau von Indien.« In ihrer legendären Kolumne »Why Don't You?« fragte sie die geneigte Leserin, warum sie ihren alten Hermelin nicht als Bademantel auftrage oder das blonde Haar ihrer Kinder nicht mit abgestandenem Champagner wasche.

Wer war die Exzentrikerin einer untergegangenen Stilepoche, die sagte: »Gib den Menschen nicht, was sie wollen, gib ihnen, wovon sie nie zu träumen wagten«?

Es handelt sich um die amerikanische Modedesignerin, Kolumnistin und Kritikerin Diana Vreeland, 29. Juli 1903 – 22. Aug. 1989.

97

Seine Mutter hatte ihn: den kleinen, lieben Archie. Ihr Gatte war kaum da und vertrank das Geld, das sie nicht besaßen. Doch Gott hatte ihn gestraft, aber mit ihm auch sie: ihr erster Sohn John war, kaum ein Jahr alt, einfach weggestorben. Nun war Archie gekommen, Gott war gnädig. Sie zog dem Knäblein Mädchenkleider an und verliebte sich in ihre wunderbare Zweisamkeit. Als Archie zehn Jahre alt war, kam er eines Tages von der Schule heim und suchte seine Mutter. Sie sei an die See gefahren, sagte man ihm, einige Tage zur Erholung. Die Mutter aber blieb fort, und nun hieß es, sie sei gestorben. Herzinfarkt. So etwas käme vor. Die Welt des Kindes brach zusammen. Er war dreizehn, als er davonlief. Eine Komödiantentruppe nahm ihn mit. Er lernte ein bißchen Pantomime, ein wenig Artistik. Man tingelte durch englische Vororttheater. Während einer Amerikatournee nutzte er seine Chance. Er blieb, jobbte, indem er schöne Frauen begleitete, und ließ sich bei den Paramount Pictures anstellen. Da sein Name nichts hermachte, gab man ihm eine Liste mit Vorschlägen. Er schaute kurz drauf und zeichnete den Vertrag mit drei neuen, klangvollen Silben. Offensichtlich hatte er schauspielerisches Talent. Außerdem sah er unwahrscheinlich gut aus. Sein Körper, sein Gesicht, seine Zähne erkannte er als Kapital. Er trainierte, hielt Diät, duschte mehrmals am Tag. Immer führte er eine Zahnbürste mit sich. Bereits morgens putzte er die Zähne im Bett, mit einer trockenen Bürste. Selbstverständlich putzte er sie nach den Mahlzeiten, aber auch während des Tages, wenn es ihm einfiel, und nach jeder Zigarette. Immer wieder prüfte er sein weißes Lächeln. Er, das Arbeiterkind, entwickelte ein weltgewandtes Männerdesign: im Smoking von marmorner Eleganz, gescheitelt, höflich distanziert und dann umwerfend komisch. Er machte das gut, aber wer war er eigentlich? Damit er bei sich war, kaufte er sich einen kleinen Hund und gab ihm seinen Namen: Archie Leach. Eigentlich sah er immer besser aus. Ein besonderer Mann für besondere Frauen, aber Gerüchte mehrten sich, er liebe den Mann, mit dem er zusammenlebte. Die beiden waren unzertrennlich; manchmal erschienen sie in Frauenkleidern auf einer Party. Und Paramount Pictures wurde nervös und ließ ihn an der Seite noch sinnlicherer Starlets photographieren. Er war fünfmal verheiratet. Mit der vierten Frau zeugte er (er war 62) eine Tochter. Das Kind schien überzeugender gewesen zu sein als der Hund; jedenfalls wollte er nun nicht mehr den Mann spielen, den er erfunden hatte. Jetzt war er Vater. Seine letzte Gattin, 46 Jahre jünger als er, heiratete er mit 77 Jahren.

Seine Mutter übrigens hat er wiedergesehen. Sie war in einer psychiatrischen Klinik festgehalten worden. Er war dreißig damals, als er sie, eine graue Frau von 56 Jahren, besuchte. Sie wurde entlassen, und er wollte sich um sie kümmern, nur leider erkannte sie ihn nicht mehr richtig. Für sie war er nur noch der berühmte Schauspieler. Nein, warum sollte sie mit ihm denn nach Amerika gehen?

Wer war der perfekte Schauspieler, der Freunde liebte und einmal sagte: »Ich habe den Fehler gemacht zu glauben, daß jede meiner Frauen meine Mutter war«?

Es handelt sich um den amerikanischen Schauspieler Cary Grant, 18. Jan. 1904 – 29. Nov. 1986.

98

Als Marlene Dietrich von seinem Tod erfuhr, soll sie einen Freund angerufen haben, um ihm zu sagen, daß sie nun zum zweiten Mal Witwe geworden sei. Diesen Mann hatte sie geliebt und einst hingebungsvoll umsorgt. Er hatte die schönsten Hüften, die sie an einem Mann je gesehen hatte. Seine Intelligenz konnte sie nicht ebenso überzeugend loben. Oder war es nur die Weltläufigkeit, die ihm fehlte? Er war ein Naturkind, sportlich, durchtrainiert. Lokomotivführer wie sein Onkel hatte er werden wollen. Sein Traum war gewesen, ein Stück Land zu besitzen, das er bestellen konnte. Manchmal nahm er eine Handvoll Erde auf und küßte sie, weil sie so gut roch. Er hätte gerne Tiere gehabt. Warum nur mußte ihn sein schauspielender Vater bei den Folies-Bergère vorstellen? Der Vater hielt ihn (seinen Nachzügler, verwahrlost, streunend, schmutzig) für einen Taugenichts, seine Mutter, die starb, als er 14 war, hatte ihn schon auf dem Schafott gesehen. Vielleicht würde die Bühne ihn brauchen können.

Er fängt ganz unten an, bei den Statisten im Hintergrund. Das äußerste, was er leisten muß, ist vielleicht eine Standarte in der Hand halten. Bald begreift er zumindest, daß man beim Theater eine ruhige Kugel schieben kann. Und den Tag über hat man frei. Das war angenehmer als die Arbeit in der Gießerei oder in den Lagerhallen. Leider fällt er positiv auf. Er hat etwas, das die andern nicht haben. Er will nicht mehr als das, was er tut. Bald trägt man ihm eine Rolle an. Er warnt das Team noch vor dem ersten Drehtag: »Schön und gut euer Film, ich mach's euch, aber verstehen tu ich nichts davon und bin dafür so sehr geschaffen wie zum Bischof.« Er war scheu, linkisch, er wollte seine Ruhe. Und er war gut. Im Handumdrehen hatte er einen hochdotierten Dreijahresvertrag.

Der Krieg läßt ihn in Hollywood stranden, man empfängt ihn in einer Wüstenei von Luxus. Der Rolls-Royce mit Chauffeur steht bereit, dazu eine Jacht. Die Gesellschaft applaudiert. Ihm graut. Er kennt diese Leute nicht, kaum deren Sprache. Doch Marlene hat auf ihn gewartet. Sie mietet ein Haus in versteckten Hügeln und zaubert dort für ihn ein Stückchen Frankreich. Sie bemuttert ihn französisch, spricht französisch, kleidet sich französisch, kocht Cassoulet und am Sonntag Pot-au-feu.

Er übernimmt Charakterrollen, Machos, souveräne Männer. Er wird zu einer Legende, die ihn selbst wenig interessiert.

Wer war der wunderbare Schauspieler, der sein Leben lang im Grunde davon überzeugt war, daß dieser Beruf so ganz gegen seine Natur sei?

Es handelt sich um den französischen Schauspieler Jean Gabin, 17. Mai 1904 – 15. Nov. 1976.

99

Über die Tage und Jahre meiner Kindheit will ich zunächst sagen, daß die einzige mir unvergeßliche Persönlichkeit der Regen war.« So erinnert sich der alte Mann. Seine Mutter war kurz nach seiner Geburt gestorben. Er konnte gerade laufen, da zog der Vater, ein Lokomotivführer-Pionier, mit ihm ans Ende der Welt. »Der Regen fiel in Fäden langer Glasnadeln, die auf den Dächern zerbrachen oder in durchsichtigen Wellen gegen die Fensterscheiben schlugen, und jedes Haus war ein Schiff, das in diesem Wintermeer mühsam in den Hafen gelangte.« Der Regen machte ihn zum Seemann, zum Nomaden, er sollte zu Hause sein, wo er unterwegs war. Zunächst bekam er das, was er nicht »Stiefmutter« nennen wollte, denn diese neue Frau umgab den Vater wie ein »milder Schatten«, und sie war auch gut zu ihm. Daß er früh Gedichte schrieb, übersah man freundlich. Er sollte einmal etwas Rechtes werden, Französischlehrer zum Beispiel. Der junge Mann beginnt ein Studium in der Hauptstadt, aber bald verkauft er das wenige, was er an Möbeln besitzt, und bringt seine wunderbare Uhr, ein Geschenk des Vaters, ins Pfandleihhaus: er braucht das Geld, um seine ersten Verse zu veröffentlichen. »Dämmerung« heißt der wenig originelle Titel. Aus Angst, erkannt zu werden, wählt er ein Pseudonym. Er nimmt den Nachnamen eines tschechischen Dichters an und bleibt dabei. Er ist zwanzig, als er das Studium hinwirft. Hungernd, in einen schwarzen Eisenbahnermantel gehüllt, treibt er sich herum, durch einen Freund rutscht er in den konsularischen Dienst. Es verschlägt ihn nach Rangun, Kalkutta, Ceylon, Singapur, Batavia, Buenos

Aires. Bald ist er Konsul in Madrid. Am Ende wird er Botschafter in Frankreich sein. Nie hat ihn die offizielle Macht der Repräsentation überzeugt. Er lebte im Strom der Straßen, er liebte die Frauen, die die Männer liebten. Er streunte durch die zoologischen Gärten der Welt: »Der Zoo von Eriwan ist einer der wenigen, der einen Tapir aus dem Amazonasgebiet besitzt, dieses außergewöhnliche Tier mit dem Körper eines Ochsen, mit großnasigem Gesicht und kleinen Augen. Ich gestehe, Tapire sind mir ähnlich. Eriwans Tapir döste in seinem Gehege an der Lagune. Als er mich sah, warf er mir einen Blick des Einverständnisses zu, möglicherweise waren wir uns einmal in Brasilien begegnet.« Jahrelang lebte er mit einer zahmen Manguste, die mit ihm Bett und Tisch teilte, ansonsten auf seiner Schulter hockte und weithin bekannt dafür war, daß sie Giftschlangen das Genick brach. Dann zog sie sich zurück, um Kräuter als Gegengift zu suchen. Seine Hommage an die Tiere waren Oden: an die Biene, die Mauereidechse, den Hahn, die Möwe, das schwarze Pantherweibchen. Er notierte ein Epitaph auf seinen Hund. Seine Muschel- und Schneckensammlung blieb ihm unverzichtbarer als seine ziemlich kostbare Bibliothek.

Wer war der Dichter, der sagte: »Ich möchte wie eine Katze schlafen / mit allen Haaren der Zeit, / mit des Feuersteins Zunge, / dem trocknen Sexus des Feuers und dann mit niemand sprechen«?

Es handelt sich um den chilenischen Schriftsteller Pablo Neruda, 12. Juli 1904 – 23. Sept. 1973.

100

Leben war Leistung. Millionen sehnsuchtsbereiter Verkäuferinnen, Sekretärinnen sahen in ihr die Verkörperung des weiblichen american dream. Sozialer Aufstieg war möglich. Und wenn sie dann in so einem weißen Kleid aus Organza und Chiffon die Treppe herabschritt, konnte es sein, daß das Modell über Nacht in die großen Kaufhäuser kam und hunderttausende Male verkauft wurde. Sie hat die breiten Schulterpolster für die emsigen Starlets in den Büros tragbar gemacht. In ihren Filmen fand sie am Ende immer den Prinzen; in Wirklichkeit aber hat sie sich selbst durch Disziplin erlöst. Über den fast 50jährigen Hollywood-Star sagte François Truffaut: »Sie ist unwirklich geworden, das Phantom ihrer selbst. Ihre Augen wirken beinahe weiß, die Gesichtsmuskeln sind ständig angespannt, ein eiserner Wille bestimmt die Erscheinung. Sie ist ein Phänomen. Sie wird immer maskuliner, je älter sie wird.« Aber sie wird noch weitere zwanzig Jahre erfolgreich als Schauspielerin arbeiten, am Ende eben in Horrorfilmen.

Am Anfang war ein unglückliches Kind. Der Vater war verschwunden, die Mutter schlug sich als Wäscherin durch, man schlief in Räumen direkt hinter der Waschanstalt: »Diese Wäscherei hatte den denkbar schlimmsten Geruch. Ich wußte nicht, was es genau war, Lauge, Desinfektionsmittel, irgendeine furchtbare Seife, Schmutz und Fett auf den Kleidern.« Noch als erwachsene Frau habe sie oft vier-, fünfmal am Tag geduscht, weil dieser Geruch zurückkam und sie ihn von sich abwaschen mußte. Sie will Tänzerin werden und rutscht in eine Schauspielkarriere. Die Kollegen nehmen das Mädchen ohne Ausbildung nicht ernst. Aber sie kämpft. Ohne einen perfekten Körper, befürchtet sie, hat sie keine Chance. Sie hungert (»Ich habe selbst in meinen Träumen aufgehört zu essen«) und betreibt exzessiv Kraftsport. Sie schwört darauf, sich mit Eiswürfeln abzureiben. Als sie es sich leisten kann, legt sie in ihren Verträgen fest, daß die Raumtemperatur in Studios, in denen sie dreht, nicht höher als 13 Grad sein darf. Sie wirkte zerbrechlich, doch wenn man sie aus Versehen anstieß, erinnert sich ein Freund, »dann warst du geschockt, weil sie einen Körper hatte, hart wie eine Statue«. Mit keinem ihrer vier kurzfristigen Ehemänner hat sie Kinder bekommen; aber sie hat vier Kinder adoptiert und meist alleine großgezogen. Auch als Mutter mußte sie perfekt sein. In einer weihnachtlichen Radiosendung präsentierte sie ihre Kleinen, wie sie sehr ordentlich auf die Fragen in Sätzen antworteten, die sie vorher auswendig gelernt hatten. Ihre älteste Tochter wird sich in einem Buch über sie rächen. Sie hatte alles im Griff. Rituale retteten sie. Sie zog sich mehrmals am Tag um. So gab es etwa Kleider, in denen sie nur Briefe schrieb, andere für das häusliche Abendessen. Als sie an Krebs erkrankte, verschwieg sie es. Aber sie wußte, daß sie zu Hause sterben wollte. »Ich würde es gerne machen wie ein alter Wolf oder ein alter Gorilla. Ich habe gehört, daß sie, wenn sie spüren, sie haben ihre letzten Tage erreicht, dann fortgehen, um allein zu sein, und einfach verschwinden.« Man fand sie tot in ihrem Bett, die Haare hochgesteckt, die Lippen nachgezogen und bekleidet mit einem ihrer Lieblingsgewänder.

Wer war die Schauspielerin, der man wünschte, sie sei im Himmel angekommen in der Weise, die sie wohl für angemessen gehalten hätte: in einer Limousine?

Es handelt sich um die amerikanische Schauspielerin Joan Crawford, 23. März 1905 – 10. Mai 1977.

101

Sie wollte richtig amerikanisch sein, nicht wie die Eltern, die mit hartem europäischem Akzent sprachen. Der Vater, ein Tscheche, hatte es in New York mit einer Schneiderei versucht, dann betrieb er halbwegs erfolgreich eine kleine Eisenwarenhandlung. Die schöne Mutter (katholisch-französischer und ungarisch-jüdischer Abstammung) war zehn Jahre jünger als der Vater. In ihre zweite Ehe hatte sie sechs Kinder mitgebracht. Sie hatte langes Haar und roch gut: »Meine allererste Erinnerung ist die an den Duft meiner Mutter, ihre Aura von Frische, das Parfüm ihrer Anwesenheit.« Im Bruder der Mutter fand sie in einen wunderbaren großen Freund. Er war Apotheker und interessierte sich für Haut. Zusammen kreierten sie duftendes Mutterland, experimentierten mit geschlagenen Cremes, die bald aussahen »wie Schnee«. Der Onkel muß das Verkaufstalent der 20jährigen entdeckt haben, die »elfenschön« war, »über die Maßen blond und darüber hinaus mit einem phänomenalen Mundwerk gesegnet«.

Heirat mit einem Buchhalter, der eine Zeitlang Knöpfe verkaufte. Ein Sohn wurde geboren. Sie versuchte es als Schauspielerin. Doch in der Küche forschte sie weiter am frühen Duft der Mutterfrische. Im Zug sprach sie Frauen an, tupfte den Erstaunten Creme auf die Wangen, puderte nach. Und verkaufte. Sie ging in den Schönheitssalon »House of Ash Blonde«, und während die Kundinnen unter den Hauben warteten, verwöhnte sie sie mit köstlich Weichem, das unter ihren Fingerspitzen in die dargebotenen Wangen eindrang. Mit der Creme gab sie etwas von sich, einen Tiegel Zärtlichkeit. Sie hatte drei, vier Produkte. Was eine Frau nicht kaufte, erhielt sie als Pröbchen zum Mitnehmen. »Parfüm ist wie Liebe. Ein bißchen ist nie genug«, wußte sie und lockte. Bald reiste sie durch ganz Amerika. Sprach Frauen in Hotels an, überzeugte Kaufhausbesitzer von der hohen Qualität ihrer Produkte. Zu Hause wickelte ihr Mann das Kind. »Er war solide und heiter. Ich war wie Quecksilber und getrieben.« Die beiden ließen sich scheiden, um drei Jahre später wieder zu heiraten. »Es gab im Jahr 1939 kein Handlungsmuster dafür, wie eine emanzipierte Frau und ein liebevoller häuslicher Mann miteinander umgehen konnten.« Jetzt sollte er sich um die finanzielle Seite ihres Unternehmens kümmern; sie intensivierte durch persönliche Kontakte den Verkauf. Ein zweiter Sohn wurde geboren; kaum konnten die Knaben Fahrrad fahren, lieferten sie die Tiegel und Tuben aus. Sie erquengelte sich einen Verkaufsstand in einem großen Kaufhaus. Ihre erste »Fabrik« war ein Restaurant, in dessen Küche sie auf Gaskochern ihre Substanzen herstellte, Gläser in heißem Wasser sterilisierte, abfüllte, verpackte. Sie hatte kein Geld für Werbeanzeigen, aber einmal rutschte sie nach Weihnachten für wenige Minuten ins Radio und kreierte den Slogan: »Beginnen Sie das neue Jahr mit einem neuen Gesicht«. Es war schwer, ihr »Nein« zu sagen. »Ich habe nie einen Tag in meinem Leben gearbeitet, ohne etwas zu verkaufen«, erklärte sie stolz. »Wenn ich an etwas glaube, dann verkaufe ich es; und ich verkaufe es gnadenlos.« Ein von ihr erstmals entwickeltes Parfümölbad, das hartnäckig an der Haut haftete und den Körper für den ganzen Tag in Duft hüllte, wurde ein legendärer Erfolg. Als sie fast hundertjährig starb, hinterließ sie ein Milliardenimperium im zweistelligen Bereich.

Wer war die Erfinderin der »Pröbchen«?

Es handelt sich um die amerikanische Kosmetikunternehmerin Estée Lauder, 1. Juli 1906 – 24. April 2004.

102

*M*it sieben Jahren wurde sie von einem entfernten Verwandten vergewaltigt; als sie 14 war, ertrank bei einer Bootsfahrt ihr erster Freund. Später streute eine Jugendliebe, ein Pilot, aus dem Doppeldecker im Tiefflug Rosen auf das Schiff, mit dem sie nach Paris fuhr, und verunglückte noch am selben Nachmittag. Zusammen mit ihm starb sein Flugschüler. Die Beziehung zu ihrem Vater, der Aktphotos von ihr machte, »mag«, so eine Freundin des Hauses, »an eine krankhafte Intimität gegrenzt haben«.

New York, Manhattan 1927. Beim gedankenverlorenen Überqueren der Straße reißt ein fremder Mann sie im letzten Augenblick zurück. Sie starrt ihn an. Dann fällt sie in Ohnmacht. Als sie aufwacht, engagiert er sie als Model; er ist der Chef von Vogue und Vanity Fair. Sie ist 20 Jahre alt, eine blonde, schlanke Kunststudentin. Edward Steichen ist der erste, der Aufnahmen von ihr macht. Eine Werbeagentur kauft eines seiner Photos und benutzt es für eine großangelegte Damenbindenreklame. Im Amerika der 20er Jahre bricht eine Frau, die für ein derartiges Produkt wirbt, ein Tabu. Als empörte Briefe kommen, reagiert sie irritiert, aber dann ist sie amüsiert. Bald möchte sie selbst photographieren. Und wo sollte sie das besser lernen können als in Paris bei Man Ray? (Er wird ihren Mund zum bekanntesten der Moderne machen.) »Ich bin ihre neue Schülerin«, stellt sie sich vor. Er nehme keine Schüler, antwortet er, und außerdem sei er auf dem Weg in die Ferien nach Biarritz. Gut, sagt sie, sie komme mit.

Als sie allerdings nach drei Jahren als Modell, Geliebte, Kollegin eine ernstere Affäre mit einem sehr reichen ägyptischen Geschäftsmann beginnt, kauft Man Ray sich eine Pistole. Die Frau des Ägypters, eine sowohl von ihr wie von Man Ray portraitierte Schönheit, nimmt sich das Leben. Sie flieht nach New York. Wie zuvor in Paris eröffnet sie erfolgreich ein Photostudio. Bis der ägyptische Liebhaber kommt, sie heiratet und wie eine schöne Trophäe mit nach Kairo nimmt. Kurzfristig möchte sie eine brave Ehefrau werden. Aber dann zieht sie mit ein paar ausgelassenen Freunden los zu abenteuerlichen Fahrten in die Wüste und macht spektakuläre Aufnahmen. Man sieht sie auf die Cheopspyramide klettern, weil sie von oben den Schatten photographieren will, den sie wirft. Trotz solcher Ablenkungen hält sie den luxuriösen Party-Alltag unter den besseren Gattinnen, dieser »Satin- und Perlen-Bande«, immer weniger aus. Ihr Mann schickt sie mit einem Dienstmädchen nach Paris, damit sie auf andere Gedanken kommt. Das tut sie. Auf einer surrealistischen Kostümparty trifft sie einen blauäugigen Briten, der sie nach England entführt und bald in seinem Haus mit einem jungen Life-Photographen teilt. »Ihr Sexualverhalten glich eher dem eines Mannes als dem einer Frau. Sie war ein Raubtier«, schrieb ihr Sohn. Das mag ja sein; jedenfalls ließ sich die attraktive Blondine als Kriegsphotographin akkreditieren und lieferte unbegreiflich nahe Photographien vom Ende des Kriegs und den ersten Jahren des europäischen Nachkriegselends. Sie ließ sich photographieren, wie sie in Hitlers Badewanne sitzt.

Wer war die schockierende Photoreporterin, die einmal sagte: »Und ein guter Photograph ist natürlich gerade der, der eine Person nicht etwa dann einfängt, wenn sie es nicht merkt, sondern wenn sie am natürlichsten sie selbst ist«?

Es handelt sich um die amerikanische Photographin Lee Miller,
23. April 1907 – 21. Juli 1977.

103

Kairo oder Venedig? Das war keine Frage nach einem Reiseziel. Kairo war die Chiffre für Sex zwischen Männern und Frauen; Venedig meinte rein femininen Sex. »Ich hoffe nur, daß ich keine venezianischen Neigungen habe«, schrieb die Schülerin aus dem Internat an ihre Gouvernante zu Hause, nachdem sie ihr von der Attraktivität ihrer Lehrerin erzählt hatte: »Am verführerischsten war sie, als wir aus der Oper kamen. Ich saß mit ihr auf dem Rücksitz, und sie legte den Arm um mich und ließ mich den Kopf an ihre Schulter lehnen und drückte mich irgendwie! Igitt! Es hört sich alles so schmutzig und schäbig an, aber ich weiß nicht, es gibt einem doch so etwas wie eine außergewöhnliche Erregung!« Nein, sie war nicht lesbisch. Schließlich war sie ein Junge! Und ein Junge kann nicht lesbisch sein, wenn er eine Frau liebt. Ihr Vater, ein Schauspieler und Theatermanager, hatte sich über alles einen Sohn gewünscht. Und sie, die ihm liebste unter seinen Töchtern, hätte unbedingt ein Knabe sein sollen. Er schrieb ein Gedicht, in dem er »seine Zarte«, seine »Zärtliche« vergötterte und seufzte: »sie wird nun einmal / im Guten und Schlechten immer / ein Mädchen bleiben und ein Mädchen sein.« Als Kind trug sie Jungenkleidung und schnitt sich die Haare ab und war wirklich davon überzeugt, zu den Buben zu gehören. Doch mit der Periode kam der Schock. Sie nannte ihre Menstruation »Robert«. Und was sagte ihr liebender Vater? Er umgarnte sie, meinte, er würde lieber ihr Bruder sein als ihr Vater. Und dann kam er auf eine noch bessere Idee: Nach seinem Tod würde er als ihr Sohn wiedergeboren werden. Als er starb, ging sie nicht auf seine Beerdigung, sondern ließ mit großer Geste einige Tauben in die Lüfte steigen. Nein, sie war nicht lesbisch. Sie liebte Frauen. Aber sie hatte einen »boy in the box«, einen Jungen in der Schachtel in sich. Ihre erotischen Empfindungen waren einzigartig. Mit den ordinären Gefühlen von Lesben waren sie nicht zu vergleichen. (Ihr Vater hatte Homosexuelle verachtet.) Sie heiratete einen Offizier, wurde Mutter von zwei Mädchen und endlich auch von einem Jungen, der dem Vater ähnlich sah und bald »göttlich« wie dieser küßte. Aber Sex mit dem Ehemann blieb »Zeitvertreib, kein Zuhause«. Sie verliebte sich heftig in Ellen, die Frau ihres Verlegers, von der sie als Freundin geschätzt wurde. Aber Ellen konnte mit den erotischen Avancen nichts anfangen. In einer dunklen Stunde des Begehrens schrieb die Sehnsüchtige Ellen einen Brief, sie wolle eine Flasche Brandy trinken, zur Place Pigalle gehen, eine Prostituierte mitnehmen und sich anschließend erschießen: weil sie sich »selber verabscheuen würde. Zu anspruchsvoll. Das bin ich wirklich.« Und manchmal stellte sie sich vor, die Seele einer Fehlgeburt der mütterlichen Ellen zu sein. Einen körperlichen Ausweg fand sie über das Schreiben. Sie verfaßte ein von Ellen inspiriertes inzestuöses Theaterstück und verliebte sich in Gertie, die die Rolle von Ellen auf der Bühne darstellte. Gertie war lebensfroh und konnte auch Frauen lieben. Doch Gertie starb jung, sie waren gerade vier Jahre zusammen, an Krebs. Das letzte Wort, das ihr die geliebte Sterbende am Krankenbett sagte, zitierte sie wörtlich in einem Theaterstück: »Geh weg von mir und dreh dich nicht um, wie jemand, der im Schlaf wandelt.«

Wer war die zerrissene, von Hitchcock sehr geschätzte Erfolgsautorin?

Es handelt sich um die britische Schriftstellerin Daphne du Maurier, 13. Mai 1907 – 19. April 1989.

104

Vollkommen entsetzlich«, kommentierte sie ihre Kindheit. Geboren in Brooklyn, das fünfte und jüngste Kind schottisch-irischer Eltern, verlor sie mit zwei Jahren die Mutter (ein Betrunkener hatte sie aus der Straßenbahn gestoßen; sie starb an Kopfverletzungen). Der Vater verließ die Kinder, ging zur See. Kurz darauf war sie Vollwaise: »In elf Jahren habe ich bei 14 verschiedenen Familien gewohnt.« Sie erinnert sich an »die Menschenmengen, an verbrauchte alte Frauen, die sich über Waschzuber beugten, und an schreiende Babies, an Männer, die betrunken nach Hause wankten. Die Hälfte dieser Zeit schlief ich auf einer Matratze auf dem Küchenboden.« Sie ist 13, als sie die Schule verläßt (»Ich glaube, ich bin in jede Volksschule von Brooklyn gegangen«) und sich Jahre älter macht, um Arbeit zu finden. Jobs im Kaufhaus, auf dem Telephonamt, einmal rutscht sie in die Schnittmusterabteilung des Vogue Magazins, bis man merkt, daß sie keine Ahnung hat. Danach sortiert sie Akten. Wenn sie Geld hat, geht sie ins Kino. Die wahre Welt findet auf der Leinwand statt. Vom Freund ihrer älteren Schwester lernt sie ein paar Tanzschritte, nimmt Unterricht, bewirbt sich auf eine Anzeige und wird mit 15 Jahren Chorgirl in einem Times Square Nightclub.

Sie ist zäh und weiß instinktiv, daß Haltung alles ist. Stundenlang sitzt sie im Zoo vor Löwen, Tigern, Panthern und schaut den Wildkatzen Stärke ab. Sie tingelt durch verschiedene Broadway-Revuen. Im knappen Kostüm reitet sie einen Elefanten oder tritt auf als eine von 17 »Keep Kool Cuties« im »steppigsten Ballett, das man seit Jahrzehnten gesehen hat«. Zwei

Kolleginnen und sie teilen sich ein Zimmer mit kaltem Wasser: »Wir mußten so hausen, es war die einzige Möglichkeit, sich noch etwas zum Essen kaufen zu können.« Ein Freund verhilft ihr zu einer kleinen Tanzrolle in einem Film, aber als der Streifen in der Probezeit schlecht läuft, schreibt der Regisseur alles um und macht aus ihrer Cabaret-Girl-Rolle eine tragende Hauptfigur. Sie hat Temperament und hat bei den Tigern gelernt. So wird sie Schauspielerin. Mit Ende 30 ist sie die bestbezahlte Frau in den Vereinigten Staaten. Ihre auf Kommando gespielten hysterischen Anfälle gehen in die Filmgeschichte ein. Legendär ihre gefletschten Monologe mit zusammengepreßten Zähnen und offenen Lippen. Während die Monroe sich Faxen leistet, arbeitet sie pünktlich und effektiv. Ihre Stunts macht sie selbst. Sie springt über Zäune, klettert aus Dachfenstern, balanciert auf Dachgiebeln, hockt in Speiseaufzügen; sie läßt sich von einem Pferd mitschleifen und zeigt stolz ihre Narben. »Wenn ich sie bat, aus einer Höhe von zweieinhalb Metern zu springen, tat sie es aus drei Metern«, erinnert sich ein Regisseur. Ihre Selbstkritik und Ehrlichkeit blieben erstaunlich in Hollywoods Fegefeuer der Eitelkeiten. »Die Tiere waren besser als der ganze Film«, sagte sie zu einem Melodrama im burmeischen Dschungel. Und auf die Frage, warum sie einige Jahre nicht gespielt habe: »Weil niemand mich gefragt hat.« Auch als im Alter die Rollen rarer wurden, lehnte sie es ab, sich die Haare zu färben. (»So was Dummes. Jeder wird alt.«)

Wer war der Filmstar, der einmal sagte: »Karriere ist ein zu schwergewichtiges Wort. Es war ein Job, und ich habe mich immer privilegiert gefühlt, für eine Tätigkeit bezahlt zu werden, die ich liebe«?

Es handelt sich um die amerikanische Schauspielerin Barbara Stanwyck, 16. Juli 1907 – 20. Jan. 1990.

105

Das Messer steckt senkrecht im Brot, als sei es in Fleisch gefahren. Der Hammer hat den Hals der Glaskaraffe abgeschlagen. Auf dem weißen Teller liegt eine Kartoffel, in deren Mitte sich die Zinken einer Gabel bohren. Über der Stuhllehne hängt ein blaues, zerknülltes Tuch. Die hölzerne Tischplatte schimmert dunkel, die Wand scheint roh und schmutzigbraun. Hier wird nicht gegessen. Hier wird exekutiert. Brot und Wasser sind verdorben. Die aufgespießte Kartoffel ist obszön. Scherben sind Schmerz.

Bekannt wurde er nicht durch seine Stilleben. Sondern durch seine Mädchen. Im Alter hat er sich gewehrt: »Es werden sich zwar Biografen und Kunstkritiker finden (es gab sie bereits!), die bei meinen Modellen erotische Posen entdecken, um die Arbeit der Unschuld, die ich leisten wollte, auf meiner Suche nach Ewigkeit zu beschmutzen.« Er wußte, wovon er sprach, auch wenn er sich als Heiligen inszenierte. 1934, er war sechsundzwanzig Jahre alt, zeigte eine kleine Pariser Galerie bei seiner ersten Einzelausstellung eines seiner Bilder nur heimlich, hinter einem Vorhang im Nebenzimmer. Es war eine lesbische Szene zwischen einer Frau und einem Mädchen, die, in Anspielung auf die Haltungen einer Pietà, zwischen Vergewaltigung und Initiation spielte. Die Ausstellung wurde ein Skandal. Und selbst bis heute war dieses Bild öffentlich kaum zu sehen. Aber auch seinen scheinbar harmlosen Kinderbildern haftete von Anfang an etwas Gewalttätiges an. »Seine Bilder sind hinreißende Kinderportraits. Einerseits. Aber eben auch Dokumente schwärzester Erwachsenenpsychologie«, urteilte eine Kunstkritikerin anläßlich der ersten, nur 70 Bilder umfassenden kleinen Werkschau in Deutschland. Sie fand erst sechs Jahre nach seinem Tod statt; kein deutsches Museum besitzt eines seiner Gemälde.

Nicht jeder Mißbrauch ist justiziabel. Seine 13jährigen spreizen die Beine wie unbewußt. Man sieht blütenweiße Schlüpfer und unter dem Stuhl, unter dem Schoß, ein Kätzchen, das Milch schleckt. Er selbst nannte sich »Le roi des chats«. Einer seiner treuesten Sammler forderte ihn auf, eine Szene zu retouchieren, in der ein Mann von hinten einem Kind in die Scham greift: nun langt er nach dem Saum seiner Schürze (heute im Besitz des Museum of Modern Art, New York). Er aber fabulierte vom »Geschlecht der Engel« und zog den Mädchen die Röcke hoch, sinnierte über die »Dualität von erotischem und jungfräulichem Körper« und ließ die Kinder mit milchigem Blick an einem Spiegel vorbei in den leeren Raum sehen. Dann wieder schlafen sie, scheinbar zurückgelehnt, in einer Erstarrung, die ebensogut ein Moment der Ekstase sein könnte. Sie beugen sich über einen Kartentisch und verharren, wie in Zeitlupe, in der Haltung des Koitus. Vermutlich hat er wider Willen die latenten sexuellen Übergriffe der bürgerlichen Moral entlarvt. Den gutgläubigen Betrachter machte er zum Voyeur und versetzte ihn in ein klammes Unbehagen. Er war ein Meister des Dufts von Kindern, die zu früh sehr viel wußten. Vielleicht durch ihn. Eine Zwergin reißt den Vorhang auf, und das kalte Licht fällt wie ein Eindringling auf Bauch, Schenkel, Unterleib des über einen Sessel gestreckten nackten Mädchens.

Wer war der bürgerliche autodidaktische Maler, der dandyhaft als Graf auftrat, im Alter als Schloßherr im Waadtland lebte und sein Leben lang versuchte, biographische Details zu verheimlichen?

Es handelt sich um den polnisch-deutsch-französischen Maler Balthus, 29. Feb. 1908 – 18. Feb. 2001.

106

Nach ihrem Tod werde man, prophezeite sie, ihre falschen Wimpern versteigern. Sie sollte Recht behalten. Bei der Auktion in Doyle's Auction House in New York galt die Schachtel mit ihrem filigran-steifen Lidgeflimmer als Attraktion und brachte 600 Dollar. Ihre Augen waren legendär. Genaugenommen waren sie zu groß, um noch schön zu sein. Gerne erzählte sie, sie sei die Nachfahrin einer »Salem-Hexe«, und betonte gegenüber Zweiflern, zumindest sei sie wie eine Hexe geboren worden: während eines Gewitters, und zwar genau zwischen dem Blitz und dem Einschlag des Donners. Als Geburtstag feierte sie aber nicht den 5. April 1908, sondern den 4. Juli 1907. Es war der Hochzeitstag ihrer Eltern, und die Nacht damals endete mit einem Wutanfall des Vaters, weil das Hotelzimmer kein Wasser hatte und die Mutter deshalb nicht das unternehmen konnte, was sie unter Empfängnisverhütung verstand. Angesichts seiner schwangeren Frau mahnte der Vater zur Vernunft; die Mutter aber entschied sich für das Kind. Als die Kleine auf der Welt war, vertiefte sich der Vater intensiv in sein Jurastudium und ignorierte den Balg. Als im folgenden Jahr eine zweite Tochter dazukam, wandte er sich seinen Geliebten zu und verließ die Familie bald ganz. Die Mutter hatte in einem Sanatorium, in das sie sich aus Ehe-Enttäuschung, Melancholie, Nervenschwäche kurzzeitig zurückziehen mußte, das Photographieren gelernt. Nun wurde ihre erstgeborene Tochter zu ihrem Lieblingsmotiv und sie eine Photographin. Und als sich das Mädchen anschickte, Schauspielerin zu werden, begann die Mutter, um diese Karriere zu kämpfen, als könne sie so ihr eigenes Leben nachholen. »Ich war ein kleiner Niemand«, erinnert sich die Muttertochter mit den großen Augen später, »aber ich war ein selbstbewußter kleiner Niemand«. Und außerdem »vertraute ich damals hundertprozentig auf Wunder«. Das war auch nötig für ein Mädchen aus der Provinz: »Unsere Haare hatten ihre Originalfarbe, und ein paar Zähne waren vielleicht schief. Wir sahen völlig anders aus als Hollywood-Starlets.« Sie hatte keinen »Glamour«, aber den absoluten Willen zum Glanz. Im Alter gab sie freundlich zu, zwei Themen gehabt zu haben: Erfolg und Männer. Sie wollte geliebt werden, als Star und als Frau. Letzteres erwies sich als schwierig. Sie wurde eine Schauspielerin von Weltrang und ging aus vier Ehen unglücklich hervor. Das schlimmste schien ihr, allein sein zu müssen. Und auch das hat sie noch gelernt. »Eine Frau kann ohne Sex leben«, sagte sie, »aber nicht ohne die Hoffnung auf Sex.« Von sehr kleiner Gestalt, machte sie so große Schritte wie ein langbeiniges Mannequin. Adrenalin war ihr das beste Make-up und sonst: »Etwas blauer Lidschatten, etwas braune Maskara und ein schöner roter Lippenstift, ohne einen fantasievollen Namen, nur ein schönes leuchtendes Rot.«

Sie drehte auch noch in hohem Alter, nach einer Brustamputation, einem Schlaganfall und einem Bruch der Hüfte. Sie fand sich zu alt, um nicht mehr zu arbeiten. »Ich möchte in High Heels sterben«, sagte sie mit 81 Jahren kurz vor ihrem Tod und zwang sich für ihren letzten Flug ins Krankenhaus, die Gangway zu Fuß zu erklimmen: es sollte keine Photos von ihr im Rollstuhl geben.

Wer war die große Schauspielerin, die einmal sagte: »Es gibt nichts Einsameres als einen heruntergeklappten Klosettsitz«?

Es handelt sich um die amerikanische Schauspielerin Bette Davis, 5. April 1908 – 6. Okt. 1989.

107

*M*it drei Jahren weist sie einen geschenkten Ring zurück mit der Bemerkung: »Ich mag keinen Luxus.« Mit zehn malt sie Hammer und Sichel in die Schulhefte. Mit elf erklärt sie, sie sei Bolschewikin. Dann schließt sie sich auf dem Boulevard St. Michel einer Demonstration der Pariser Arbeitslosen an. Mit vierzehn möchte sie sterben wegen der Mittelmäßigkeit ihrer geistigen Fähigkeiten, denn sie glaubt, niemals hoffen zu dürfen, »den Zugang zu jenem transzendenten Reich zu finden, zu dem einzig die echten großen Menschen Zutritt haben und in dem die Wahrheit wohnt«. Früh hatte die Mutter ihr »Bestes« getan, »um bei ihr nicht die mädchenhafte Anmut, sondern die Geradheit des Knaben zu entwickeln, auch wenn dies der Schroffheit ähneln könnte«. Man kann sagen, das Erziehungsziel wurde erreicht. Sie kleidete sich wie ein Mann, versuchte, wie ein Mann zu leben, vor allem zu denken. Briefe an ihre Mutter unterschrieb sie manchmal mit »Dein respektvoller Sohn«. Ihre Exzentrik und Radikalität fielen auf. »Dennoch schien mir der geistige Verkehr mit ihr fast unmöglich«, bemerkte ihr Mitstudent Raymond Aron: »Offenkundig kannte sie keinen Zweifel, auch wenn ihre Meinungen wechseln konnten, so waren sie doch stets kategorisch.« Als sie von einer Hungersnot in China hörte, soll sie spontan in Tränen ausgebrochen sein, was Simone de Beauvoir, die ebenfalls zusammen mit ihr studierte, etwas zweischneidig kommentierte: »Ich beneidete sie um ein Herz, das imstande war, für den ganzen Erdkreis zu schlagen.« Der ganze Erdkreis interessierte sie dann doch nicht. Obwohl sie Jüdin war, ging sie auf Distanz. »Ich habe keine Zuneigung zur jüdische Religion.« Gegenüber der Verfolgung der Juden in Deutschland blieb sie gleichgültig.

Sie war körperlich von schwacher Konstitution. Kopfschmerzen quälten sie ein Leben lang. Von der Notwendigkeit der Nahrungsaufnahme war sie nie ganz zu überzeugen. Vielleicht hatte sie Angst, die Befriedigung eines leiblichen Bedürfnisses könnte ihren Willen schwächen. Immer wieder suchte sie die Grenzen ihres Körpers. Sie arbeitete an schweren Maschinen, die sie überfordern mußten, und wollte sich im Bergwerk verdingen. In Fabriktagebüchern notierte sie die Stufen ihres errungenen Leids. Am Ende scheint sie glücklich geworden zu sein. Sie erlebte eine Unio mit Gott: »In mein Glas und in das seine goß er Wein, der nach Sonne duftete und nach Erde, auf der die Stadt erbaut war. Manchmal streckten wir uns auf dem Boden der Mansarde aus und die Wonne des Schlafes senkte sich auf mich.«

Im Genuß der geistigen Nahrung hungerte sie sich zu Tode. Als sie in ihr letztes Krankenzimmer geführt wurde, sagte sie: »Welch ein schöner Ort zum Sterben.« Einer ihrer letzten Wünsche war ein Kartoffelpurée nach französischer Art, wie es die Mutter zuzubereiten pflegte.

Wer war die Mystikerin zwischen Erniedrigung und Größenwahn, die mit 34 Jahren starb?

Es handelt sich um die französische Philosophin Simone Weil, 3. Feb. 1909 – 24. Aug. 1943.

108

Geboren wurde er in Istanbul als Sohn eines griechisch-anatolischen Teppichhändlers; großmütterlicherseits hatte er armenisches Blut in den Adern. Er war vier, als seine Familie nach New York auswanderte. Man wollte der türkischen Tyrannei entkommen und sich dem amerikanischen Traum stellen. Seine Autobiographie beginnt mit Überlegungen zu seiner immer akuten Empörung, die er unter seinem »anatolischen Lächeln« versteckte, einer Maske, die unverbindliche Freundlichkeit ausstrahlte. Distanz und Zugewandtheit zugleich zur Schau tragend, verbarg sie, was er empfand: Wut, Rebellion, Ehrgeiz. »Gewöhnlich verbrachte ich die meiste Zeit damit, mich anzustrengen, ein netter Junge zu sein, damit die Leute mich mochten.« Er war ein Verführer, früh ein kleiner Schauspieler auf einer Bühne, die Amerika hieß. Nein, er würde kein Teppichhändler werden, vielmehr sah er die Welt »als einen riesigen roten Teppich, der nur da lag, um von mir beschritten zu werden: weiter und weiter, und der sich endlos zog.« Die Mutter unterstützte den aufgeweckten Knaben. Heimlich. Als der Vater erfuhr, daß er eine College-Zulassung bekommen hatte, schlug er seine Frau so fest, daß sie zu Boden ging. Noch als erwachsener Mann, selbst mehrfacher Vater, soll er sich vor diesem zornigen Patriarchen gefürchtet haben. (Sonst allerdings vor niemandem.) Nach dem Examen suchte er Anschluß an eine frischgegründete, kommunenhaft lebende und arbeitende Theatergruppe der Avantgarde. Als ihr Leiter ihn fragte, was er wolle, was er von der Gruppe wolle, vom Leben, sagte er: »Das, was ich will, ist Ihr Job.« Er hatte eine Hand für Menschen. Er begann, Regie zu führen, nicht diktatorisch von oben herab, sondern (scheinbar auf gleicher Höhe) durch kluge Manipulation. Er blieb dicht am Spieler, gab ihm Zutrauen, schickte ihn in die Hölle der Gefühle. Eine Rolle, das war kein Mantel. Eine Rolle war erlebte Emotion, Leid, Emphase in Echtzeit. Eine gute Szene ergab sich aus genauer Vorbereitung und der Dynamik unbewußter Spontaneität. Ein Kampf während der Probe wurde leicht zum wirklichen Kampf; eine romantische Szene konnte abgleiten in einen öffentlichen Liebesakt. Er nutzte begrenzte Räume, verrauchte Küchen, enge Schlafzimmer, Korridore, steile Treppen, Sackgassen als Reagenzgläser für die chemischen Prozesse der Seele. Niemand konnte wie er hier Energien freisetzen. Hätte er es gewollt, erzählte einer seiner Schauspieler, wären sie für ihn aus dem Fenster gesprungen. Dann übertrug er die Regie des Theaters auf den Film. Entstanden sind »Meisterwerke zärtlicher Grausamkeit«. Zwischen 1945 und 1976 hat er neunzehn Spielfilme verantwortet, die insgesamt 20 Oscars gewannen. Für ihn wie für seine Helden galt: Der Kampf um den richtigen Weg ist von moralischer Fragwürdigkeit gesäumt.

Er war Anfang vierzig, hochgefeiert, als er (ein ehemaliges kommunistisches Parteimitglied) in der Mc Carthy-Ära als Kronzeuge auftrat und dem »Komitee für unamerikanische Umtriebe« acht Namen von Kollegen verriet. Damit verhinderte er, daß sein eigener Name auf die Schwarze Liste der Künstler kam, die praktisch mit Berufsverbot belegt wurden.

Wer war die Legende des Schauspieler-Regisseurs, von dem ein verratener Autor sagte: »Ich möchte nicht mit ihm auf einer einsamen Insel stranden, denn wenn er Hunger hätte, würde er mich bei lebendigem Leib aufessen.«

Es handelt sich um den amerikanischen Regisseur Elia Kazan,
7. Sept. 1909 – 28. Sept. 2003.

109

Der Vater, einst Offizier im Burenkrieg, züchtete und trainierte Rennpferde in Dublin. Seine um fast zwanzig Jahre jüngere Gattin gebar ihm Kinder. Er, das zweite von fünfen, schwächelte. Der Vater zwang ihn aufs Pferd, aber der asthmatische Bub starb fast, wenn er das warme Fleisch der gestriegelten Tiere roch. Zur Strafe ließ ihn der Vater auspeitschen. Doch der Junge spürte, daß er die Mißhandlung fast genoß. Er schämte sich, er war schuldig. Mit 15 verführte ihn ein Stallbursche; mit 16 erwischte ihn der Vater in der Unterwäsche seiner schönen Mutter vor dem Spiegel. Er flog raus, kam in London irgendwie auf die Beine. Der Vater schickte den Knaben nach Berlin, in die Obhut eines Onkels. »Mein Vater dachte, er würde mich ändern. Aber natürlich änderte sich überhaupt gar nichts, denn ein wenig später lagen wir zusammen im Bett.« Nach zwei Monaten sexueller Erziehung im Berlin des Jahres 1926 ging der junge Mann nach Paris, lernte Französisch und stolperte in eine Ausstellung: Picasso, Aquarelle und Zeichnungen. Er war jetzt 18; er nahm einen Stift und zog ihn übers Papier. Wieder in London richtete er sich ein ärmliches Atelier ein und hantierte autodidaktisch mit Ölfarben. Er versuchte auszustellen, die Presse ignorierte ihn, wenn sie nicht spottete. Er trank, prostituierte sich, ging in Spielcasinos. Als 1936 eine Einzelausstellung katastrophal scheiterte, rührte er sieben Jahre keinen Pinsel mehr an.

1943 vernichtet er seine frühen Sachen. Und beginnt noch einmal. Mit einem schockierenden Bild gelingt ihm der Einstieg in die Kunstwelt. Was ist ein Mund? Eine Wunde. In medizinischen Büchern studiert er eitriges Zahnfleisch, Zungenbläßchen, Gaumengeschwulste. Was ist ein Schrei? Er zerreißt das Gesicht. Wie schön die Zähne sind in einem Mund, der schreit. Dahinter rosa, bläulich, gelbfaulende Schatten. Sind das die wahren Farben von Schmerz, Lust, Angst, Wut? Er habe seinen Pinsel »ins Organische getaucht«, staunen die Kritiker und raunen vom »pulsierenden Fleisch«. Nur am Anfang läßt er Freunde Modell sitzen, dann will er ihnen nicht zumuten, bei seinen »Verletzungen« dabei zu sein. Er arbeitet aus der Erinnerung, nach Photographien, Röntgenbildern, photographischen Bewegungsstudien. Nach Velasquez malt er den Heiligen Vater und meint den seinen. Er variiert Kreuzigungen; er ist der geopferte Sohn. In Schlachthäusern fühlt er sich zu Hause. Hängt nicht auch er da, geöffnet, in schönen Tönen am Fleischerhaken?

Gewalttätige Liebesdramen. Der Mann, dem er in einer Weise verfallen ist, wie er es keinem Feind wünscht, stirbt (Alkohol, Drogen) am Abend, als er eine Ausstellungseröffnung in der Tate Gallery, London, feiert. Jetzt ist er 52 und ein Star. Der nächste langjährige Geliebte (ein schlägernder Kleinkrimineller) nimmt sich auf der Hoteltoilette das Leben, am Vorabend der Retrospektive im Grand Palais, Paris. Mit einem dritten Freund, der offensichtlich weiß, wann er sich zurückziehen muß, ist er die letzten 14 Jahre seines Lebens zusammen. Man trifft sich morgens in Soho zum Frühstück; der Freund ißt das Gelbe vom Ei, er das Weiße. Er ist der Alleinerbe, als der Maler 82jährig stirbt. Im Mai 2008 erzielt eines seiner Triptychen 86,3 Millionen amerikanische Dollar.

Wer war der Maler, der einmal sagte: »Ich wollte immer das Lächeln malen, aber es ist mir nie gelungen«?

Es handelt sich um den irischen Maler Francis Bacon,
28. Okt. 1909 – 28. April 1992.

110

*I*hre Mutter hatte blaue Augen, goldene Locken und nur einen Wunsch: Schauspielerin zu werden. Als ihr Vater das begriff, verheiratete er sie mit einem reichen Zahnarzt. Da saß sie in der Ehefalle und hoffte auf eine Tochter, die es besser machte.

Sie war diese Tochter, wie ihre Mutter ein Einzelkind. Und bereits im Uterus war sie von der Mutter dazu erzogen worden, ein perfektes Baby zu werden. Pränatale Einflüsse sind entscheidend. Deshalb: Konzerte, Museumsbesuche, universitäre Vorträge! Dann wuchs sie auf unter dem Stolz und der Bürde, der Sinn des Lebens ihrer Mutter zu sein. Doch trotz blauer Augen, goldener Locken wünschte sie sich nichts mehr als einen lieben Mann und viele Kinder.

Die Ehe der Eltern zerbrach; wenn sie den Vater sehen wollte, machte sie einen Zahnarzttermin aus. Mit 16 brennt sie mit einem jungen Geschäftsmann und Erben durch. Heimliche Heirat. Los Angeles. Ein Leben im Kreis der Jeunesse dorée. Bald langweilt sie der Party-Alltag. Eine Freundin hat einen Termin bei den Fox Filmstudios und kein Auto. Sie fährt sie hin, fällt auf mit ihrer »Sanduhrfigur«, den langen Beinen, dem gleißenden Haar. Steckt das Empfehlungsschreiben weg, das ihr jemand auf der Straße gegeben hat. Wochen später erinnert sie die Freundin daran. Und das Spiel beginnt. Komparsin, kleine Engagements. Sie ist 19, als sie so etwas wie einen Durchbruch schafft. Ihr Satz: »Wären Sie schockiert, wenn ich in etwas Bequemeres schlüpfte«, schreibt erotische Filmgeschichte. Sie wird das »blonde Gift«, die »Sexbombe«, die Frau, die in jungenhaftem Ungestüm mit etwas spielt, von dem sie wohl keine Ahnung hat: »Welche Nutte soll ich nun wieder sein?« Und dann konnte sie sagen: »Ich bin die schlechteste Schauspielerin, die jemals in Filmen gespielt hat, aber ich kann Spielen lernen, und ich werde es.« Doch bei ihrem Haar, ihrer Silhouette waren alle zufrieden, und den Kinokassen fehlte nichts. Die Mutter machte die Managerin; der Stiefvater den (veruntreuenden) Finanzverwalter. Sie wird professionalisiert: stundenlange, giftige Sitzungen beim Friseur. Erst das helle Haar bleichen, dann mit einer Platinfarbe tönen. Wöchentliches Nachbessern des Ansatzes. Ein brennendes Schwefelhölzchen ist sie, auf der Leinwand phosphoreszierend. Die unwiderstehliche Nymphe mit den schwarzschattierten Augen, der makellos weißen »Albino-Haut«, die keinen Büstenhalter trägt, dafür Pelze über der nackten Schulter, Satin und Seide. Dann erkennen die Studiochefs etwas Unerhörtes: sie ist eine »Sexquisite«, aber sie hat Sinn für Komik, stolpert pointiert in hinreißende Wortwechsel. Doch sie findet ihr Leben nicht lustig. Nach der Scheidung vom ersten Mann heiratet sie 21jährig einen doppelt so alten Hollywood-Häuptling. Er gilt als Frauenversteher. Und als impotent. Sie aber, die »Sexbombe«, schätzt seinen Intellekt und seine Zärtlichkeit. Zwei Monate nach der Heirat erschießt er sich im Badezimmer. (Sein Tod bleibt ein Rätsel.) Von einem dritten Gatten wird sie endlich schwanger; er liebt sie, aber er ist ehetraumatisiert. Sie treibt, mit 25 Jahren fast selbst noch ein Kind, das ersehnte Baby ab. Anfang 1937 widmet ihr »Life« ein Titelbild; wenige Monate später stirbt sie, 26jährig, an einem nicht geklärten Nierenversagen.

Wer war die Frau, die erklärtermaßen an Sex wenig Interesse hatte und doch zum Prototyp der heißen Blondine wurde?

Es handelt sich um die amerikanische Schauspielerin Jean Harlow, 3. März 1911 – 7. Juni 1937.

111

Sein Vater war ein Handlungsreisender, der sich für Poker, Alkohol und Frauen interessierte; seine pietistische Mutter träumte von ihrer Jugend in besseren Verhältnissen. Sein Bruder war Papas Darling, die Schwester psychisch krank. Ein Studium der Publizistik und Theaterwissenschaften muß er abbrechen, weil kein Geld mehr da ist. Er arbeitet und lernt für das Leben in einer Schuhfabrik, als Portier, Kellner, Platzanweiser, aber auch als Hühnerrupfer auf einer Geflügelfarm. »Man schnitt dem Federvieh die Gurgel durch und hielt es an seinen heftig zuckenden Beinen über einen Eimer, in den hinein es sein Leben ausblutete. Für jedes Huhn, das wir dann rupften und für die Märkte von Los Angeles herrichteten, taten wir eine Feder in die Milchflasche, die mit unserem jeweiligen Namen gekennzeichnet war, und wurden abends, nach Arbeitsschluß, entsprechend der Anzahl von Federn in unsren Flaschen entlohnt.« Nicht daß die Bezahlung gut gewesen wäre, aber die Flüche und Philosophien, die ein solcher Arbeitsplatz mit sich brachte, entschädigten ihn. Noch in seinen Memoiren zitiert er einen der Hühnerrupfer: »Weißt du, wenn du dich nur lange genug an dieser Küste herumtreibst, fliegt eines Tages eine Möwe über dich hinweg und scheißt dir einen Topf Gold auf den Kopf.« Die Illusion stirbt zuletzt. Sein Durchbruch als Dramatiker kommt mit einem Stück, das in Hollywood durchfällt, auf einer Bühne von Chicago aber zum Erfolg wird. Es ist aus dem Stoff seiner Familie gemacht. »Ob ich mir gefallen habe?«, fragt seine Mutter, als sie es sieht. Ein aufmerksamer Theaterkritiker bescheinigte ihm einmal, daß sein eigentliches Thema der Inzest sei. Er war homosexuell, und er liebte seine Schwester, »ohne daß das leiseste sinnliche Begehren unser Verhältnis getrübt hätte«. Es gab Zeiten, da verbrachten sie jeden Abend zusammen. »Meist schlenderten wir durch die Geschäftsstraßen von University City. Es war eine Art rituelle Handlung, verbunden mit einem Überschwang der Empfindungen.« Eine eher belanglose Straße, ein Getränkestand mit Kräuterlimonade, ein Schaufensterbummel, bei dem sie sich Kleider aussucht, die sie nicht kaufen kann. Danach das gemeinsame Plaudern in ihrem elfenbeinfarbenen Schlafzimmer. Die Wehmut von Hemmungen statt Zärtlichkeit, Hände, die sich nicht berühren, es sei denn beim Tanz: »Sie hatte mir das Tanzen beigebracht, nach den Klängen eines uralten ›Victrola-Grammophons‹.« Sie ist schmal, hat grüne Augen und braune Locken. Sie ist sehr still. Abends stellt sie einen Krug mit Eiswasser vor die Tür. Sie sagt: »Ihr dürft Euch nie über einen Geisteskranken lustig machen. Es ist schlimmer als der Tod.«

Wer war der bahnbrechende Autor des amerikanischen psychologischen Dramas, der rückblickend sagte: »Für einen Menschen, der so häufig am Rande des Untergangs stand, war mein Leben bemerkenswert glücklich, mit vielen, sehr vielen Augenblicken der Glückseligkeit, ›befleckte‹ und ›unbefleckte‹«?

Es handelt sich um den amerikanischen Schriftsteller Tennessee Williams, 26. März 1911 – 25. Feb. 1983.

112

*E*in Mann wie er hieß nicht Emil. Emil war etwas für Friseure. Also gab er sich zwei beziehungsreiche Initialen. Ein Mann wie er lachte nicht. (Freunde erzählen, daß er oft ausgesprochen heiter war.) Um so besorgter achtete er darauf, für Photographien ernst auszusehen. Ein Mann wie er war einsam. Deshalb streifte er nur alleine durch die Pariser Salons und versteckte »sa compagne«, wenn Besuch kam, hinter einer Schiebetür. Diese Frau aber hat ihn über Jahrzehnte als Englischlehrerin ernährt; Grund genug für ihn, zu einer zweifelhaften Pointe auszuholen. »Als man mich einmal fragte, wie ich habe leben können bei so einem ›Beruf‹, habe ich geantwortet: ich war Zuhälter. Das ist nicht wahr, aber etwas daran stimmt. (...) Für mich ist ›Zuhälter‹ ein viel allgemeinerer Begriff. Ich meine, wenn ein Schriftsteller mit einer Frau lebt, die für beider Leben verdient, dann ist er ein ›Zuhälter‹.« Diese Frau aber hat nicht nur »für beider Leben verdient«. Die französische Muttersprachlerin und Philologin hat alle seine Texte getippt und redigiert. Und da er, seit er mit ihr zusammenlebte, auf Französisch schrieb, was für ihn eine Fremdsprache war, ist kaum abzuschätzen, wieviel sein Stil ihrer Sensibilität verdankt. Nach seinem Tod hat sie seine 34 Arbeitstagebücher aus 15 Jahren abgeschrieben und herausgegeben; kurz nach dem Erscheinen der 1000seitigen »Cahiers« fand man sie tot am Fuß einer Steilküste in Dieppe, ihrem gemeinsamen Ferienort. Sie wurde in seinem Grab auf dem Friedhof von Montparnasse beerdigt.

Er war der Sohn griechisch-orthodoxer Eltern; sein Vater brachte es zum Metropoliten. Doch das tägliche Beten schien den Knaben nicht beeindrucken zu können. Überzeugender war der Totengräber vom angrenzenden Friedhof. »Er reagierte wie eine Frohnatur, wenn er Gräber aushob und mit Totenschädeln Fußball spielte. Ich habe mich immer gefragt, wie er so zufrieden sein konnte, jeden Tag. Ich fragte mich, warum man das alles im Leben erfahren soll. Nur um als Leiche zu enden?« Bereits als Fünfjähriger will er an einem Nachmittag in seinem karpatischen Bergdorf einen Augenblick erschreckender Langeweile erfahren haben: »Meine Langeweile vermischte sich womöglich mit meiner Weltangst, mit meinem Zurückweichen vor allem, was mit der Welt zusammenhängt.« Später wird er diesen Zustand immer wieder neu erleben, etwa: »Es war gegen drei Uhr nachmittags, als mich so ein Gefühl des Nichts, der Substanzlosigkeit beschlich.« Gymnasium, Philosophiestudium, ein kurzer, radikal scheiternder Versuch, als Lehrer zu arbeiten. Bald lebt er frei, ein Staatenloser in Paris: »Bücher-Bordell-Flasche«. Als seine Mutter sein erstes Buch liest, zwingt sie ihn, sich untersuchen zu lassen. Wer so etwas verfaßt, meint sie, müsse Syphilitiker sein. Er war es nicht. Am 18. November 1942 spricht er in der Kantine eines Studentenwohnheims eine blonde Frau an, die etwas größer ist als er. Er weiß nicht, daß sie Geburtstag hat. Sie wird »sa compagne«. Er ist irritiert: »Wie ist es möglich, daß ich mich verliebe? Aber ich habe mich verliebt. Ich habe mich sogar immer dann verliebt, wenn ich in einer besonders selbstmörderischen Stimmung war.« Später behauptet er, das von der deutschen Besatzung verhängte Bordellverbot habe ihn von Frauen abhängig werden lassen: »die erste große Niederlage in meinem Leben! – Ich verstand, daß ich doch ein Tier bin.«

Wer war der große Aphoristiker, der von sich sagte: »Seine Stilmittel: Fluch, Telegramm, Grabspruch.«

Es handelt sich um den rumänischen Philosophen E. M. Cioran, 8. April 1911 – 20. Juni 1995.

113

Mit 26 Jahren war er zum Katholizismus konvertiert, und er zelebrierte diesen Glauben, wie es nur ehemalige Protestanten können. Tägliche Kommunion, Fürbitten an den Heiligen Judas, den Schutzpatron für hoffnungslose Fälle, und in alltagspraktischen Fragen war Maria für ihn da. »Nicht daß er ›Ich weiß das von der Heiligen Jungfrau Maria‹ gesagt hätte«, erinnert sich ein Kollege, »aber aus dem, was er gesagt hat, ging doch eindeutig hervor, daß er sie in bestimmten Dingen befragte und sich mancher Sachen deshalb so sicher war, weil die Jungfrau ihm seine Vermutungen bestätigt hatte«. Mit 30 begann er, an verschiedenen Universitäten Literaturwissenschaft zu unterrichten, er gründete ein Ideen-Magazin und eine Gesellschaft, die kreative Ratschläge für Geschäftsleute anbot. Zu Hause waren nicht nur seine Frau und seine sechs Kinder angehalten, vor dem elterlichen Bett knieend eine Stunde lang den Rosenkranz zu beten. Eine Freundin erzählt: »Nach dem Abendessen mußten ausnahmslos alle, die gerade da waren, niederknien und den Rosenkranz beten. Niemand wagte es, ihm zu widersprechen. Wenn er sagte, wir machen das jetzt, dann machten wir es auch.« Gebete waren ihm »ein ständiger, ununterbrochener Dialog mit dem Schöpfer«, und sie waren ihm unverzichtbar, weil er fest an die Hölle glaubte. Seiner Meinung nach arbeitete die Kirche zu wenig mit den Vorstellungen der ewigen Verdammnis. Sie sollte sich an der Presse ein Beispiel nehmen. So wie Zeitungen schlechte Nachrichten brauchten und nutzten, um gute, also Werbung, zu verkaufen, so müßte die Kirche die Hölle nutzen, um die Auferstehung zu vermarkten. Zu seiner radikalen Religiosität, die die patriarchalische Züchtigung der Kinder und ein gutes Maß an Frauenverachtung einschloß, kam ein ausgeprägter Aberglaube. Er konnte es ablehnen, der dreizehnte Gast einer Tafel zu sein. Dann mußte sich seine Sekretärin dazusetzen. In einem Schrank verwahrte er die Kleider seiner verstorbenen Mutter, und er hörte, wie sie ab und an von ihrem Geist wieder bewohnt wurden. Man verehrte ihn als Guru-Professor und verlachte ihn als Spinner. Die New York Times bezeichnete ihn als »wichtigsten Denker seit Newton, Darwin, Freud und Einstein«. Wenn seine Studenten ihm vorhielten, er habe sich in der vergangenen halben Stunde einundzwanzigmal widersprochen, so konterte er nur belustigt, daß sie einfach ihren linearen Denkgewohnheiten aufsäßen. Pausenloses Reden war unaufhörliches Denken war Dasein. Seine Freunde fürchteten seine berüchtigten Anrufe frühmorgens gegen zwei Uhr, in denen er ihnen litaneihaft etwas auseinandersetzte, worüber er schon unzählige Male gesprochen hatte, in der Hoffnung, auf eine neue, unerwartete Nuance zu kommen.

Die Hölle hat ihn zu Lebzeiten eingeholt. Nach einem Schlaganfall konnte er nicht mehr lesen und schreiben und sprechen. Er brachte noch ein »oh boy, oh boy« heraus oder ein »wuh, wuh«. Sein »Speak & Spell«-Gerät mochte er nicht: er wollte nicht akzeptieren, daß Computerchips reden können, er aber nicht. Kurz vor seinem Tod bekam er einen monströsen Lachanfall. In einer Comedyshow im Fernsehen erzählte der Teufel, das Erfinden der achten Todsünde habe ihn viel mehr Kraft gekostet als die Kreation der andern sieben. Die achte Todsünde war die Werbung.

Wer war der Medientheoretiker, dessen Buchtitel zu geflügelten Worten geworden sind?

Es handelt sich um den kanadischen Philosophen und Medientheoretiker Marshall McLuhan, 21. Juli 1911 – 31. Dez. 1980.

114

*F*ür seinen Schweizer Übersetzer war er »ein leiser Mensch von sensibler Aufmerksamkeit, mit offenem, fragendem Gesicht, von Allüren der Selbststilisierung ebenso weit entfernt wie von Leutseligkeit, ein sinnenhafter Eremit (was nur Puritaner als Widerspruch auffassen), Zigarettenraucher, ein Mann auch, für den es längst natürlich schien, keine Krawatte zu tragen (das fiel 1963 noch auf) … Und ich erinnere mich an zwanglose literarische Gespräche.« Als er den Nobelpreis bekam, ging ein verlegenes Räuspern durch die Redaktionen der Feuilletons. Niemand kannte ihn. Er war ein Monument von Unauffälligkeit. Nun hochgeehrt, zog er es vor, seine kleine Wohnung in Kolonaki zu behalten. »Ich will mich auf das Wesentliche beschränken«, sagte er.

Er war der Sproß einer großbürgerlichen griechischen Dynastie. Der Vater ließ auf Kreta Olivenöl pressen und Kernseife herstellen. Und als er 1914 in Piräus eine Seifenfabrik aufmachte, zog die Familie von Heraklion nach Athen. Er war drei Jahre alt. Doch die Sommer verbrachte man weiterhin auf der Ursprungs-Insel des Clans: Lesbos. »Sappho ist meine Cousine«, sagte er gerne. Das war keine literarische Anmaßung, sondern ein verwandtschaftliches Bekenntnis zum Licht der Ägäis, dem wüstentrockenen Flimmern der Luft, die aus der Sahara kam, dem silbernen Zittern von Olivenbäumen, dem allgegenwärtigen Blau der Empathie. Er zog sich zurück wie einer, der wußte, was es hieß, ausgesetzt zu sein. Seine Biographie war eng mit der Geschichte Griechenlands verbunden: Kleinasiatische Katastrophe (Bevölkerungsaustausch), Besetzung des Landes durch die faschistischen Achsenmächte (Berlin-Rom), Krieg (er kämpfte an der albanischen Front und starb knapp nicht an Typhus), Bürgerkrieg. Atempause. Militärdiktatur. In Paris suchte er unter den Surrealisten nach dem »wahren Gesicht Griechenlands«, er wußte, die Sprache der Dichter ist »zu günstigem Preis erworben aus den Speichern des Hades«. Er übersetzte die Apokalypse des Johannes. Und doch, oder gerade deshalb, hielt er fest an der Schönheit; demütig trunken pries er, was für ihn ewig hellenisch war (so der Sommer, den er als nackten Leib eines jungen Mannes zeigte). Sein Hauptwerk wurde die »Bibel des neuen Griechenlands« (Schulkinder sangen seine Zeilen in den Straßen).

Er lebte mit der »Prophetie der Wildolive«: Und der ganze, »die Länge der stäubenden Gischt einnehmende Hang / weit über meinen Kopf hinaus orakelte und flirrte / Myriaden blau flimmernder cherubinischer Insekten / Ja stimmte ich zu ja / diese Meere werden sich rächen / Eines Tages werden sich diese Meere rächen«.

Als ein Messias »der Welt, der kleinen und der großen«, konnte er von den Sonnenflecken künden, die sich auf der Oberfläche eines Holztisches spiegelten.

Wer war der Autor des griechischen Lichts, des griechischen Leids, der schrieb: »Stundenlang sitze ich, beobachte das Wasser / Auf den Gehwegplatten, bis es schließlich ein Gesicht bildet, das mir gleicht und leuchtet // Vom Glanz / Meines verflossenen Lebens«?

Es handelt sich um den griechischen Dichter Odysseas Elytis,
2. Nov. 1911 – 18. März 1996.

115

*V*ermutlich hat er früh verstanden, daß das Leben ein Würfelwurf ist. Er war das dritte Kind seiner Eltern: das erste kam tot auf die Welt, das zweite hatte einen Wasserkopf und starb nach zwei Wochen. Er kam und blieb. Die Eltern gaben ihm den Namen seines Erzeugers. Vielleicht sollte ihn das schützen. Der Vater war ein leidenschaftlicher Erfinder und entwickelte gerade ein Untersee-Boot. (Dabei gefiel ihm, daß es Luftblasen aufstiegen ließ; wäre es in Seenot, könne man es leicht finden. Sein Konkurrent stach ihn aus. Er entwickelte eines ohne Blasen. Das war dann kriegstauglich.)

Der scheue Sohn seines Vaters lernte früh die Tücken der Pragmatik kennen. Allem, was scheinbar selbstverständlich und reglementiert war, traute er nicht. Seine ersehnte Zuflucht lag im Zufall. So las er nicht die vorgeschriebenen Seiten im Geschichtsbuch, sondern griff in der Bibliothek nach dem erstbesten Buch, dessen Autor mit Z begann. Daß er die Prüfung trotzdem bestand, gab ihm bitter recht. Auf einen College-Abschluß verzichtete er und erklärte den braven Eltern, eine Europareise sei für einen angehenden Schriftsteller sinnvoller als ein Examen. In Sevilla überfiel ihn »eine plötzliche Freude, als ich gewahr wurde, daß ich verschiedene Musikstücke gleichzeitig hören konnte«. Irgendwie kam er an ein Klavier und versuchte, zum ersten Mal zu komponieren. Die Sachen, die er machte, fand er schlecht und warf sie weg.

Wieder zu Hause hatte er zwar kein Geld, aber umso mehr Ideen. Er verdingte sich als Gärtner auf dem Gelände eines Motels und bekam dafür eine Wohnung und einen großen

Raum über einer Garage. Gegen den Hunger suchte er Pilze im Wald. Brechdurchfälle disziplinierten ihn, sich ein umfassendes mykologisches Wissen anzueignen. Bald verkaufte er Pilze an Nobelrestaurants und legte sich eine Pilztrockenmaschine aus zweiter Hand zu. Manchmal arbeitete er auch als Koch. Dann kam er auf den guten Gedanken, von Haustür zu Haustür zu ziehen und freundliche Hausfrauen zu Vorträgen einzuladen, gehalten von ihm persönlich, betreffend Fragen der modernen Kunst, zehn Stück für 2 Dollar 50. Erstaunlicherweise hatte er meist mehr als 20 interessierte Zuhörerinnen, die zu ihm in den großen Raum über der Garage kamen. »Ich wollte nicht Professor werden, nur durchkommen.« Diese Vorträge zu moderner Malerei und Musik bereitete er von Woche zu Woche in der öffentlichen Bibliothek vor. »Auf diese Weise brachte ich mir alles selbst bei, was auf diesen beiden Gebieten vor sich ging.« Manchmal arbeitete er in Krankenhäusern als Animateur der Kinder von Besuchern. Da die Patienten nicht gestört werden durften, erfand er Spiele, in denen das leise Herumgehen durch die Räume, das Zählen der Schritte, die Konzentration auf Rhythmen und Stille wichtig waren. Seinen einträglichsten Coup verdankte er der Not der frühen Jahre: als Pilzspezialist wurde er zum Star einer populären italienischen Quizsendung. Nach dem fünften erfolgreichen Auftritt gewann er 8000 Dollar. Er kaufte sich einen Steinway-Flügel und für die Tanztruppe seines Freundes einen Volkswagen-Bus.

Wer war der Vater des musikalischen Zufalls?

Es handelt sich um den amerikanischen Komponisten John Cage,
5. Sept. 1912 – 12. Aug. 1992.

116

Zu ihrer Geburtsstunde versank die Sonne hinter den schneebedeckten Gipfeln von Kantschindschanga und Mount Everest, und in Darjeeling gingen die ersten Lichter an. Rosenhäutig schön erblickte sie das Licht der Welt. Bereits mit drei Jahren stand sie in Utacamund (einer Vorstadt von Bangalur, wohin ihre Eltern gezogen waren) auf einer der kolonialen Laienspielbühnen als Meißner Schäferin, mit Hirtenstab, geblümter Haube, Rosetten an Rock und Schuhen. Ihre Mutter applaudierte gerührt. Sie lebte mit einem gutaussehenden Mann, der sie ständig betrog, und dem felsenfesten Glauben an den Gott der katholischen Christenheit. Die Seele ihrer Tochter würde sie retten. Zunächst ersetzte sie das geliebte indische Kindermädchen durch eine katholische Erzieherin, doch langfristig gehörte das Mädchen ins kultivierte Europa. Zum Entsetzen der Kleinen gab sie sie mit sechseinhalb Jahren in die Klosterschule »Herz Jesu« bei London. Bedenken der Schwester Oberin, das Mädchen sei viel zu jung, ignorierte die Mutter. Im Kloster lernte das Kind, daß Lackschuhe unanständig seien, weil sich darin die Unterhose spiegeln könnte, und daß man am Abend die Wäsche fein säuberlich zusammenlegen und mit einem weißen Hemd bedecken mußte, damit niemand die persönlichen Kleidungsstücke sah. Die Strümpfe kamen dann oben drauf, gelegt in Form eines Kreuzes, wie ein Siegel.

Noch sehr viel später als erfolgreiche junge Frau wird sie in den Hotels der Welt, durch die sie zog, ihre Kleidung sehr korrekt gefaltet über einen Stuhl legen und mit einem spitzenbesetzten pfirsichfarbenen Tuch bedecken, das sie eigens zu diesem Zweck hatte nähen lassen. Schon immer hatte sie gewußt, daß sie Schauspielerin werden wollte. Und nach einigen Klosterschulen, einem Internat im edlen Pariser Vorort Auteuil (wovon sie die Mutter sofort wieder entfernte, da ihr zu Ohren kam, ihre Tochter benutze einen Lippenstift), einem Abschluß im bayrischen Bad Reichenhall gleitet sie mit einigen Semestern auf einer Londoner Schauspielschule scheinbar leicht in eine Karriere. Sie war klug, bescheiden, hatte eine natürliche Anmut und war von auffallender, ebenmäßiger Schönheit. Ihre Melancholie fällt nicht weiter auf. Mit neunzehn heiratet sie, mit zwanzig ist sie Mutter. Sie verliebt sich in einen Schauspieler, gibt die Ehe auf und das Kind fort. Sie ist 24, als ein Film sie über Nacht zur Ikone macht. Freunde beginnen, von Depressionen und Alkoholmißbrauch zu sprechen. Bald und über viele Jahre hin wird sie unter Vollnarkose mit Elektroschocks und dann mit Drogen behandelt. Die Ärzte diagnostizieren fälschlicherweise Schizophrenie. Sie spielt weiter, immer unter der Angst, wahnsinnig zu werden. Eine chronische Tuberkulose wird erkannt. Sie ist Anfang 50, als sie während der Vorbereitungen für ein Theaterprojekt tot in einem Londoner Appartement aufgefunden wird. Für eine Stunde werden im Londoner Theaterbezirk alle Lichter abgestellt.

Wer war die verlorene Schauspielerin, die den Kuß geheiligt hat?

Es handelt sich um die britische Schauspielerin Vivien Leigh.
5. Nov. 1913 – 8. Juli 1967.

117

*E*r wurde an der Küste der Nordsee geboren in einer stürmischen Herbstnacht, am Gedenktag der römischen Märtyrerin Cäcilia, der Schutzheiligen der Kirchenmusik. Später behauptete er gerne, er könne sich an die ersten Momente außerhalb des Mutterleibs erinnern, an ein subtiles Geräusch fistelnder Gaslampen. Mit drei Monaten bedrohte ihn eine Lungenentzündung, er war zu schwach, um zu saugen. Die verzweifelte Mutter preßte Milch aus ihren Brüsten in einen Füllfederhalter und träufelte sie dem Kleinen in den Mund. So kam er durch. Er wurde mit dem Meer groß, einem unaufhörlichen Rauschen von Wellen und Brandung, in das sich die Schmerzlaute der Patienten aus der väterlichen Zahnarztpraxis im Hause mischten, dazu das Klavierspiel der Mutter. Sie hatte das absolute Gehör, erkannte seine Geräuschempfindlichkeit und wußte: ihr Sohn war ein Wunderkind. Sie schob ihm zwei Kissen unter den Hintern auf dem Klavierstuhl und leitete ihn an. Tatsächlich machte sich der Kleine gut; mit fünf wollte er komponieren. »Hunderte von Punkten, über die ganze Seite gesät, waren durch lange Linien mit wundervollen Schnörkeln verbunden. Ich muß zugeben, was mich wirklich interessierte, war das Muster auf dem Papier, und als ich meine Mutter bat, es mir vorzuspielen, hat mir das Entsetzen auf ihrem Gesicht einen ziemlichen Schlag versetzt. Bei meinem nächsten Versuch nahm ich bereits mehr Rücksicht darauf, wie es klingen würde.« Wie viele englische Buben litt er im Internat. Später wurde von Mißbrauch gemunkelt; belegt sind rituelle Prügelstrafen, sadistische Initiationsriten. Der Unterricht war langweilig, der Schulchor finster: »Ich habe«, schreibt er an »Mummy darling« nach Hause, »niemals zuvor einen solchen Schock gehabt.« Überhaupt fehlt ihm die Mutter sehr. Ihr abgöttischer Glaube an seine Begabung, das gemeinsame Musizieren hat eine besondere Bindung zwischen ihnen geschaffen: »Durch die Musik war unsere Beziehung so unermeßlich groß.« Noch mit 17 Jahren fleht er die Mutter an: »Du wirst doch kommen, oder etwa nicht, Liebling, wenn der Schnee einmal fort ist und es mir besser geht und man mir erlaubt, mit Dir auszugehen? Bitte, bitte, tu es.« Als die Mutter mit erst 63 Jahren im Sterben liegt, notiert er ihre delirierende Verwirrung: »Sie sprach zu mir, als ob ich nicht ihr Sohn, sondern ihr Liebhaber wäre.« Dann versinkt er in alte Photographien und vertraut seinem Tagebuch an: »Mum, erscheinend als absolute Schönheit, an solch ein Mädchen könnte ich mein Herz für immer verlieren.« Doch er ist schon auf einem anderen Weg. Seit kurzem kennt er einen jungen Mann, Peter, Tenor, der ihn klangintim mit der Mutter vereint. Freunden fällt es sofort auf: die Stimme der Mutter und die Stimme Peters »ähnelten sich unglaublich«. Und er selbst formuliert: »Peter ist wie eine Mutterhenne«. Die beiden werden ein lebenslanges Paar, wobei er sich nie zur Homosexualität bekennt. Eros findet in der Musik statt. Das kannte er schon, und so bleibt er, voller Lust an Regressionen, das ewige Kind, das die Mutter liebt. Peter singt mit ihrer Stimme: »O segne die Freiheit, die du nie wähltest«, wie er es für die männliche Mutter komponiert hat. Und er begleitet sie auf dem Klavier.

Wer war der wunderbare Komponist, dessen Werke die Bitonalität auszeichnet, dieses Nebeneinander zweier Tonarten in demselben Stück?

Es handelt sich um den englischen Komponisten Benjamin Britten, 22. Nov. 1913 – 4. Dez. 1976.

118

*M*anches bleibt unerklärlich. Ihre Anmut zum Beispiel, ihre Güte, ihre samtene Schönheit. Wer ahnt, was sie hinter sich hatte, wird nicht verstehen, wie sie so bleiben konnte: strahlend, weich, scheu. Eine große Liebende, die an die falschen Männer geriet, an die falschen Frauen wohl auch. Und doch schien sie selbstverständlich sicher in ihrem Körper. Groß, füllig, auf High Heels konnte sie Kollegen und Freunde in ihrer Garderobe nackt empfangen, als sei ihre schöne Haut ihr sicherster Schutz. Eine paradoxe Königin. Sie wurde geboren als Tochter einer neunzehnjährigen Mutter, die als Beruf »Hausfrau« angab; ihr mutmaßlicher Vater war ein sechzehnjähriger Banjospieler. Da sich die Mutter nicht weiter für das Kind interessierte, wuchs es bei Großmutter und Tante auf. Doch schon mit zehn steckte ein Jugendgericht die Kleine für ein paar Monate in ein Heim, weil sie die Schule schwänzte. Sie kam zur Oma zurück. Am Weihnachtsabend 1926, sie war elf Jahre alt, vergewaltigte sie ein Nachbar. Vermutlich war das nicht wirklich ungewöhnlich in den Straßenzügen, in denen sie groß wurde. Mit vierzehn folgte sie der Mutter nach New York, kellnerte in Bars und sang für die Münzen, die man vor ihr auf den Boden warf. Nach einer nächtlichen Razzia fand sie sich in einer Besserungsanstalt wieder. Nach der Entlassung sang sie weiter und prostituierte sich, weil das mehr Geld brachte, meistens jedenfalls. Sie ist achtzehn, als ein Musikproduzent sie entdeckt. Und nun avanciert sie zur schwarzen Sängerin in einer weißen Band. Und weil sie keinen sehr schwarzen Teint hat, muß sie ihr Gesicht schwarz einfärben, damit sie dem Klischee genügt.

Auf einer Tournee durch die Südstaaten darf sie keine öffentliche Toilette benutzen. Die Hotels, in denen sie singt, betritt sie, im Unterschied zu den weißen Musikern, durch den Hintereingang. Auch zurück in New York ist sie die beklatschte Stimme auf der Bühne und die minderwertige Schwarze, sobald sie die Bühne verläßt. Sie trennt sich von ihrer Band, nimmt ein Engagement im New Yorker »Café Society« an, dessen Besitzer sich gegen die Rassentrennung engagiert. Einmal sitzt dort ein russischer Jude, ein Lehrer, ein Kommunist. Er hat ein Photo in der Zeitung gesehen mit einem erhängten Schwarzen an einem Baum. Ein Bild alltäglicher Lynchjustiz. Er hat ein Lied geschrieben über diese seltsame Frucht im Wind. Es wird ihr Lied werden. Sie, die glamoureuse Jazz-Sängerin, die Blues-Interpretin, die noch dem flachsten, sentimentalsten Song Eindringlichkeit gibt, wird zur politischen Stimme. Manchmal schließt sie nun Verträge ab, in denen sie festlegt, daß sie dieses Lied am Ende singen darf. Das Lied wird zum Ritual. Seit wann sie heroinabhängig war, weiß man nicht. Ein Strauß von Drogen gehörte jedenfalls früh zu ihrem Alltag. Am Ende beginnt sie den Tag mit Gin, mit dem sie ihn beendet. Nach mehreren Gefängnisaufenthalten wird sie mit 44 Jahren in einer Klinik sterben, von Polizistinnen bewacht. Offiziell ist man wegen des Verstoßes gegen das Betäubungsmittelgesetz hinter ihr her; in Wahrheit nimmt man ihr übel, daß mit ihr eine Bürgerrechtsbewegung begonnen hat.

Wer war die wunderbare Sängerin, die ihre Autobiographie mit den Schlußsilben ihres großen Liedes beenden wollte: »Bittere Ernte«?

Es handelt sich um die amerikanische Jazzsängerin Billie Holiday, 7. April 1915 – 17. Juli 1959.

119

Kunst wie die meine«, schrieb sie im Alter an einen Freund, »ist nur verstümmeltes Leben, eine Sünde wider den Geist, unverzeihbar.« Literaturkritiken waren ihr »sehr peinlich. Die guten fast mehr als die schlechten.« Überhaupt war ihr »das Dichten so peinlich. Es ist schamlos.« Eine normale Frau tat so etwas nicht; sie aber sah sich als Außenseiterin, gehalten letztlich nur von dem, was sie schrieb: »Ach schreien, schreien! – Eine Füchsin sein / und bellen dürfen, bis die Sterne zittern!« Das wahre Leben hätte anders ausgesehen: »6 Kinder, um für sie arbeiten zu können: das ist Leben. Das Leben ist so heilig, vielleicht wissen Gesunde das nicht.« Sie war nie gesund.

Sie war das neunte Kind einer proletarischen Flickschneiderin und eines Grubenmaurers. Schon mit sechs Wochen hatte sie Skrofulose, eine Mangelkrankheit, bei der sich auf dem ganzen Körper nässende Wunden bilden. Mit drei Jahren beginnt der Reigen der Lungenentzündungen; die Skrofulose schlägt sich auf die Augen und läßt sie fast erblinden. Mit vier kommt sie ins Krankenhaus, wo ihr die Ärzte keine Chance mehr geben. Die Mutter entführt das Bündel nach Hause. Der Dorfarzt, der sieht, daß nichts mehr zu verlieren ist, riskiert eine radikale Röntgenbestrahlung und rettet die Kleine, die von nun an mit Brandnarben lebt. Schwächlich, die nässenden Wunden bis über den Kopf in Verbandsstoff eingewickelt, absolviert sie innerhalb von sieben Jahren die dreiklassige Grundschule. Mit zwölf kommt sie in eine Augenklinik, wo ihre Sehkraft verbessert werden kann. Nun geht sie wie die Mutter in die Leihbibliothek. Strickend trägt sie zum Lebensunterhalt bei und liest über den Nadeln. Bald beginnt sie, Verse auf der Fensterbank zu schreiben. Eine nicht erkannte Mittelohrentzündung läßt sie auf einem Ohr ertauben. Mit siebzehn schickt sie Texte an einen Verlag und bekommt sie zurück. Daraufhin vernichtet sie alles, was sie bislang geschrieben hat, und versucht, sich das Leben zu nehmen. In der »Irrenanstalt« will man ihr mit einer Arsenkur helfen.

Innerhalb eines halben Jahres verliert sie Mutter und Vater; sie heiratet einen um 36 Jahre älteren, verarmten Gutsbesitzer und haust mit ihm in einer lausigen Dachkammer. Als ihr ein Band Rilke-Gedichte in die Hände fällt, ist ihr, als habe man »einen Brunnen geschlagen«. Nun findet sie ihren eigenen Ton.

Nie hat sie Geld; im Alter bezahlt sie ihren Psychiater mit Manuskripten. Der Staatspreis für Literatur, den sie drei Jahre vor ihrem Tod erhält, kommt zu spät.

Wer war die Schriftstellerin, die mit einer nicht verwechselbaren Stimme in die Weltliteratur der Moderne hineinsprach?

Es handelt sich um die österreichische Dichterin Christine Lavant, 4. Juli 1915 – 7. Juni 1973.

120

*E*in Photo in seiner Autobiographie zeigt ihn auf dem Arm der Mutter. Wange an Wange. Augenpartie an Augenpartie. Sie muß die Hände fest verschränken, um die Last seines Körpers zu halten. Während sie sehr aufrecht steht und selbstbewußt in die Kamera sieht, geht sein Blick schmollend zum Photographen; zusammengeduckt legt er seine Arme um den rettenden Hals. Würde die Frau den Jungen auf den Boden stellen, reichte er ihr bis an die Schulter. Denn er ist ein großer Bub, neun Jahre vielleicht, der sich krümmen muß, um der Haltung des selbstverständlich getragenen Kleinkindes zu entsprechen: so posiert eine ungeheure Mutter-Sohn-Beziehung. Sein letztes Buch wird zum Zentrum eine ältere Photographie haben, auf der »Maman« als fünfjähriges Mädchen in einem Wintergarten zu sehen ist. (Dieses Bild ließ er in seinem Text nicht abdrucken, für den Leser existiert es nur in den Zeichen seiner Beschreibung.)

Früh Halbwaise. Sein Vater, Oberleutnant zur See, starb bei einer Schlacht in der Nordsee, als er noch kein Jahr alt war. Die Witwe zog zu Schwester und Mutter des Mannes. Kindheit im ländlichen Südwesten Frankreichs, ein bürgerlicher Kokon liebender Frauen behütete ihn. »Kein Vater, der zu töten, keine Familie, die zu hassen, keine Umwelt, die zu verwerfen wäre: eine große ödipale Frustrierung!« Guter Schüler. Die erste tiefe Verletzung war, daß die Ecole Normale Supérieure ihn nicht nahm (seinen besten Freund aber schon). Mit 19 bekam er den ersten Blutsturz. Eine Jugend zwischen Sanatorien und der Sorbonne. Er schlüpfte in die Tuberkulose wie in einen Orden. Wie in eine Entscheidung (gegen das Leben, für das Lesen, für Beobachtungen, die er auf Notizkarten ordnete). Nicht sehr ernst gemeinte Versuche im Berufsleben: Hilfslehrer, Lektorate, Bibliotheksgehilfe. Dazwischen Blutstürze, Liegekuren, Operationen. Lieben. Er ist erotisch begabt und findet in den todesnahen Knaben der Sanatorien Objekte seines Begehrens, Freunde. Daß er homosexuell war, durfte Maman nicht wissen. Subtile Spiele. (Sie wußte. Und er ahnte, daß sie wußte, und schwieg. Also segnete.) Sie lebten im selben Haus auf unterschiedlichen Etagen. Eine Falltür von ihr zu ihm erlaubte Nähe und Distanz. Wollte er sie sehen, war der Weg nah. Wollte er nicht, bekam er Essen und die Post mittels eines Korbes hinaufgeschickt.

Mit Mitte 40 beginnt seine universitäre Karriere. Im Kaschmir-Pullover und Havanna rauchend (wie Brecht) bezaubert er die Oberseminare. Eitel lobt er alle aus Angst vor Kritik. Abende mit Maman vor dem Fernseher. Daneben kennt er die Nächte in Alexandria oder Marokko. Und die Bordelle von Paris.

Bis zum Tod von Maman war er ihr kleiner Junge (»Ah, er wird mir wieder mit schmutzigen Schuhen nach Hause kommen, und die Hose auch«). Nun beginnt er ein postmütterliches Tagebuch. »Die Wahrheit der Trauer ist ganz einfach: Jetzt da Maman tot ist, treibt es mich zum Tod (nur die Zeit trennt mich noch von ihm).« Er stirbt an den Folgen eines Verkehrsunfalls. Ein Zeuge beschreibt, daß er über die Straße ging und dabei den herankommenden Lastwagen fixierte. War es ein klassischer Kindertod? Sagen nicht alle Mütter: »Paß auf der Straße auf«? Zwei Jahre nach der Mutter wird er in ihrem Grab beigesetzt.

Wer war der Schriftsteller-Philosoph, der die schönen Männer liebte und sagte: »Meine Mutter war mein Zuhause«?

Es handelt sich um den französischen Philosophen und Schriftsteller Roland Barthes, 12. Nov. 1915 – 26. März 1980.

121

Sie war das einzige Kind eines menschenfreundlichen Altphilologen und einer sehr ehrgeizigen Mutter. Wie die Mama hatte sie eine kleine, aber auffallende Lücke zwischen den oberen Schneidezähnen. Auch als sie schon eine gefeierte Diva war und sich die besten Jacketkronen hätte leisten können, wollte sie diesen Makel nicht korrigieren lassen. Sie hatte Angst, der Luftstrom in ihrer Mundhöhle könne sich verändern. Ihr Singen war justiert wie die Feinmechanik eines Präzisionsgeräts. Sie beherrschte und kontrollierte jeden Muskel, jeden Spalt im Mundraum. Die Mutter brachte die Hochbegabte (sie war das einzige Mädchen in der Lateinklasse ihres Vaters, spielte Klavier, Gitarre, Bratsche, Orgel) an die Berliner Hochschule für Musik. Leider meinte dort eine Professorin, sie als Altistin ausbilden zu müssen, sie, die später durch ihren silbernen Sopran, ihr müheloses hohes C auffallen sollte. (Wiederum war die Mutter auf der Hut und vermittelte sie diplomatisch einem anderen Lehrer.) Mit 22 Jahren gab sie am Deutschen Opernhaus Berlin ihr Debüt. Gefragt, ob sie die Rolle des zweiten Blumenmädchens im Parsifal singen könne, hatte sie »selbstverständlich« gesagt. Und gelogen. Nun erfuhr sie, daß die Aufführung am übernächsten Tag stattfinden sollte. Sie hatte 36 Stunden zur Vorbereitung. Sie sang das Blumenmädchen (mit komplizierten Einsätzen) und wurde engagiert. Im nächsten Jahr (am Tag nach dem Ausbruch des Zweiten Weltkriegs) nahm sie ihre erste Schallplatte auf. Mit 25 endlich der Durchbruch. Eine berühmte Sopranistin sah sie in einer komplizierten Rolle (sie sang schwierigste Koloraturen), ahnte die Möglichkeiten ihres hellen Soprans und bot ihr Privatstunden an. Als arisch aussehende, karrierebewußte junge Frau, die keinerlei Berührungsängste mit den Nationalsozialisten hat, kommt sie singend durch den Krieg. Dann Europatourneen. Sie wird einem englischen Plattenproduzenten vorgestellt, der sie Hugo Wolfs »Wer rief dich denn« singen läßt. Korrigiert. Und wieder singen läßt. Und wieder, bis der sie begleitende Dirigent ihm sagt: »Du bist ein Sadist. Kreuzige das Mädchen nicht.« Und den Raum verließ. Der Plattenproduzent aber machte weiter. Und sie machte mit. Danach erhielt sie einen Exklusivvertrag und wurde sein Geschöpf: ein lyrischer Sopran, eine unvergleichliche Liedsängerin. Nicht nur die andern, auch sie selbst nannte sich nun »His master's voice«. Er demütigte sie. Sie erduldete alles. Die beiden heirateten; keusch nahm sie all seine Affären hin. Sie lebte für die Musik. Und er war eine ungeheure Macht in der neuen Musikwelt.

Sie mochte das Publikum nicht. Am liebsten hätte sie, wie ein Dirigent, mit dem Rücken zum Publikum gestanden. Da das nicht ging, ließ sie sich von Scheinwerfern anstrahlen; so mußte sie nichts sehen. Kunst war Distanz bei Illusion von Nähe. Vor Fernsehaufnahmen graute ihr, wenn »die Kamera in die Mandeln kriecht. Das ist dann Pornographie.«

Sie polarisierte Kritiker. »Ich fand ihre Vorstellungen nie bewegend – zu sehr gehirngesteuert –, aber sie waren perfekt, und es fehlte kein Komma.« Doch ein anderer sagte, daß ihre »hohe Bewußtheit«, ihr Verlangen nach »Präzision, Differenzierung, Raffinement, künstlerischem Kalkül in seinen glücklichsten Momenten wieder in eine Art Unmittelbarkeit zweiten Grades umschlug.«

Wer war die eiserne Diva des zarten Lieds?

Es handelt sich um die deutsch-britische Opern- und Liedsängerin Elisabeth Schwarzkopf, 9. Dez. 1915 – 3. Aug. 2006.

122

Mußte er an das Gute glauben? Um an sich glauben zu dürfen? Er war zwei Jahre alt, als sich seine Eltern scheiden ließen. Seine Mutter sagte, ihr Mann habe sie und das Kind geschlagen. Er, der Sohn, sagte später, das könne unmöglich wahr sein. Das passe nicht zu seinem Vater. Überhaupt, seine Kindheit sei glücklich gewesen. Er wuchs bei der Mutter auf, dann beim Vater. Bis der den mittlerweile Sechsjährigen in den Zug setzte, dem Schaffner eine 10 Dollar-Note in die Hand drückte und den Kleinen allein zweieinhalb Tage quer durch Amerika schickte. »Meine Eltern waren gute Leute«, sagte das Kind später. Die Mutter, Kellnerin, Telephonistin, muß Geld verdienen und gibt das Kind zur Großmutter. Diese nun folgenden Jahre, das sei, so bekannte er als Erwachsener, die glücklichste Zeit seiner Kindheit gewesen. In diese Jahre fiel allerdings – als hätte er das noch gebraucht – ein besonderer Schmerz. Auf dem Heimweg nach der Schule war ihm ein Hund begegnet, ein Airedale Terrier. Die beiden teilten das übriggebliebene Pausenbrot. Der Hund kam mit und blieb und wurde »Bud«, der beste Freund des einzelgängerischen Jungen. Das Glück währte kurz. Eines Tages kam das Kind nach Hause, und Bud war fort. Davongelaufen, sagte die Großmutter; die Nachbarn hatten sich über das Bellen beschwert. Noch als erwachsener Mann, sagte er, habe er jeden Airedale, der seinen Weg kreuzte, zweimal ansehen müssen. Idylle bei der Großmutter also, die Mutter kommt kaum zu Besuch, der Vater wenig öfter. Doch sind sich die Eltern einig, daß das Kind mehr Disziplin braucht. Sie wollen ihm eine ordentliche Erziehung angedeihen lassen und schicken ihn mit elf Jahren auf eine Militärschule. Später wird er diese Anstalt mit dem Hochsicherheitsgefängnis Sing Sing vergleichen. Er lernt eiserne Disziplin. Ein Fluchtwinkel in dem Internat ist die Sakristei, das Kirchenschiff, sind die lateinisch-katholischen Rituale. Als Meßdiener im gestärkten Gewand bimmelt er die Glocken zur Wandlung und schwenkt die Weihrauchampel. Die Atmosphäre ergreift ihn. Der Altarraum war seine erste Bühne.

Er ist Medizinstudent an der Universität von Berkeley, als ihn ein Professor antippt und sagt, einen jungen Mann wie ihn brauche man für das Studententheater. Er erwidert, von Schauspielerei habe er keine Ahnung. Der Professor sagt, wer so aussehe wie er, müsse das auch nicht. Hohe Gestalt, schlank, volle Lippen, schöne Backenknochen, dazu ein Bubenlächeln von herzerreißender Verlorenheit, das ihm die Aura der Sehnsucht gibt. Die Frauen finden ihn unwiderstehlich, er findet sie verzichtbar. Er heiratet eine dickliche Friseurin, die ihm drei Knaben schenkt. Er möchte ein guter Vater sein. Alles soll gut sein. Vor allem die Familie. Cocktailparties langweilen ihn (seine Frau möchte gerne hin, aber als Friseurin nimmt sie die Schickeria dort sowieso nicht ernst). Als seine Ehe scheitert, zerbricht er fast daran.

Sicherer Erfolg im Beruf. Er ist unerbittlich arbeitsam. Warum sich mit der 3. Szene zufriedengeben, wenn die 30. womöglich besser ist. Ein Militär der Ästhetik, ein Heiliger der Leinwand. Unvergessen sein Lächeln, sein Räuspern, wenn er verlegen neben einer schönen Frau stand. Seine Utopie: nach dem Dreh nach Hause kommen und gärtnern.

Wer war der vermutlich schönste Mann Hollywoods und der wunderbare Schauspieler eines besseren Amerika?

Es handelt sich um den amerikanischen Schauspieler Gregory Peck,
5. April 1916 – 12. Juni 2003.

123

*I*hr Vater, ein britischer Textilindustrieller, versuchte, gesellschaftlichen Anschluß an den englischen Hof zu bekommen. Da er kein Schloß erben würde, ließ er sich eines bauen und versuchte, es herrschaftlich zu betreiben. »Meine Mutter sah ich am Tag nur ein einziges Mal: wenn ich von meiner Gouvernante zu ihr zum Tee geführt wurde.« Die Gouvernante, wie die Mutter eine Irin, erzählte Märchen von Einhörnern, Riesen, Feen. Und echten Königen auf richtigen Schlössern. Das Kind zeichnete all das und schuf sich seine höhere Wirklichkeit. Als sie in der Klosterschule »Zum Heiligen Grab« schreiben lernen sollte, schrieb sie in Spiegelschrift. Sie war 15, als die Eltern sie nach Florenz schickten (in den Uffizien gefiel es ihr), von dort aus kam sie, des letzten Schliffs wegen, nach Paris. Ein Bild zeigt die 17jährige Satin an Satin mit ihrer Mutter als Debütantin am englischen Hof. Doch während die Mama ängstlich versucht, ergeben in die Kamera zu schauen, spricht aus dem Blick der Tochter nur spöttisches Desinteresse und Rebellion. »Ihr habt Euren Spaß gehabt«, sagte sie nach einer Garden-Party im Buckingham Palace, »jetzt werde ich meinen besorgen«. Sie ging nach London, um Malerei zu studieren.

Sie ist 19, als sie einen 26 Jahre älteren Maler kennenlernt, der sie mitnimmt nach Paris. Dort kreuzt sie als kühne Schönheit, ein exquisites fleur de sel, die Salons. Zu einem Empfang bei Marcel Rochas, der eines der führenden Modehäuser unterhält, erscheint sie an der Seite des Geliebten, eingehüllt in nichts als ein weißes Leintuch. Bei Gelegenheit läßt sie es von der nackten Haut herab auf den Boden gleiten. Ein andermal, in einem sehr vornehmen Restaurant, legt sie ihre Füße auf den Tisch, um sie seelenruhig mit Senf zu bestreichen. Bald zieht das Liebespaar in ein altes Bauernhaus in der Ardèche, bis der Maler 1939 als »verfeindeter Deutscher« inhaftiert wird. Und auf einmal ist sie hilflos. Sie ist jetzt 22 Jahre alt und der Lage nicht gewachsen. Sie flieht nach Nordspanien. In einem Irrenhaus traktiert man sie mit drogengelenkten »Schocktherapien«. Später sagte sie: »Ich hatte vorher keine Ahnung, daß soviel Schmerz überhaupt möglich ist.« Sie wird ihre Visionen malen, und sie wird über sie schreiben: »Wie ein alter Maulwurf, der unter den Friedhöfen schwimmt, bin ich mir bewußt, daß ich immer blind war – ich suche, den Tod kennenzulernen, um weniger Angst zu haben, ich versuche, die Bilder, die mich blind gemacht haben, loszuwerden.« Ihr Vater möchte das mißratene Kind mit einem U-Boot nach Südafrika abschieben. Aber ihr gelingt die Flucht nach Portugal und von dort (mit Hilfe eines Diplomaten, der sie heiratet) die Ausreise in die USA. Der gütlichen Aufhebung ihrer Ehe folgt bald eine Verbindung mit einem ungarischen Photographen, aus der zwei Söhne hervorgehen. Sie wird eine glückliche Mutter, und eine Zeitlang sind die Kinder vielleicht wichtiger als die Wirklichkeit der Kunst.

Am Ende lebt sie, eine rauchende, malende Greisin, die dunklen Augen immer noch neugierig aufgerissen, in einer Einzimmerwohnung in Mexico City, beschützt von ihren Tiermasken und Göttergestalten, die ihrer Seele entsprangen.

Wer war die unerschrockene Künstlerin, deren Bilder surreale Visionen, keltische und mexikanische Mythen und die Schönheit mittelalterlicher Landschaften des Quattrocento verbinden?

Es handelt sich um die britisch-mexikanische Malerin Leonora Carrington, 6. April 1917 – 25. Mai 2011.

124

Er wäre gerne anderswo gewesen. Als Dreijähriger stand er einmal vor seiner Mutter in voller Indianerausrüstung. Er gehe jetzt fort, sagte er, aber er habe ihr noch Lebewohl sagen wollen. Als die Mutter in den kleinen Koffer schaute, den das Kind bei sich trug, sah sie, daß er angefüllt war mit Spielzeugsoldaten.

Später lebte er versteckt hinter einer Mauer am Ende einer Straße in einem Provinznest in Neuengland und wehrte sich: »Veröffentlichen ist eine schreckliche Verletzung meiner Privatsphäre. Ich schreibe gerne. Ich schreibe liebend gerne. Aber ich schreibe nur für mich und zu meinem eigenen Vergnügen.« Seine Texte waren das Anderswo, in dem nur er wohnte. Mit Sechsundvierzig hatte er aufgehört zu publizieren. Das war früh für einen Mann, der erst mit 91 sterben sollte. Es muß ihm um den Akt des Schreibens gegangen sein. Schreiben war Erleuchtung, der Übergang zu einem höheren Zustand. War er ein Heiliger ohne Religion, sein eigener Prophet? Jedenfalls wurde er zum Schriftsteller-Guru auch für Leser, die sich mit dem umarmenden Pathos von Heilsgewißheiten schwertaten.

Sein Projekt war die Unschuld. Und was wäre weniger prekär als sie? Ein Mädchen in einem blauen Mantel auf einem Kinderkarussell: Für ihn war das eine Botschaft. (Sie wurde verstanden.) Er liebte Kindfrauen. Schwangere waren ihm ein Graus; sie waren nicht mehr rein. (Das mußte auch seine Ehefrau erfahren, die ihm zwei Kinder schenkte und ihn dann doch noch verließ.)

Er war 53, als ihm ein 18jähriges Collegemädchen auf dem Cover des New York Times Magazine auffiel; sie hatte einen pessimistischen Essay über ihre Generation geschrieben. Er begann eine Korrespondenz mit ihr, überzeugte sie schließlich, ihr Studium hinzuwerfen und zu ihm zu kommen. Nach weniger als einem Jahr hatte er genug von ihr. Sie aber brauchte ein Vierteljahrhundert, um sich von der Erfahrung mit dem charismatischen Mann zu erholen und ein Buch über den liebenden Mißbrauch zu schreiben. Kritiker sprachen von seinem »zum Inzest neigenden Eros«, er sei ein »androgyner Stilist«.

Etwas muß ihn gehärtet haben. Sohn eines polnisch-jüdischen Fleischimporteurs und einer schottisch-irischen Mutter (die vor der Heirat zum Judentum übergetreten war,) hatte er den Schulabschluß auf einem Militärinternat gemacht. Literarische Anfänge in einer Kadettenzeitung. Mit 18 arbeitete er auf Betreiben des Vaters einige Monate in einem Wiener Schlachtereibetrieb; er sollte auf die Übernahme der Fleischimport-Firma vorbereitet werden. Studium ohne Abschluß. Mit 26 bereits Kriegsveteran; er hatte fünf Feldzüge in Frankreich mitgemacht. Zusammenbruch und psychotherapeutische Behandlung. Suchte er sich instinktiv medizinisch versierte Ehefrauen? Seine erste Frau war eine junge deutsche Ärztin; nach ihr heiratete er eine 19jährige Psychologiestudentin (er hatte sie, 31jährig, als 16jährige kennengelernt); mit 61 Jahren nahm er sich eine Krankenschwester zur Gattin.

Ihr Vater sei immer ein Soldat geblieben, schrieb seine Tochter später, er habe seine Uniform aufbewahrt und sei nur Jeep gefahren. Und er wurde zum Gotteskrieger der Reinheit. Er versuchte es mit Christian Science, Hinduismus, Scientology, Zen; er war Verfechter der Homöopathie und immer strenger werdender Diätpläne.

Wer war der Jahrhundertautor, der nur kompliziert glauben, lieben und essen konnte?

Es handelt sich um den amerikanischen Schriftsteller J. D. Salinger,
1. Jan. 1919 – 27. Jan. 2010.

125

Der Luxus einer Lehmhütte: eine alleinerziehende Mutter, vier Mädchen, ein Junge, eine Singer-Nähmaschine. Die Mutter, korpulent, treibt das Schwungrad an und tritt ins Pedal: über ihre dicken Beine laufen die Krampfadern. Doch sie muß für Männer attraktiv geblieben sein. Jedenfalls ernähren Liebhaber ihre hungrigen Kinder, wo sie es nicht schafft.

Sie ist ihr magerstes Kind mit dem blassen Teint einer Magnolie, sagen die einen. Mit einer Totenhaut, sagen andere. Sie ist das Mädchen, das nicht so enden will wie die Mutter und das doch wie diese auf die Hilfe der Männer setzt. Essen, ahnt sie, ist gefährlich. Eisern kämpft sie um ätherische Transparenz. Später in den Filmstudios gilt sie als teure Geliebte, weil sie dauernd Kalziumtabletten braucht und Aufbaumedikamente; nichts fürchtet sie so sehr wie Fett. Sie ist keine gute Schauspielerin, zu dürr, zu vage. Dann aber macht sie im neuen Medium Rundfunk Karriere. Kindliche Stimme, etwas schrill, manchmal leidend: sie wird zum Identifikationssound sehnsüchtiger Hausfrauen, Dienstmädchen, Fabrikarbeiterinnen. Sie ist Mitte Zwanzig, als sie einen doppelt so alten, dicklichen Mann heiratet. Er ist mächtig. Sie bleicht ihr dunkles Haar, wird seine Fee, seine Heilige, seine auratisch blonde Madonna. An seiner Seite ist sie das Versprechen des Aufbruchs für ein kolonialisiertes Volk.

Vielleicht versteht sie nicht viel von Politik. Aber sie versteht etwas von Armut. Sie wird Stiftungen gründen und Singer-Nähmaschinen verschenken. Und über ihren Mann das Frauenwahlrecht durchsetzen. Sie ist 30, als sie erfährt, daß sie an

Gebärmutterhalskrebs sterben wird. Wenige Wochen vor ihrem Tod läßt ihr Mann die 33jährige von einem Pathologen in Augenschein nehmen. Sie ahnt, was kommen soll, und bittet, man möge auf eine Einbalsamierung verzichten: »Niemand soll meinen nackten, toten Körper berühren.« Doch der Potentat setzt auf die politische Symbolik ihrer schönen Leiche. Der Pathologe (zunehmend wurde klar, daß er ihr verfallen war) arbeitet über ein Jahr an ihr nach der Methode der spanischen Mumifizierung: Spülungen, Austrocknung, Injektionen, Oberflächenbehandlung. Dann kommt sie, wächsern, unter einem Glasdeckel zur Präsentation ins Kongreßgebäude.

Nach dem Sturz des Diktators beginnt ein makabres Versteckspiel. Der verliebte Pathologe hatte – den Leichenraub voraussehend – drei Wachskopien hergestellt. Der wirkliche Körper wandert nun durch die Geheimwinkel der Stadt, wird, als das zu unsicher scheint, tagelang mit dem Lastwagen herumgefahren und landet schließlich in einem Militärdepot. Ein Offizier mit dem Beinamen »der Verrückte« nimmt die Tote entzückt zu sich nach Hause. Als seine schwangere Frau den Leichnam in der Besenkammer entdeckt, bringt er sie in einem Anfall von Panik um. Nach weiteren Odysseen wird die Einbalsamierte inkognito nach Mailand gebracht und unter fremdem Namen beerdigt. 14 Jahre später, während des Madrider Exils des Diktators, wird sie in dessen Eßzimmer aufgebahrt. Und einmal darf sie noch in sein Schlafzimmer, wo sich seine neue Ehefrau neben sie legen muß, damit bei einem spiritistischen Ritual des Privatsekretärs die Seele der Toten auf sie übergehe.

Wer war die Geschändete, die heute wieder in ihrer Heimat ruht, in einem Grab hinter Stahlplatten, zu dem Pilger täglich Blumen und Heiligenbilder bringen?

Es handelt sich um die argentinische Schauspielerin und Präsidentengattin Evita Perón, 7. Mai 1919 – 26. Juni 1952.

126

*I*hren 50. Geburtstag sollte sie nicht mehr erleben. Wenige Wochen vor ihrem Tod verfaßte sie, vom Knochenkrebs gezeichnet, unter Schmerzen ein literarisches Testament. Es endet: »Mach dir keine Sorgen. Auch wenn du mit einer Seele behaftet wärest, sie wünscht sich nichts als tiefen, traumlosen Schlaf. Der ungeliebte Körper wird nicht mehr schmerzen. Blut, Fleisch, Knochen und Haut, alles wird ein Häufchen Asche sein und das Gehirn wird endlich aufhören zu denken. Dafür sei Gott bedankt, den es nicht gibt. Mach dir keine Sorgen – alles wird vergebens gewesen sein – wie bei allen Menschen vor dir. Eine völlig normale Geschichte.«

Sie zeichnete mit ihrem Namen, Ort und Datum: »Steyr, 26. 2. 1970«. Der Text erschien posthum, allerdings verfälscht. Der paradoxe Dank an den nichtexistierenden Gott entfiel. Auch noch 1998, als eine CD mit ihren Texten herauskam, blieb der unerhörte Satz ungehört. Man hätte sie gerne mit weniger Widersprüchen gehabt. »Sie glaubte an nichts und haßte Gott«, schrieb ihre Biographin. Nicht nur ihr Verhältnis zu Gott, auch das zu Männern war, um es vorsichtig zu sagen, ambivalent. Feministinnen entdeckten ihren wachen Frauengeist zehn Jahre nach ihrem Tod. Aber sie war eben nicht nur eine mutige Autorin. Sie war auch die ganz brave Hausfrau, unauffällig, betont adrett in Kostüm und weißer Bluse, eine Zahnarztgattin, die ihren Mann ein wenig in der Praxis unterstützte und – wenn auch ohne große Begeisterung – nach den Kindern sah. Und doch ließ sie, wenig bürgerlich, eine ihrer Heldinnen über die erotische Inkompetenz des körperlich stärkeren Geschlechts sagen: »Die Vorstellung, daß all diese ernsthaften, dezent gekleideten Männer manchmal die Kleider ablegen und, bleich wie Kartoffeltriebe, darangehen, sich eine Stunde mit der Liebe zu beschäftigen, hat etwas Obszönes und Lächerliches an sich.« Sie war sinnlich und schämte sich dafür. Mit 14 Jahren machte sie im Internat bei den Ursulinen in Linz erste Erfahrungen mit Depressionen, dem Begehren und der gleichgeschlechtlichen Nähe. Mit 20 war sie schwanger (»vergiftet durch den Samen des Mannes«), verließ den Kerl, der sie mit seiner Lust so enttäuscht hatte, lernte in der Straßenbahn (man sah ihr noch kein wachsendes Kind, keinen »Embryoschmarotzer«, an) die große Liebe kennen. Der junge Mann sieht in ihre veilchenblauen Augen und heiratet sie auch mit fremder Leibesfrucht. (Das Kind zog dann die ersten vier Jahre die Mutter einer Freundin auf.) Sie bekam einen zweiten, diesmal ehelichen Sohn; sie ließ sich scheiden, ohne den Mann und den gemeinsamen Haushalt zu verlassen. Kein Mensch in der gediegenen Nachbarschaft merkte es. Jahre später heiratete sie ihn wieder. Was auch niemandem auffiel. Beide hatten Affairen. Sie schrieb: »Ich bin der Ansicht, daß im weiteren Sinn alles, was ein Schriftsteller schreibt, autobiographisch ist.« Ihr Lieblingsonkel sagte: »Wirklich erlebt sind ihre Bücher.« Ihr Mann und ihre Söhne lasen nicht, was sie veröffentlichte. Das beruhigte sie. Regelmäßig verbrannte sie ihre Tagebücher. Wenn sie ihren Freunden eine Freude machen wollte, schenkte sie Kakteen.

Wer war die Schriftstellerin, die in ihrem bekanntesten Buch schrieb: »Es gibt keine vernünftigere Regung als die Liebe«?

Es handelt sich um die österreichische Schriftstellerin Marlen Haushofer, 11. April 1920 – 21. März 1970.

127

Sein Großvater war ein gottvertrauender Dichter, sein Vater ein gottergebener Pfarrer, seine Mutter eine gottesfürchtige Schachspielerin. Sein erster Spielplatz mit den besten Verstecken war der Gottesacker zwischen Pfarrhaus und Schlachthof, wo er sich in den frischausgehobenen Gräbern einrichtete, bis der Leichenzug herbeikam. Er hörte die Predigten des Vaters und das Stöhnen der verendenden Tiere. Er wurde ein gottgläubiger Atheist. Sein Gott war er selbst. Sein Projekt die Menschheit. Sein Atem das Lachen.

Eigentlich hatte er Maler werden wollen. Doch der Mißerfolg blieb ihm treu. Und dann hatte er ein Urerlebnis mit dem Stoff, der später manche seiner Werke belebte. Bei einem Weg durch die Stadt, er war gerade bummelnder Philosophiestudent und verdiente sich etwas Geld durch Nachhilfestunden in Latein, beobachtete er hinter der englischen Parkanlage vor dem Casino einen Gärtner, der sorgsam die Platanen beschnitt. In andächtiger Betrachtung versunken, achtete er nicht darauf, wohin er trat, und rutschte auf einem Haufen Hundekot aus. Der beobachtete Gärtner sah erstaunt herüber. Auf seinem Rückweg, zwei Stunden später, widmete sich der Gärtner immer noch sorgsam seinen Bäumen. Der junge Lateinnachhilfelehrer sieht wieder zu ihm hin und rutscht erneut auf dem Hundehaufen aus. Jetzt starrt der Gärtner fassungslos zurück. In diesem Blick trifft den in der Scheiße beobachteten Beobachter eine existentielle wie dramaturgische Erleuchtung: So ist das Leben, und so sei die Kunst.

Kurz vor seinem Tod wird ihn ein Interviewer vorsichtig

nach der Ausgestaltung seiner Toilette fragen. Ihm war aufgefallen, daß hier die Wände vollständig bemalt waren. Eine junge Frau spreizt ihre Beine über dem Wasserkasten, und von der Decke stieren Spanner nach ihrer Scham. Es ist das Werk des Dichters. Es gebe keine Freskenmaler mehr und keine Privatkapellen, erklärte er, das WC sei der einzige Ort des Rückzugs. Hier sei ein Entleeren möglich. Früher habe man Blut abgezapft oder Klistiere gegeben. Er habe viele Einfälle auf der Toilette, sie habe für ihn etwas Kontemplatives. Und er habe sich oft gefragt, ob er nicht den Beruf des Toilettenmalers ergreifen solle.

Sein Verhältnis zu seinem Land war nicht unkomisch. Er konnte es zeichnen, wie es hoffnungslos in Kuhkot versinkt. In einer milderen Variante karikierte er es über sportliche Regeln als einen »Phantomverein«, der allein so tue, als könne er Fußball spielen.

Wer war der Schriftsteller, der seine Nation – ihre Geschichte und ihre Identitätskrisen – als einen Fußballclub beschrieb, der zu keinen Spielen mehr antritt, sondern selbstbezogen zu einer Firma geworden ist, die nur noch Geschäfte macht?

Es handelt sich um den Schweizer Schriftsteller Friedrich Dürrenmatt, 5. Jan. 1921 – 14. Dez. 1990.

128

Gott ist eine lebende Puppe«, lautete einer ihrer verwegensten Sätze. Konnte sie mit ihm spielen, voller Vertrauen? Von klein an war sie sehr religiös. Eine Kindheit mit vier jüngeren Brüdern und einer bibelfesten Mutter, die bei Scharlach, Masern, Keuchhusten selbstsicher lächelte und sagte: »The Lord is our doctor« und noch ein Gebet sprach. Die Kinder jedenfalls kamen durch. Sie, das einzige Mädchen der Familie, machte den High-School-Abschluß und hätte gerne Modedesign studiert, aber die Mutter, eine ehemalige Schauspielerin, drängte zu Dramen- und Theaterkursen, die sie eher brav als begeistert absolvierte. Als der Vater, ein Oberleutnant der US-Armee, früh starb – sie war 17 Jahre alt –, mußte sie höhere Träume aufgeben und bei einem Zahnarzt als Sprechstundenhilfe Geld verdienen. Hier hörte sie von einem Wettbewerb, den ein Milliardär, Filmproduzent und Flugzeugpionier ausgeschrieben hatte: Gesucht wurde der schönste Busen Amerikas! Und war Gott nicht auch hier im Bund mit ihr? Hatte er sie nicht großzügig, ja überfüllig beschenkt? Sie nahm teil und gewann. Daraufhin engagierte sie der reiche Liebhaber des Zuviel sofort als Hauptdarstellerin für seinen nächsten Film. Bevor der aber, von der Zensur arg gerupft, in die Kinos kommen konnte, lancierte der Mogul eine Medienkampagne mit ihren Photographien. Fokus Brüste. Sie war »The two and only«. Ihre Oberweite, aus dem Heu sich fordernd wölbend, ihr verführerisch-dunkles Lächeln von unten gegen die Kamera wurde die heiße Utopie in den mageren Spinden der GIs. Noch bevor ihr erster Film öffentlich zu sehen war, liebte man sie als heimatlichen Star. Bis zu

65% der Einwohner mancher amerikanischer Städte strömten in die Kinos, um ihr samtenes Dekolleté zu sehen. Ihren Konkurrentinnen, so formulierte die Presse, war sie immer um eine Körbchengröße voraus. Aber nicht nur das. Sie war eine gute Schauspielerin. Und sie wurde das Opfer ihrer Figur. Aus der Hollywood-Sexschublade kam sie nicht mehr heraus, trotz ihres katholischen Glaubens und dem Wunsch, ernstere Filme zu drehen. Auch Christen können große Titten haben, soll sie lakonisch gesagt haben. Und ihr Gott? Immer konnte sie auf ihn zählen. Vorehelicher Geschlechtsverkehr, eine Schwangerschaft (und sie wußte nicht, wer der potentielle Vater war), Abtreibung (stümperhaft durchgeführt, so daß sie keine Kinder mehr bekommen konnte), Seitensprung während der Ehe: Sie aber betete. Und Gott, ihre Lieblingspuppe, half. Einmal gewahrte sie einen Einbrecher in ihrem Schlafzimmer, der sich ihr näherte und sie, die sich in die Kissen wegdrehte, über den Nacken, den Rücken zu küssen begann. Da nahm sie ihre ganze Kraft zusammen und betete ihn, mit psychedelischer Stimme, schließlich in Zungen redend, in Grund und Boden. Bis er floh.

Auch wer nie einen Film mit ihr gesehen hat, kennt sie vermutlich als Prototyp des Pin-up-Girls. Hinreißend agierte sie an der Seite von Marilyn Monroe. Sie war dreimal verheiratet und sah in der Institution Ehe ihre weibliche Erfüllung. Als sie starb, hinterließ sie drei adoptierte Kinder, sechs Enkel, zehn Urenkel.

Wer war die sinnlich-kumpelhafte Schauspielerin, die noch in hohem Alter Fernsehreklame für BHs machte (»Mädchen mit voller Figur«) und umwerfend bekannte: »Ich habe nie daran gezweifelt, daß ich jeden Traum eines Mannes erfüllen könnte, wenn ich es wollte«?

Es handelt sich um die amerikanische Schauspielerin Jane Russell, 21. Juni 1921 – 28. Feb. 2011.

129

Das Wichtigste in meinem Leben war meine Mutter«, schrieb er in einem autobiographischen Gedicht. Vermutlich hatte er leider recht. Einer seiner besten Freunde formulierte: »Es war eine Beziehung von extremer Krankhaftigkeit, von extremer Hypertrophie, extrem exzessiv. Für mich war es peinlich, wie auch die Gedichte peinlich sind, die er der Mutter gewidmet hat.« Und er wird noch deutlicher: »Es war da eine Zuneigung, in der eine gehörige Portion Körperlichkeit mitspielte. Kurz, die Beziehung zwischen ihm und seiner Mutter war eine Beziehung, die über das normale Maß hinaus ging. Ich weiß nicht, wie ich es ausdrücken soll.«

Inzest oder nicht Inzest muß nicht entschieden werden, im Zweifelsfall bleibt Mutterliebe leicht eine schillernde Grauzone. Er war ihr einziger Sohn, sie lebten zusammen mit einem Hund. Sein Bruder war 1945 als Partisan gefallen. Der Vater, ein Militär, kehrte spät und krank aus kenianischer Kriegsgefangenschaft zurück und starb bald. Und die Mutter, eine Lehrerin, liebte rückhaltlos den einen, den sie noch hatte, und steckte den Kopf in den Sand. Daß ihr Liebling homosexuell war, will sie nicht gewußt haben, und als nach seinem Tod die Medien schrien, er sei ermordet worden, lehnte sie es ab, das zur Kenntnis zu nehmen.

Sein Lebensantrieb war Sex mit möglichst jungen, möglichst nicht homosexuellen Knaben. Er bezahlte sie und redete sich ein, ihnen Geschenke zu machen. Allabendlich ging er auf den Strich und ließ sich von ihnen lieben, im Schwarm. An erwachsenen Männern hatte er kein Interesse, und bezüglich Frauen sagte er: »Ich könnte nicht mit einer Frau schlafen, es käme mir vor, als ginge ich mit meiner Mutter ins Bett.« Dieses Terrain mußte so einzigartig und heilig bleiben, daß er in einem seiner Filme die Mutter Gottes mit seiner Mutter besetzte.

Sein Verhältnis zur Politik war religiös und sexuell. »Im übrigen, was soll es, / lebte ich lyrisch wie jeder Besessene.« Er glaubte an das revolutionäre Potential der Jugend der Vorstädte, arm, hungrig und schön. Sein Italien war ein archaisches Land von Brot und Wein. Und dankbar inszenierte er es nach seinem Bild. »Mir war, als ob Italien, seine Beschreibung und sein Schicksal, / abhinge von dem, was ich dazu schrieb.« Immerhin rettete er ein Italien, das es ohne ihn nicht gegeben hätte.

Der aufkommende Wohlstand und die damit einhergehende Verbürgerlichung bedeuteten für ihn ein kulturelles Trauma.

Wer war der leidenschaftliche Lyriker, Drehbuchautor, Regisseur, Schauspieler und Essayist, der 1971, vier Jahre vor seinem Tod, sagte: »Heute mag ich die Gesellschaft nicht mehr. Ich mag nicht, wie die Menschen leben, und ich mag die Qualität des Lebens nicht«?

Es handelt sich um den italienischen Filmregisseur und Schriftsteller Pier Paolo Pasolini, 5. März 1922 – 2. Nov. 1975.

130

Der Vater betrieb ein kleines Kino und träumte von Höherem; seine Gattin wäre gerne Filmstar geworden. Nun sollten es wenigstens die Töchter zu etwas bringen. Auch hofften die Eltern noch auf einen Sohn. Als das dritte Kind wieder ein Mädchen war, beschloß man, das Beste daraus zu machen: ein weibliches Unterhaltungstrio, das in den Filmpausen auftrat und tanzte und sang. Die Familie siedelte dem Glück entgegen, nach Hollywood, nach Los Angeles. Sie war zweieinhalb, als sie erstmals mit den beiden älteren Schwestern auf der Bühne stand. Und schon hatte das Publikum einen neuen Liebling, etwas Kleines, Süßes zum Knuddeln. Ihr Filmdebüt gab sie mit sieben, da sang sie »That's the Good Old Sunny South«. Die Mutter bot sie in Hollywood an. Die Stimme ließ aufhorchen, auch strahlte das Mädchen eine eigentümliche emotionale Kraft aus, aber es war pummelig und wirklich nicht sonderlich hübsch. Mit 14 bekam sie von Metro-Goldwyn-Mayer einen Vertrag und eine Diät. Ihre Karriere wurde ein Kampf gegen ihren Körper. Sie mußte abnehmen, die unterstützenden Pillen aber hatten die Nebenwirkung von Schlaflosigkeit. Gegen die Schlaflosigkeit bekam sie Schlaftabletten. Und damit sie morgens wieder richtig munter war, gab man ihr Aufputschmittel. Als sie in einem Film ihren ersten legendären Erfolg sang, war sie 17 Jahre alt und medikamentenabhängig. Die Filmszene zeigt den Prototyp eines sauberen amerikanischen Mädchens vom Lande, das sehnsuchtsvoll gegen den Himmel singt und von einem Land träumt, in dem die Sorgen schmelzen wie Zitronenbonbons. Am Ende des Lieds drückt sie einen kleinen Hund an sich, den besten Freund für ein reines Mädchen wie sie. Wenige Tage nach der Premiere gab es bereits vier Versionen des Songs auf dem Markt.

Nie wurde sie das Gefühl los, häßlich und nur zweite Wahl zu sein. Die zweite Wahl nach einem Sohn, die zweite Wahl nach Shirley Temple, die zweite Wahl nach all den Göttinnen, die die Studios kreuzten. Mit 25 hat sie den ersten Zusammenbruch, mit 28 unternimmt sie einen Selbstmordversuch. Sie zerschmeißt ein Wasserglas und schneidet sich die Pulsader auf; denn wie soll sich jemand, der so sehr an Tabletten gewöhnt ist wie sie, mit Tabletten umbringen? Mittlerweile gilt sie bei MGM als zu drogenabhängig; man trennt sich von ihr. Ihre Ehe scheitert (es ist bereits die zweite). Sie beginnt, gedrängt von ihrem dritten Ehemann und Manager, eine neue Karriere als Sängerin. Ihre Auftritte, man nennt sie »Amsel und Phönix«, sind psychisch-physische Gratwanderungen. Durchgehend steht sie unter Drogen. Sie erträgt keine Nacht, keine Stille. In ihren Zimmern brennt Licht, und das Radio täuscht Nähe vor. Aus Bewußtlosigkeiten kann sie die Augen aufschlagen und stammeln: »I promise I'll be good.« Sie gibt 1500 Konzerte und gilt zeitweise als bestbezahlte Bühnenkünstlerin der Welt. Am Ende ist sie abgemagert, die großen Augen scheinen nun zu groß für ihr winziges Gesicht, das dem eines »weisen, kleinen, alten Affen« ähnelt. Wenige Wochen nach ihrer fünften Hochzeit wird die 47jährige Mutter dreier Kinder von ihrem neuen Mann in Totenstarre sitzend im Bad aufgefunden, in der Haltung »eines Spatzes, dem das Genick gebrochen wurde«. Ihre älteste Tochter Liza Minelli sagte von ihr: »Sie lebte acht Leben im Leben.«

Wer war die frühe Ikone der Schwulenbewegung und die Sängerin des Regenbogenlieds?

Es handelt sich um die amerikanische Schauspielerin und Sängerin Judy Garland, 10. Juni 1922 – 22. Juni 1969.

131

Was hat man dir, du armes Kind, getan? Ihr Vater besaß ein Pelz- und Modekaufhaus an der Fifth Avenue. Sie wuchs auf in riesigen Wohnungen in der Park Avenue und am Central Park. Drei Kindermädchen (für jedes Kind eines) achteten darauf, daß die Kleinen im Sandkasten ihre weißen Handschuhe anbehielten. Die Eltern waren beschäftigt; ihr charismatischer Vater mit Arbeit und Affairen, ihre depressive Mutter mit sich selbst. Später sagte sie über ihre Kindheit: »Ich fühlte mich immer warm und müde, die Sonne strahlte auf mich herab, und ich wollte einfach nicht aufwachen.« Der Reichtum ihrer Eltern war monströs, märchenhaft. »Worunter ich als Kind vor allem litt, war, daß ich nie das Elend zu spüren bekam. Ich fühlte mich in einer Sphäre des Irrealen bestätigt, die ich tatsächlich als unwirklich empfand, und das Gefühl, immun zu sein, war, so lächerlich das klingen mag, schmerzhaft.« Also provozierte sie das Abenteuer Alltag. Mit ihrer Freundin nahm sie die U-Bahn und stieg spontan aus: »in der Bronx oder in Brooklyn oder der Lower East Side«. Hier sah sie die Menschen aus der Welt hinter den Spiegeln. Sie wurde eine Alice in Wonderland, mit der der Vater flirtete. Er ließ ihr Zeichenunterricht geben; auch er selbst wäre gerne Maler geworden. Die beiden besuchten Museen. Sie liebte und haßte diesen phantastischen Mann, der sie unterstützte und sich doch entzog. Oder auch nicht. Alle ihre Beziehungen, so ihre Biographin, hatten etwas Inzestuöses. Körperlichkeit faszinierte sie. Ein Körper war real. Wenn ihr das Menstruationsblut die Beine hinunterlief, fühlte sie sich lebendig. Auch später, als sie schon ziemlich berühmt war, konnte sie ihren männlichen Kollegen stolz zurufen: »Ich habe meine Periode!« Mit 14 verliebte sie sich in einen Angestellten ihres Vaters. Die beiden ähnelten sich wie Geschwister. Aus dem Bedürfnis nach sicherer Nähe trug sie seine Unterhosen. Sie heirateten. Als sie mit 22 ihr erstes Baby auf dem Arm hielt, sah sie immer noch aus wie ein wildes Kind, das ein wenig komisch in einem Rüschenkleid steckt. Ihr Mann konnte ein bißchen photographieren, er zeigte es ihr. Sie begannen für die Reklameabteilung des väterlichen Modewarenhauses zu arbeiten; ihre erste Magazingeschichte war eine Reportage über Pullover. Sie hatten Erfolg, lebten und arbeiteten als Symbiose. Relativ spät, sie ist fast vierzig und lebt mit zwei Töchtern von ihrem Mann getrennt, findet sie zu ihren unverwechselbaren Bildern. Sie sucht und photographiert die Abweichung, die Verschiebung, das Kranke in den Nischen des Geordneten. Ihre Kamera ist Waffe und Schild im Duell mit der fremden Nähe des Gegenübers. Sie schießt Trophäen. Erlegt sich mit den Photographien selbst: »Drillinge, aufgereiht zu drei Bildern: die Tochter, die Schwester, das böse Mädchen mit geheimen, wollüstigen Phantasien.« Als ihr sterbender Vater ins Koma fiel, habe sie, so erzählt sie es einem Freund, begonnen, »leicht zu masturbieren, während sie ihn beobachtete«. Das habe sie hinterher sehr bedrückt. »Und mich,« erinnert sich der Freund, »bedrückte es, daß sie mir etwas so Intimes erzählt hatte – ich begriff das nicht.«

Den toten Vater photographierte sie.

Wer war die Grenzgängerin, die, bevor sie sich mit 48 Jahren in der Badewanne die Pulsadern aufschnitt, in ihr Tagebuch schrieb: »Das letzte Abendmahl« ?

Es handelt sich um die amerikanische Photographin Diane Arbus, 14. März 1923 – 26. Juli 1971.

132

Als seine Mutter, eine ausgebildete Lehrerin, mit 22 Jahren heiratete, wurde sie schwanger, empfand die Zeit als »Glücksjahr« und plante, sich von nun an um das kommende Kind zu kümmern. In froher Erwartung schrieb sie: »Es strampelt fest herum und streckt plötzlich ein Händchen so stark hervor, daß ich es fassen konnte.« Offensichtlich wollte sie den Sohn schon im Uterus an die Hand nehmen. Der Vater, ein kleiner Bankangestellter, der lieber Maler hätte werden wollen, photographierte die stolze Mutter mit dem Kleinen. Zwei weitere Buben folgten. Die Mutter war streng katholisch; als ihr teurer Erstgeborener mit sieben Jahren ernstlich erkrankte (zu den Masern kam eine Nierenentzündung), da beschaffte sie sich Wasser aus Lourdes und betete ihn förmlich gesund, und das, wie ihr Sohn später lakonisch kommentierte, »obwohl sie gewußt haben mußte, warum wir zum abendgebet immer sagten: laß mich lieber sterben als eine todsünde begehen, wozu damals noch die gelegenheit bestanden hätte«. Als die Mutter zwei Jahre später selbst schwer erkrankte (an einer sukzessiven Muskellähmung, die mit Ersticken enden sollte), radikalisierte sich ihre Frömmigkeit und ihre Aufsicht über die Kinder. In finaler Anstrengung wollte sie »wie eine Löwin« für ihre Schutzbefohlenen kämpfen. Der Erstgeborene, der zunächst die fromme »Volksschule der Kongregation der Töchter der Göttlichen Liebe« besuchte, kam nun auf ein von Benediktinern geleitetes Elite-Gymnasium. Täglich lernte die Mutter mit ihm; sie brachte sich selbst Latein bei, um ihn auch in diesem Fach kontrollieren zu können. Nun trug sie Hüte, damit man nicht sah, daß sie ihre Augenlider schon nicht mehr richtig öffnen konnte. Abends drückte sie dem Vater den Stock in die Hand, damit er die ungezogenen Kinder verprügle; dazu hatte sie nicht mehr die Kraft. Jeden Tag näherte sie sich »dem Tisch des Herrn in großer Andacht«; der Vater photographierte dies, auch die Abendszene, wenn Mutter und Söhne in langen Nachthemden vor dem Kruzifix im elterlichen Schlafzimmer knieten. Er, der Erstgeborene, ist ein reifer Mann Mitte 60, als er immer noch von der Mutter schreibt; ein »ave maria« zum Beispiel: »für kurze lügen unlängst / du jahrelang im fegefeuer brennst // für einmal onanieren / wirst ewig du die Hölle spüren.« Mehr als den rechten Glauben aber hat ihm die kranke Mutter den Glauben an das Wort vermittelt. Den Tod vor Augen begann sie zu schreiben. Auf herumliegende Zettel notierte sie Gedichte und kurze Erzählungen, die der Vater im Büro abtippte und die gemeinsam besprochen wurden. Vieles kam zur Veröffentlichung. Mutters Poesie war das letzte Abendmahl. Unter ihrem Einfluß fing auch er an, Verse zu verfassen. Nach ihrem Tod (er ist 14 Jahre alt) bleibt ihm das Schreiben Muttergedächtnis. In ihrer Nachfolge wird er Lehrer im Broterwerb und Lyriker aus Lebensunruhe. Sein zweiter Gedichtband, mit dem er den Durchbruch schafft, trägt den Namen der Mutter im Titel. Genaugenommen kam der Erfolg durch eine Schallplatte, auf der er diese Gedichte sprach, und es waren zunächst Kinder, die verrückt waren nach den stammelnden, sprachzitternden Texten. Sie fanden das lustig. Ein Umstand, den man ihm sehr vorsichtig beibringen mußte.

Wer war der Sohn einer nervengelähmten Mutter, der die Leitsysteme der Silben freilegen wollte?

Es handelt sich um den österreichischen Lyriker Ernst Jandl,
1. Aug. 1925 – 9. Juni 2000.

133

Seine erste Erinnerung war ein Licht. »Eine blaue Flamme, die aus einem Gasofen schießt.« Das Zischen erschreckte ihn, »dieser Blitz« aus dem Brenner. »Diese Flamme habe ich so klar im Kopf wie Musik. Ich war drei Jahre alt.« In der blauen Erinnerung mischen sich »Angst, richtige Angst« und ein »seltsames Glücksgefühl.« Er spürte »eine Grenze«, einen »äußersten Rand vielleicht, wo alles möglich ist.« Dieses Angstglück war »geradezu eine Aufforderung, mich auf etwas Unbekanntes einzulassen.« Er wurde ein Musiker, der mit Grenzen spielte. Über ein Stück auf seiner vielleicht berühmtesten Platte (»Die Bibel einer neuen Religion«) schwärmte ein Kritiker: von ihm gehe »in seiner zyklischen Struktur ein Hauch des Unendlichen aus. Wie von konzentrischen Kreisen ist das zentrale Saxophonsolo von zwei Klaviersoli umgeben, diese wiederum werden von zwei Trompeten eingerahmt. Insgesamt scheint es, als würde das Stück frei schweben, ungebunden, ein Himmelslicht.« Er hat neue Modulationen gefunden, psychedelisch schweifend, die ein Jenseits der Klänge versprechen. Er ist der »Gott der leisen Töne«. Wenn er spiele, sagte einer seiner Schlagzeuger, klinge es, »als ob die ganze Erde singt«. Sohn eines wohlhabenden Zahnarztes in St. Louis, High-School-Abschluß, Studium am New Yorker Juilliard-Konservatorium (aber nur kurz, die Clubs waren interessanter), war er bereits mit 19 Jahren ein kleiner Star. Vor dem Publikum verbeugte er sich nicht, gern drehte er ihm spielend den Rücken zu. Er war stolz; die Rolle eines Entertainers lehnte er ab. In Paris wurde Juliette Gréco seine Geliebte. (»Juliette war wahrscheinlich die erste Frau, die ich als gleichwertigen Menschen liebte.« Er war 23 und Vater zweier Kinder.) Sartre fragte: »Warum heiratet ihr zwei nicht?« Aber er ging zurück nach New York. »Ich war so deprimiert, und als ich wieder in den Staaten war, hing ich plötzlich an der Nadel.« Eine Höllenfahrt begann, die er mit Frauen finanzierte: »Ich verwandelte mich in einen Zuhälter erster Klasse, denn ich brauchte jeden Tag mein Heroin, egal wie und von wem.« Er kämpfte. »Ich stand wie in einem dichten Nebel, immer high, und hielt mir Frauen, die mich mit ihrem Geld für den Rest des Jahres 1951 und Anfang 1952 über Wasser hielten. Eine Zeit lang schickte ich einen ganzen Stall voller Nutten auf die Straße.« Einmal wird der Vater in einem Nachtlokal auftauchen und ihn direkt von der Bühne zu sich nach Hause mitnehmen. Er unterstützt ihn, legt ihm eine Entziehungskur nahe. Gibt ihm Geld. Der Sohn kauft Heroin. Schließlich, es war im Jahr 1955, »lernte ich eine Weiße kennen, die ich hier Nancy nennen will. Sie war ein erstklassiges Callgirl aus Texas und wohnte in einem irren Penthouse in Manhattan, mit Blick auf den Central Park.« Nancy war schön und »im Bett war sie Spitze, so leidenschaftlich und gut, daß man fast zu heulen anfing.« Was dem Vater nicht gelang, erreichte sie. »Sie gehörte zu den Leuten, die mich endgültig von den Drogen wegbrachten.« Er liebte die Musik, er liebte Frauen. Eine Frau mußte »Sex ausstrahlen, was Elektrisierendes«. Dann »geht ein Gefühl durch meinen Magen. Es ist wie eine Flut, als hätte man gerade eine Prise Koks geschnupft, eine riesige Prise.«

Wer war der willensmächtige Drogenabhängige seines Daseins unter dem Sog des Blau?

Es handelt sich um den amerikanischen Jazz-Trompeter, Komponisten und Bandleader Miles Davis, 26. Mai 1926 – 28. Sept. 1991.

134

Versprach Härte Freiheit? War das Leben nicht ein soldatischer Kampf, der durch Disziplin gewonnen werden konnte? Ihren Vater hat sie nicht kennengelernt. Der Sozialdemokrat und Angestellte im Konsumverein »Vorwärts Dresden« war nach ihrer Geburt gestorben; ihre Mutter, Tochter eines Gelsenkirchner Grubenarbeiters, schlug sich mit zwei Halbwaisen durch. Über ihre Kindheit sagte sie später nur eisern: »Das ist privat«. Auch über den Stiefvater, einen Nazi, der kam, als sie neun Jahre alt war, schwieg sie konsequent. Warum sollte sie sich von der Vergangenheit binden lassen? Sie ging als Kind fast täglich in die Kirche, gestand sie im Alter, und hielt es im Nachhinein für möglich, daß sich »diese Frömmigkeit auf ihr kommunistisches Glaubensideal übertragen habe«. Zunächst trat sie mit 17 in die NSDAP ein. Was suchte sie? Nach dem Krieg gelang ihr die Aufnahme in die Schule für modernen Tanz von Gret Palucca. »Tanzen entsprach meinen Vorstellungen, arbeiten an sich, mit dem Körper.« Bald war sie stolz darauf, in der Sprungtechnik mit der großen Palucca mitzuhalten. Doch andere Mädchen waren im Ausdruck besser. Weiblicher zumindest. Mag sein, sie träumte von der Anmut in kobaltblauer Seide. Aber sie machte den Abschluß im Fach Regie und tanzte ein Solo unter dem trotzigen Titel »gerade nicht«. Mit 23 Jahren lernte sie einen 56 Jahre alten Komponisten kennen, einen Frauenhelden, der sie, als sie schwanger war, tatsächlich heiratete. Mag sein, diese Ehe blieb ein Rätsel (suchte sie den Vater, um Kind bleiben zu können?), als Arbeitsgemeinschaft aber waren die beiden kongenial. Ihre Sänger mußten Sportler sein. Vorbei das schöne Singen an der Rampe. Ein Heldentenor sollte an einem Kronleuchter kreisen können, einen Kopfstand beherrschen, rollschuhlaufen. Und wenn sie es wollte, robbten Primadonnen röchelnd auf dem Boden. Vorbei der »subjektive Schmonzes«. Sänger waren Instrumentenkörper, die nicht mitfühlend die Musik wiederholten, sondern kalkuliert, zeichenhaft agierten. Es gab große Stimmen, die sahen sich nun als »Marionette«; Chöre, die sich weigerten, mit ihr zu arbeiten. Aus der Opernbühne habe sie einen Truppenübungsplatz gemacht. Sie kommandierte jedes Detail, noch den letzten Statisten hatte sie im Griff. Und wenn der Dirigent Herr über das Tempo war, so wollte sie im voraus wissen, wie er es nahm, damit sie die Geste der Szene, die sich mit der Geschwindigkeit änderte, gestalten konnte. Einmal brachte sie einen Maestro dazu, ihr eine ganze Oper am Klavier auf Band zu singen; sie hatte ihm versprochen, die Kassette geheim zu halten. Hatte sie kurz an Hitler geglaubt, glaubte sie nun lange an den härteren, reineren Weg des anderen Deutschlands. Auch als sie keine Hoffnung mehr hatte, blieb sie in der SED. »Treten Sie etwa aus der Kirche aus, wenn der Pfarrer schlecht ist?« antwortete sie einem Journalisten. Bei den Proben sah man sie federnd in ihren legendären Turnschuhen, im Lederlackkostüm, wenn das Premierenpublikum sich zu prügeln begann. Ihre letzte Choreographie gab sie für ihre Beerdigung: keine Musik, keine Reden, nur einen Teppich von roten Rosen auf der Platte des Urnengrabs, die Blütenköpfe ausgerichtet nach Osten. Danach »fröhlicher Umtrunk«.

Wer war die rebellische Künstlerin, der Brecht einmal sagen mußte: »Fräulein, Sie sind nicht stärker als die Sowjetunion?«

Es handelt sich um die deutsche Opern- und Theaterregisseurin Ruth Berghaus, 2. Juli 1927 – 25. Jan. 1996.

135

Was ist Zärtlichkeit? Als Elfjährige schrieb sie in einem Brief an eine Tante: »Hier haben wir für alles geregelte Zeiten. Zuerst am Morgen schlafe ich, dann tu ich meine Arbeit, um 12 Uhr hab ich mein tägliches Schmusestündchen mit Nana.« Das Kindermädchen Nana, Mitte Vierzig, war hingebungsvoll. Auch die leibliche Mutter kam dem Kind körperlich nah. Sie wollte seinen Kot sehen. Noch als erwachsene Frau wird sie an die prüfende Mutter denken und panische Angst vor Verdauungsstörungen haben. Wo beginnt der Mißbrauch? Als sie etwa vier Jahre alt gewesen war, habe die Mutter sie auf den Badezimmerboden gelegt, ihr die Beine auseinandergezogen und ihre Schamlippen untersucht. »Sie sah mich an und sagte mir, wie wir sie sauberhalten müssen, und daß wir sie nicht berühren dürfen.« Als sie dann selbst Mutter war, legte sie sich gerne zu ihrer ältesten, schon pubertierenden Tochter ins Bett. Sie spielte »Neun sein«. Dann war sie das Kind und kuschelte sich an ihr Mädchen. Besonders wenn ihr Mann auf Reisen war (und er war oft fort), ging sie nachts zur Tochter. Sie hatte keinerlei Bewußtsein dafür, daß sie ihrem Kind zu nah kam. Sie kannte diese Art der Intimitäten von Nana, von ihrer Mutter. Auch mit ihrem Vater, erzählte sie später, habe sie geschlafen, wenn der betrunken war. Ihre Tochter erinnert sich, wie sie einmal aufwachte, ihre Mutter rittlings auf ihr saß, sich an ihrem Körper rieb und sie auf den Mund küßte. Als sie aufsprang, um sich im Badezimmer zu übergeben, sei ihr die Mutter nachgegangen und habe sie über den Kopf gestreichelt. Es kann nie zuviel Liebe geben zwischen Eltern und Kindern. Und ein Mutter-Tochter-Inzest war nicht möglich. Weder Freud noch ein anderer hatten darüber geschrieben.

Sie hat Gedächtnisstörungen, fällt leicht in Trancen, auch in Ohnmachten. Sie ist sich fremd. Sie ist schön, aber hält sich für wertlos. Beim ersten Gespräch mit ihrem Psychiater sagt sie, sie könne möglicherweise eine gute Prostituierte sein und Männern das Gefühl sexueller Potenz geben. Mit seiner Unterstützung beginnt sie, an Gedichten zu arbeiten. Sie glaubt an kein Ich; aber Gedichten vertraut sie. Und über Verse erfindet sie eine Identität, die ihr Anerkennung und eine seltsame Existenzberechtigung geben. »Ich spreche nur Sprache.« Auftritte in exzentrischen Kleidern, rauchend, leicht alkoholisiert. Eine Schönheit in Flammen, eine vage Verführerin. »Weißt du, was die Wellen sagen? Sie sagen: ich bin, ich bin.« Mann und Töchter tyrannisiert sie mit Selbsttötungsversuchen. Sie träumt sich in den Tod mit Tabletten und kann immer gerettet werden. Als sie es dann ernst meint, holt sie den alten Pelzmantel ihrer Mutter aus dem Schrank: »Jedesmal, wenn ich ihn anziehe, fühle ich mich so, als sei ich meine Mutter.« Sie nimmt noch ein Glas Wodka, geht in die Garage, setzt sich auf den Fahrersitz des alten roten Courgar, läßt den Motor an und schaltet das Radio ein.

Ihr Sarg war mit Gänseblümchen übersät. O Fallada, der du hangest, wenn das deine Mutter wüßte.

Wer war die erschütternde Lyrikerin, die mit einer befreundeten Dichterin gerne »über unsere ersten Selbstmordversuche« sprach: »das geschah ausführlich, in allen Einzelheiten und gründlich, während wir die kostenlosen Kartoffelchips knabberten. Selbstmord ist schließlich das Gegenstück des Gedichts«?

Es handelt sich um die amerikanische Dichterin Anne Sexton,
9. Nov. 1928 – 4. Okt. 1974.

136

Armut war eine Grunderfahrung. Die Mutter erzählte vom Hering ihrer Kindheit, der an der Stubendecke aufgehängt wurde: alle durften einmal daran lecken. Und als er im Alter nach seinen ersten Erinnerungen gefragt wurde, erzählte er, wie er mit den Eltern krank im Bett lag. »Es kam regelmäßig eine Krankenschwester, wahrscheinlich von einer kirchlichen Organisation, und einmal brachte sie Erdbeeren mit. Diese Erdbeeren sind mein erstes Glückserlebnis.« Eine zweite frühe Erinnerung, er war etwa vier Jahre alt, war die Verhaftung seines Vaters 1933: »Ich sah durchs Schlüsselloch, daß sie meinen Vater schlugen. Sie waren in SA-Uniform, meine Mutter stand daneben. Ich habe mich wieder ins Bett gelegt und die Augen zugemacht.« Dann besuchte er den Vater im KZ. »Wir mußten durch das Drahtgittertor mit meinem Vater reden, er sah sehr schmal und klein aus. Ich habe ihm Bilder gezeigt, die ich gemalt und gezeichnet hatte, und Zigarettenbilder.« Es gebe, wird er später sagen, »Erfahrungen, die so schockhaft sind, daß man sie nicht ohne Störungen verarbeiten kann. Also entwickelt man Verdrängungsapparate. Es ist schon so, nach der ersten Trennung von meinem Vater war er in gewisser Weise für mich ein Untoter, als er aus dem KZ zurückkam.« Er wird lernen, Erfahrungen abzupuffern als Stoff. Auch später, als seine Eltern ohne ihn aus der DDR flohen, wird er tapfer interpretieren: »das war alles als Erfahrung interessant, alles war Erfahrung.« Und er glaubt an eine Kunst, deren Funktion es ist, »die Wirklichkeit unmöglich« zu machen. Zunächst wird er Hilfsbibliothekar, nimmt an einem Schriftstellerlehrgang teil, arbeitet als Journalist. In einer Arbeitsgemeinschaft für junge Autoren lernt er eine Lyrikerin kennen. Dann steht er mit ihr in einer Kneipe: »Sie hatte eine grüne, gestreifte Bluse an, der oberste Knopf dieser schönen, teuren Bluse war auf, sie erzählte von zu Hause.« Die junge Frau gehörte »zu den oberen Zehntausend, und ich weiß noch diesen Moment, als meine proletarische Gier auf die Oberschicht sich regte«. Die beiden heiraten. Doch die junge Frau hatte auch Erfahrungen gemacht. Zweimal war sie verschüttet gewesen, und dann hatte sie ihre toten Eltern ausgegraben, auf einen Handkarren geladen und begraben. In seiner Nähe beginnt sie, mit Selbstmordversuchen zu spielen. »Ich habe ihr den Arm abgebunden, wenn sie sich die Pulsadern aufgeschnitten hatte, und den Arzt angerufen, sie vom Strick abgeschnitten, ihr das Thermometer aus dem Mund genommen, wenn sie das Quecksilber schlucken wollte, und so weiter.« Sie ist in psychiatrischer Behandlung, die nicht hilft. Der erste Suizidversuch in seiner Abwesenheit gelingt. Er steht kurz unter Mordverdacht, da sie keinen Abschiedsbrief hinterläßt. Er sagt, ihr Abschiedsbrief seien ihre Gedichte. »Und irgendwann hatte ich auch wirklich die Haltung: Wenn sie sterben will, dann ist das ihre Sache. Eine Zigeunerin hatte ihr gesagt, daß sie mit 41 stirbt.«

Wer war der große Dramatiker und Regisseur, der einmal sagte: »Kein Mensch ist integer. In keinem guten Stück«?

Es handelt sich um den deutschen Dramatiker Heiner Müller, 9. Jan. 1929 – 30. Dez. 1995.

137

*I*hr Vater war der Größte, fand sie. Leider fand er sie ziemlich banal. Das wurde ihr Lebensthema. Für ihn, den sie liebte und um dessen Anerkennung sie unermüdlich warb, blieb sie ein kleines, schüchternes Mädchen mit Brille. Alle seine drei anderen Kinder waren großartig, besonders seine Erstgeborene. Und alle waren sie sportlich. Das mußten sie auch sein, denn immerhin war er Olympiasieger im Einer-Kajak. Und dann hatte er sich vom einfachen Maurer hochgearbeitet zum Bauunternehmer und mehrfachen Millionär. Die High Society von Philadelphia sah das nicht so. Für sie war der Mann mit seinen vier Kindern trotz der glamourösen Empfänge, die er meinte geben zu können, ein irischer Immigrant, und als Katholik blieb er für sie bloß ein Vertreter der Arbeiterklasse. So etwas war unabhängig vom Kontostand.

Seine ungeliebte Tochter, das häßliche Entchen, glaubte lange, sie sei ein adoptiertes Kind. Ihre wahren Eltern dachte sie sich zärtlich. Den Eltern, mit denen sie lebte, genügte sie nie. Ein wenig Ballettschule, Klosterschule, Laienschauspielgruppe. Auf der Universität wurde sie nicht angenommen; mehr durch Zufall rutschte sie in eine angesehene Schauspielschule in New York. Dort gefiel es ihr zur Überraschung aller. Sie wollte frei sein und finanzierte sich die Ausbildung mit Werbeaufnahmen (Bier, Hautcreme, Zahnpasta) und als Photomodell. Immer suchte sie Nähe und begann – untypisch für ein katholisches Mädchen aus gutem Haus – mit dem nächstbesten freundlichen Mann ins Bett zu gehen. Oft fand sie ältere Männer besonders freundlich. Ihre erste große Liebe muß sie dann mit anderen betrügen, weil sie der Liebe zum großen Vater nicht untreu werden möchte. Mit 26 gehört sie zu den schönsten und berühmtesten Frauen der Welt. Ihr Bild schmückt die Titel der Magazine. Sie ist Oscar-Preisträgerin. Ihr Vater zuckt nur mit den Schultern: das kann ihn wenig beeindrucken. Dann gelingt ihr ein letzter Coup. Sie gewinnt das Interesse eines Mannes, der ihrem Vater den Aufstieg in den Adel ermöglichen würde. Vielleicht würde sie mit so einer Ehe endlich etwas geleistet haben. Ob sie verliebt sei, fragt eine gute Freundin, sie kenne den Mann doch gar nicht, wie das denn möglich sei. Sie antwortet, sie wisse nicht, was in der Liebe möglich oder nicht möglich sei: »Aber eins weiß ich ganz genau. Mein Vater würde eine solche Beziehung gutheißen. Und das ist doch schön.« Tatsächlich war der Vater angetan. Und erstaunt. Sie aber realisierte erst nach und nach, daß der fremde Gatte von ihr selbstverständlich erwartete, daß sie ihre Karriere aufgab. In ihrem letzten Film spielte sie eine strahlende Vertreterin jener Gesellschaftsschicht, nach der sich der Vater immer gesehnt hatte.

Wer war die auratische Schöne, die bald als melancholische Mutter und tapfere Gattin lebte?

Es handelt sich um die amerikanische Schauspielerin Grace Kelly, 12. Nov. 1929 – 14. Sept. 1982.

138

*E*s war Depression und alle waren arm, aber es störte nicht weiter. Wir wußten nicht, daß wir arm waren.« Er war der Sohn optimistischer Einwanderer in New York. Seine Mutter verkehrte an der Park Avenue unter dem griechischen Hochadel, für den Onassis als Neureicher galt. Doch als ein Armenier auftauchte, der mit Teppichen, Gobelins, Spitzen handelte und »ihr fünfundzwanzig Cent für jede Damasttischdecke« bot, da verkaufte sie »ohne mit der Wimper zu zucken den ganzen Krempel, damit wir was zu essen hatten«. Unbeschwerte Kindheit. Der Vater mietete dauernd neue Wohnungen, da das Wohnen in den ersten Wochen mietfrei war. Dann zog man eben wieder um. »Meine Eltern hatten keine Angst. Sie wollten fröhlich und ohne Angst durchs Leben gehen und taten es.« Leidenschaftlich versuchte es der Vater in verschiedenen Jobs; zwischenzeitlich unterhielt er ein Einwanderungsbüro und hoffte auf Millionen. Aber was er verdiente, verschwand wieder in anderen Projekten. »Ich hatte ein wildes, wunderbares Elternhaus.« Er war klein, also trug er Absatzschuhe. Als er sich nach einem Unfall seine Schneidezähne ruinierte, gewöhnte er sich an, mit geschlossenem Mund zu lächeln. Verbummelte frühe Jahre. Er bricht das College ab, schreibt sich auf der Schauspielschule ein, weil es da schöne Mädchen geben soll. Der Vater seufzt tapfer: »Das ist wenigstens *irgendetwas*, dann wird er wenigstens *irgendetwas*.« Und er versucht ihn aufzubauen: »Ist dir klar, welche Verantwortung damit verbunden ist? Du wirst das menschliche Leben darstellen. Du wirst für all jene sprechen, die sich kein Gehör verschaffen können.«

Tatsächlich machte er einen Abschluß. Er hatte nie Geld, aber immer Freundinnen. Sehr gerne Frauen, die in Supermärkten arbeiteten (das hieß: Essen) oder Buchhändlerinnen (das hieß: Bücher). Allen versprach er die Ehe. Dann sah er eines Tages ein blondes Mädchen und sagte spontan zu seinem Begleiter: »Das wird meine Frau.« Sie war Schauspielerin (das hieß: kein Essen, keine Bücher). Doch es war Schicksal; die stürmische Ehe hielt bis zu seinem Tod.

Klinkenputzen in Hollywood war ihm bald zu blöd. Er wollte andere Filme machen und Filme anders machen: »Einen Film machen heißt, eine Idee haben, über die man reden muß, und nicht wissen, was einen eigentlich umtreibt, so daß es bis zum Schluß ein Abenteuer bleibt.« Also trommelte er »ein paar Leute zusammen, die genauso denken und fühlen«, und dann »versuchen wir gemeinsam unser Bestes«. Er war auf der Suche nach einer »persönlichen Wahrheit«, nach »einer Art Erkenntnis«. Sein Team bestand oft aus unbezahlten Laienschauspielern (gerne setzte er seine Mutter ein); man drehte an Originalschauplätzen, die nichts kosteten. Seine Lieblingszeit war die Nacht, die Stunden der erleuchteten Bars (er schlief nicht). Man wohnte, arbeitete, aß zusammen: Selbstgekochtes. Filmen war eine Lebensform. Technische Perfektion interessierte ihn nicht; er wollte emotionale Augenblicke. »Sagt, was ihr *seid*«, rief er seinen Schauspielern zu, »nicht, was ihr gern *wärt*, auch nicht, was ihr *sein müßt*. Sagt einfach, was ihr seid. Das ist allemal gut genug.« Seine wackelnde Handkamera, seine unscharfen Bilder wurden seine Signatur. Er nahm alles auf. Am Schneidetisch dann collagierte er aus der Materialfülle sein Werk.

Wer war der »Poet des Unperfekten«?

Es handelt sich um den amerikanischen Regisseur John Cassavetes,
9. Dez. 1929 – 3. Feb. 1989.

139

Er sei das Ergebnis einer Vergewaltigung, behauptete die Mutter später manchmal ohne rechte Überzeugung. Vor dem Gespött der Leute floh sie nach Holland, wo man sie in einer katholischen Klinik für gefallene Mädchen von einem gesunden Buben entband. Vielleicht war sie glücklich, vielleicht nahm sie ihm sein Dasein übel. »Du hast mein Leben zerstört«, soll sie ihm später gesagt haben, und als Strafe schickte sie ihn dann aufs Amt, um die 5 Mark Unterstützung eigenhändig abzuholen: »Damit du siehst, was du wert bist.« Jedenfalls mußte sie damals schleunigst Geld verdienen und gab den Säugling für einige Monate zu wechselnden Pflegestellen, bis sie ihn zu ihren Eltern brachte, die vom Enkel noch nicht so recht wußten. Der Großvater war ein gescheiterter Schriftsteller. Gefördert von Carl Zuckmayer war er zu einem Staatspreis für Literatur, aber nicht zu Erfolg gekommen. Nun arbeitete er als Aushilfskontorist, als Schreibkraft, als Schneeschaufler. Aus dem unverhofften Knaben aber wollte er einen Künstler machen. Auch wenn man hungerte, bekam das Kind Gesangsunterricht. Und während langer Spaziergänge beschloß der Dichter-Großvater zu leisten, was er den professionellen Pädagogen nicht zutraute.

Die schulischen Erfahrungen des Jungen entwickeln sich denn auch zu Katastrophen. Als die Mutter einen Friseurgehilfen heiratet und der Junge den geliebten Großvater verlassen muß, versucht der, sich das Leben zu nehmen. Der Strick reißt. Er ist jetzt sieben Jahre alt. Für drei Monate wird er in ein nationalsozialistisches Erziehungsheim in Thüringen verschickt, wo man die gelbfleckigen Leintücher des Bettnässers im Speisesaal aushängt. Damals ist er keine elf. Wieder zu Hause, verdient er sich ein Taschengeld, indem er die Totenglocke für die Gefallenen läutet. In den Luftschutzkellern sieht er die ersten Erstickungstoten, in den Straßen die Zerfetzten. Nach dem Krieg verschleppt er eine »nasse Rippenfellentzündung« und wird ohnmächtig mit einer Lungentuberkulose in eine Klinik eingeliefert. Erst kommt er in das Sterbezimmer mit den 26 Betten. Bald wird er in das Badezimmer geschoben, wo man die Todeskandidaten isoliert. Er erhält die letzte Ölung. Die Krankenschwester erscheint gerade noch, um den Puls zu messen. Neben ihm atmet nur noch einer. Der hört dann auch auf und wird in einem Zinksarg weggebracht. Da habe er, schreibt er später, auf einmal leben wollen: »Ich wollte leben, alles andere bedeutete nichts. Leben, und zwar mein Leben, wie und solange ich will. Das war kein Schwur, das hatte sich der, der schon aufgegeben gewesen war, in dem Augenblick, in welchem der andere vor ihm zu atmen aufgehört hatte, vorgenommen.« Er ist nun 18 Jahre alt. Sein Großvater stirbt einige Tage später in derselben Klinik. Er aber überlebt und beginnt zu schreiben: mit der Schreibmaschine des Großvaters. Vierzig Jahre später endet sein Leben an einem symbolträchtigen Datum. »Schau, das ist jetzt eigentlich der Todestag vom Großvater«, sagte er noch.

Wer war der Autor, der testamentarisch festgelegt hat, daß auf die urheberrechtliche Dauer von 70 Jahren jede Aufführung und Publikation seiner Werke in seinem Heimatland verboten sei?

Es handelt sich um den österreichischen Schriftsteller Thomas Bernhard, 9. Feb. 1931 – 12. Feb. 1989.

140

Sein Vater war hart. Er brüstete sich damit, 50 Kühe mit einer einzigen Munitionsschachtel, die nur 50 Kugeln enthielt, erschossen zu haben. Und er wollte seinen Sohn zur Härte erziehen. Als die Hündin des Jungen einmal einen Wurf Welpen zur Welt gebracht hatte, den der Vater nicht wollte, steckte der alle Kleinen zusammen mit einem Stein in einen Sack, warf ihn in den Fluß, und der Junge mußte zusehen, wie sie ertranken. Dann erschoß er die Hündin. 1935 waren seine mittellosen Eltern mit ihren sechs Kindern als Siedler in den Nordosten von Arkansas gekommen; auf trockengelegtem Sumpfland des Mississippi sollten sie eine landwirtschaftliche Modellsiedlung mitaufbauen. Wie seine größeren Brüder half der Sechsjährige neben der Schule bei der Baumwollernte, und noch als alter Mann verwahrte er in seiner Bibliothek in einem schwarzen Safe eine Baumwollsamenkapsel von den Feldern seiner Kindheit. Bei der eintönigen Arbeit sangen die Pflücker Choräle. Und früh spürte er eine Verbindung von Schönheit, Gott und Musik. Die Siedler gingen in die Baptist Church oder in die Church of Christ. Und es wurde erwartet, daß auch er in einem ihrer Gottesdienste ein Erweckungserlebnis hätte, was dem Zwölfjährigen dann auch widerfuhr. Von nun an fühlte er sich seinem nächstälteren Bruder Jack stark verbunden, der als gläubiger Jugendlicher lebte und Priester werden wollte. Doch zwei Jahre später, an einem Samstag (er hatte Jack noch gefragt, ob er nicht zum Angeln mitkommen wolle, aber Jack hatte geantwortet, er müsse arbeiten), geschah der Unfall: beim Holzzerkleinern sprang Jack die Kreissäge aus der Halterung und fuhr ihm so in den Bauch, daß die Gedärme herausquollen. Sieben Tage lang bangte die Familie weinend und singend um sein Bett. Jack fragte die Mutter noch, ob sie nicht auch die Engel höre. Dann lag er im offenen Sarg im Wohnzimmer. Der Vater aber sagte dem Jüngeren, nie hätte er angeln gehen dürfen, während Jack arbeitete. Er sei schuld an dessen Tod. Und warum nicht er, sondern der treue Jack gestorben sei! Auf einmal stand statt des Bruders fremd und groß die Schuld neben ihm. Um sie kennenzulernen, begann er zu schreiben. Er schrieb Gedichte, Songs. Gitarrespielen konnte er sich mehr oder minder selbst beibringen. Bei der Schulabschlußfeier hatte er seinen ersten öffentlichen Auftritt. Er begann, am Fließband eines Autowerks zu arbeiten, in einer Margarinefabrik, später als Vertreter für Kühlschränke; in der freien Zeit aber machte er Musik. Mit 22 verheiratet, mit 23 die erste Schallplatte und die erste Tochter; drei weitere Mädchen und Platte auf Platte folgten; mit 24 spätestens ein Star. Mit 25 lernte er eine Sängerin kennen, die seine spätere Frau, Mutter seines Sohnes und Partnerin auf der Bühne werden sollte. Ein Lied, das sie über seine Drogenabhängigkeit und ihre heimliche Liebe schrieb, wurde zu einem internationalen Erfolg. Die Erinnerung an seinen Bruder blieb an seiner Seite. Er trat nur in Schwarz auf, sang als gläubiger Christ, ließ sich im Jordan taufen und nach Absolvierung einer theologischen Ausbildung ordinieren, damit er selbst auch im Jordan taufen konnte.

Wer war der sozial engagierte, aufrechte Sänger und Songschreiber, der kurz vor seinem Tod sagte: »Als Gott mir vergeben hatte, dachte ich mir, ich sollte das vielleicht auch tun.«

Es handelt sich um den amerikanischen Country-Sänger Johnny Cash, 26. Feb. 1932 – 12. Sept. 2003.

141

*E*inmal sagte Marlene Dietrich süffisant zu ihr: »Du hast ja Mumm, mit richtigen Schauspielern zu spielen.« Und sie gab ungerührt zurück: »Ja, habe ich. Und wenn ich nach Hause komme, Marlene, dann vögeln wir wie die Kaninchen.« Sie drehte damals mit einem sehr attraktiven Kollegen.

Während eines Banketts in London beugte sich Prinzessin Margaret über ihre Hand und sagte: »Ist das der berühmte Diamant? Aber er ist so riesig – das ist ja höchst vulgär!« Sie antwortete nur: »Ja, er ist wunderschön.« Und als nach einer kleine Pause Prinzessin Margaret fragte, ob sie den Ring einmal anprobieren dürfe, gab sie ihn ihr: die adligen Augen wurden nun groß über dem Cartier-Stein von 69,42 Karat. – »Jetzt sieht er nicht mehr so vulgär aus, oder?« fragte sie die Prinzessin zurück.

Sie war maßlos. Maßlos mutig. Und zunächst ein verkauftes Kind. Als sie neun war, verschaffte ihr die Mutter, eine eher unbegabte, dafür ehrgeizige Schauspielerin, ihre erste Rolle beim Film. (Ihr älterer Bruder, den die Mutter auch vermarkten wollte, erschien kahlgeschoren im Studio; das war dann schon das Ende seiner möglichen Karriere.) Sie aber beugte sich, wurde mit 12 als junge Reiterin ein Kinderstar, mit 15 der ideale Teenager und bald darauf eine junge Frau, die provozierende Weiblichkeit ausstrahlte. Lavendelfarbene Augen, dunkle Locken, ein Dekolleté, das samten aufstieg bis zu einem opulent lächelnden Mund. Wimpern wie angeklebt. Aber sie waren so gewachsen: doppelreihig, ein dichtes schwarzes Fell. »Sie war so außerordentlich schön, daß ich fast laut lachen mußte.

Sie war wie eine Hungersnot, wie Feuer, Zerstörung und Pest in einem. Kurz: völlig überwältigend… ihre Brüste waren apokalyptisch, sie hätten Königreiche stürzen können«, so beschrieb ein Kollege (und späterer Gatte) die 19jährige. Als sie mit 28 Jahren eine Million Dollar Gage wollte, bekam sie sie fast. Und mit den dazu ausgehandelten 10% der Einspielsumme verdiente sie an diesem Film schließlich 7 Millionen.

Ihre große Leidenschaft war ein hochbegabter Literat, Bühnenschauspieler, Trinker. Sie lebten offen den Ehebruch (als sie aufeinandertrafen, waren sie beide verheiratet), dann die wilde Ehe. Zur endlich beschlossenen Trauung erschien sie nicht pünktlich, und er polterte: »Ist das fette Törtchen immer noch nicht da? Sie wird noch zum Jüngsten Gericht zu spät kommen!« (Testamentarisch hielt sie später fest, daß ihre Beerdigung mit mindestens einer Viertelstunde Verspätung beginnen solle.)

Ein Leben in absurdem Luxus (Jacht, Flugzeug, Suiten in Grand Hotels, Land auf Teneriffa, Irland, ein Troß von Bedienten, ein Fuhrpark der Rolls-Royces.) Sie reiste mit 170 Koffern und ließ königliche Juwelen wie Murmeln durch die Finger gleiten. Lebenssicher war sie nur auf dem Filmset; zunehmend tauchte sie ab in die Kunstwirklichkeit der Drogen. Sie überspielten das irritierende Vakuum in der Identität. Zwischen 1980 und 1985 wurden ihr mehr als 1000 Rezepte für 28 verschiedene Schlafmittel verschrieben. Sie nahm sie in Kombination mit Alkohol. In einer Entzugsklinik lernte sie ihren letzten Mann kennen, einen um 20 Jahre jüngeren Lastwagenfahrer. Sie starb mit 80 Jahren im Kreis ihrer vier Kinder an Herzversagen.

Wer war die Hollywoodlegende, die immer wieder aufhören wollte zu filmen und sagte: »Man kann nicht Schauspielerin und zugleich Frau sein«?

Es handelt sich um die amerikanische Schauspielerin Elizabeth Taylor, 27. Feb. 1932 – 23. März 2011.

142

Als er mit Ende fünfzig seine Autobiographie schrieb, lebte seine Mutter noch. Die 85jährige war gestürzt, und er, ihr einziges Kind, war gekommen und hatte sie durch den Regen mit dem Auto in die Klinik gefahren. Die Nacht verbringt er mit ihr in ihrem alten Haus: »Ich höre, wie meine Mutter sich im Bett umdreht und atmet. Die Graupelkörner zerplatzen im Kamin, und eine Maus scharrt hinter der Fußleiste unter dem Tisch und dem Bild, das mich als niedliches Kind zeigt.« Er kann nicht schlafen. »Wir schlafen ein, wenn wir selbst-los sind, wenn unsere Gedanken selbst-vergessen werden.« Er aber kreist um sich, im Reaktionsbeschleuniger der mütterlichen Aura. Momente aus der Klinik kommen wieder: »Im gleißenden hellen medizinischen Zentrum nahm ich jedes einzelne Psoriasis-Schüppchen am weißen Haaransatz und an den Nasenflügeln meiner Mutter wahr und all die Strahlenschäden, die vielen Flecken auf ihrer Haut, die einmal so glatt und klar gewesen war wie die des Jungen auf der Photographie. Meine Mutter war ebenso meine Zukunft wie meine Vergangenheit.« Er hat von ihr die Schuppenflechte geerbt. Seit seinem sechsten Lebensjahr zeigen sich die häßlichen Rötungen und Hautabstoßungen überall an seinem Körper und machen ihn zu einem Außenseiter. Psoriasis ist eine Autoimmunerkrankung. Der Körper, der normalerweise zwischen eigenem Gewebe und fremdem unterscheiden kann, irrt und wehrt sich gegen sich selbst. Seine Haut, die nicht seine Haut sein will, bestimmt sein Leben. Sie wird die empfindliche Botschafterin zwischen Ich und Welt, zwischen Scham und Behauptung. »Mein Zustand schmiedete ein verborgenes Bindeglied zwischen mir und dem Elementaren: den Jahreszeiten, der Sonne und meiner Mutter.« Sonne lindert seine Krankheit, so liegt er halbnackt oder nackt neben der schönen Mutter im Licht. Er sucht die Verletzung: »Ich wollte verbrennen; meine Haut war mein Feind, und ein schmerzender Sonnenbrand bedeutete, daß ich ihr einen Schlag versetzt hatte.« Die Mutter, selbst eine verhinderte Schreibende, ermuntert ihn zu Texten. Hautbefragung und Icherkundung werden eines: »Psoriasis hält einen in Atem. Geheimhaltungsstrategien schießen ins Kraut, und die Selbstprüfung nimmt kein Ende. Man wird vor den Spiegel gezwungen, wieder und wieder. Psoriasis treibt einen in den Narzißmus, wenn wir uns einen Narziß denken, dem nicht gefiel, was er sah.« Bewußtsein war eine Hautkrankheit. Guter Schüler, Vollstipendiat in Harvard, wo er mit summa cum laude abschließt. Zwei Jahre Redakteur beim New Yorker. Dann will er endgültig in die Sonne, zieht aufs Land, an einen Strand. Mit 25 ist er verheiratet, Vater seiner ersten beiden Kinder und freier Schriftsteller. Er ist fleißig, nimmt sich vor, jedes Jahr ein Buch zu schreiben, was er auch schafft. Als er mit Ende 50 seine Biographie schreibt, ist er ein erfolgreicher Schriftsteller: »Ich reibe mir das Gesicht. Meine Stirn, strahlengeschädigt von all den Jahren, in denen ich die heilende Sonne suchte, tut weh. Mein öffentliches, marktgängiges Ich (…) fühlt sich wie eine zweite Haut an und tut ebenfalls weh.«

Wer war der seelengenaue Autor des amerikanischen Alltagslebens, der im Kapitel »Ein Brief an meine Enkelsöhne« seinen Kindeskindern abschließend zurief: »Es ist Eure eigene Haut, die ihr zu Markte tragt«?

Es handelt sich um den amerikanischen Schriftsteller John Updike, 18. März 1932 – 27. Jan. 2009.

143

Widersprüche zogen ihn an. Er träumte von der Askese und trat auf wie ein Snob. Er schwärmte von einfachen Dingen - einer Wellblechhütte, einem bedruckten Billigteller aus Email - und wohnte doch exklusiv mit ziemlich wertvollen Antiquitäten. Er liebte seine Ehefrau, aber weder lebte er monogam, noch monosexuell, noch besonders oft mit ihr zusammen. Er schrieb einen flammenden Artikel gegen die gesellschaftliche Ausgrenzung von Aidskranken, gestand aber niemals öffentlich ein, selbst ein Betroffener zu sein. Seine Immunschwäche habe er sich in einer balinesischen Fledermaushöhle zugezogen, fabulierte er, oder auch beim Verspeisen eines tausendjährigen chinesischen Eis. Er liebte Geschichten und wurde wegen seiner Geschichten geliebt. Als Junge habe ihn keine erfundene Literatur interessiert, authentische Reiseberichte hätte er jedem Jules Verne vorgezogen. Allerdings bestand er darauf, beim Schreiben nicht unbedingt mit der Wahrheit herauszurücken. Seine Frau bemerkte einmal, er könne aus Gänsen Schwäne machen. Vermutlich hatte er diesen verwandelnden Blick, die Aufmerksamkeit, die vergoldet, verschönt, adelt. Das kultische Messer eines Eingeborenenstammes beschrieb er einmal als »eine Art Wüstenopal« von wunderbarer Farbe, »fast die Farbe von Chartreuse«. Es war die zurechtgeschliffene Scherbe einer Bierflasche. Er reiste viel und haßte Reisende. Nicht alle. Denn Wandern, so lautete sein Credo, sei eine Tugend, Tourismus aber eine Todsünde. Mit einem Kinderglauben hing er dem besseren Leben der Nomaden nach - auch wenn er sich vornehmlich in den internationalen Residenzen seiner reichen

Freunde aufhielt. Die waren beglückt, wenn der elektrisierende Gast erschien, und erleichtert, wenn er wieder ging. Er konnte anstrengend sein. Miranda Rothschild, eine langjährige Vertraute und kurzfristige Geliebte, charakterisierte ihn gelassen: »Man denke an das Wort ›charmant‹. Man denke an das Wort ›Verführung‹. Man denke an Verführung als Antriebskraft, um die Gesellschaft zu erobern. Er war darauf aus, alles zu verführen, und es spielte keine Rolle, ob es sich um einen Mann, eine Frau, einen Ozelot oder einen Teewärmer handelte.«

Ein Freund und Schriftsteller machte sich an die Biographie des Frühverstorbenen. Nach einer siebeneinhalbjährigen Recherche in 22 Ländern auf fünf Kontinenten erschien ein Buch von 800 Seiten.

Wer war der Erzähler, der mit einer Handvoll Bücher von wahren und nicht so wahren Geschichten ein Mythos wurde?

Es handelt sich um den englischen Schriftsteller Bruce Chatwin, 13. Mai 1940 – 18. Januar 1989.

144

*I*hre Autobiographie beginnt am Sterbebett des Vaters. »Vati und ich, wir hatten alles gemeinsam gemacht. Er war mein Gehirn, mein Gewissen, mein Manager, meine Leibwache, mein rechter Arm. Er hatte mich erfunden, und dieser Erfindung blieb er treu.« Dabei war ein Kind das letzte, was dieser Mann sich gewünscht hatte. Doch seine um 25 Jahre jüngere Geliebte, eine Blumenbinderin, hatte Löchlein in die Kondome geschnitten: »durch eines dieser Löcher bahnte ich mir den Weg ins Leben«. Das war 1942.

Der Vater war Halbjude. Nun beschaffte er dem Neugeborenen legitimierende Papiere von einem gefallenen Soldaten. Nach dem Krieg heiratete das ungleiche Paar. Rosenkrieg. Scheidung. Die achtjährige Tochter wird dem Vater zugesprochen. Die Mutter geht mit einem Panzeroberst nach Damaskus. Der Vater, bald 60, ein gelernter Bankkaufmann, in vielen Berufen gescheitert, wittert in dem blondgelockten, munteren Mädchen ein schauspielerisches Wunderkind. »Ich mußte mich also mit dem Gedanken anfreunden, daß mein Vater nun hauptberuflich für mich arbeitete – und ich für ihn.« Mit 12 Jahren die erste Filmrolle, mit 15 trägt sie die ökonomische Verantwortung für den Vater, sich und das Kindermädchen (in Personalunion des Vaters Geliebte). Sie kann kämpfen. Schon als Fünfjährige hat sie sich die Zehen blutig getanzt, weil sie die Ballettschuhe spüren wollte und Watte in den Spitzen ablehnte. »Ich begann verschwommen zu erkennen, daß es das Wort ›aufgeben‹ auf der Bühne nicht gibt. Auf keiner.« Und wenn es die Rolle verlangt, läßt sie sich mißhandeln. (»Die Einstellung wurde dreimal gedreht. Er schlug jedesmal richtig zu, und der Kopf fiel mir fast vom Hals. Ich sagte kein Wort; die Tränen, die mir kamen, gehörten sowieso zur Szene.«) Sie ist ein blonder Kindersoldat der Bühne, ein disziplinierter Vollprofi-Backfisch, eine kühl-verführerische junge Frau. Aber was sie da spielt, hat sie nie anders als auf der Bühne erfahren. Vor allen Kollegen rühmt sich der Vater ihrer Jungfernschaft. Sie gehört ihm. Niemals werden sie auseinandergehen. Einmal will er sie einem verwitweten Millionär zur Frau geben und ist beleidigt, weil sie nicht mitmacht. Als er sie neben einem verheirateten Regisseur sieht, droht er, sie totzuschlagen, falls sie mit ihm schlafe. Doch sie liebt diesen Mann. Im Nachhinein spricht sie von einer »hörigen Liebe«, einem »Leidensweg«. Ohne eine selbstverständliche Kindheit, ohne die ausagierte Pubertät hat sie nicht gelernt, sich sicher im Dschungel des eigenen Empfindens zu bewegen.

Sie ist keine 21, als ihr Vater stirbt. Und kaum begreift sie, daß dies nicht ihr eigener Tod ist, da erwartet sie der nächste Schock. Ihr ganzes Geld ist verschwunden; der Vater hat nur hohe Schulden hinterlassen. Sie schlägt das Erbe aus. Und fängt noch einmal an. Eine Frau, ein Befehl.

Leichter war das Leben mit Tieren. Erst die Entourage der Kuscheltiere, dann Ponys; sie rettete ein Pferd vor dem Schlachter und soll später zur Tabuisierung der Schildkrötensuppe beigetragen haben.

Wer war der perfekte Kinderstar, die Sängerin eines Millionenhits der Innerlichkeit im unpolitischen Nachkriegsdeutschland und eines populären Anti-Kriegslieds im 68er-Morgenrot; die Schauspielerin, die Unternehmerin, die immer wieder tapfer einen Neuanfang suchte, bis sie 49jährig bei einer Brustkrebsoperation starb?

Es handelt sich um die deutsche Schauspielerin und Sängerin Heidi Brühl, 30. Jan. 1942 – 8. Juni 1991.

145

Weißt du was?« rief sie bei einem Drink einem Freund entgegen, der gerade über das Leben in den ruhigen Vororten lamentierte. »Gib mir einen Ehemann, der nach Hause kommt, der morgens um neun aus dem Haus geht und von dem ich weiß, daß er um sechs wieder zu mir, und nur zu mir, zurückkommt, und ich bin glücklich mit den zwei Garagen und den zwei Fernsehern und dem ganzen spießigen Kram im Haus.« Der Freund glaubte, sie mache Witze. Er täuschte sich. Denn was sie skizzierte, wäre durchaus eine erwartbare Ziellinie ihrer Biographie gewesen. Sie wuchs auf als Tochter eines Ingenieurs und einer Mutter mit Highschoolabschluß. Das Klima zu Hause war viktorianisch getönt. Man legte Wert auf das, was sich gehörte. Und es gehörte es sich nicht, daß die Tochter die Umrisse einer nackten Frau auf den Schrank skizzierte. Sie mußte das dann schnell mit den Konturen von Fischen übermalen. Das Mädchen ging brav auf die Highschool, wie später brav aufs College. Sie war nicht beliebt, aber brachte ohne Anstrengung die guten Noten nach Hause, die ihre Eltern erwarten durften. Mit beginnender Pubertät war sie dicker geworden, genau genommen ziemlich unförmig, und die Akne in ihrem Gesicht war so stark, daß die Haut regelmäßig abgeschliffen werden mußte. Ihre Mitschülerinnen nennen sie »Schweinchen«, sie lacht, weil sie zeigen will, daß sie Spaß versteht. Zu Hause weint sie. Sie prahlt mit sexuellen Abenteuern, doch wer sie näher kennt, wettet darauf, daß sie die Highschool als Jungfrau verließ. Von ihrer extremen Begabung hat niemand etwas bemerkt. Auch sie selbst nicht. Eigentlich hatte sie immer gemalt, auch bald privaten Kunstunterricht erhalten. Sie war das frühreife Kind, das Ölbilder verkaufte. Später erinnern sich die Eltern, daß sie sich, als sie noch sehr klein war, alleine in den Schlaf singen konnte.

Ihre Karriere beginnt in drittklassigen Bands. Ihr Durchbruch auf einem Festival ist legendär. Sie starb drei Jahre später mit 27 Jahren bei einem Unfall, der so sehr zu dem Image paßte, das sie für sich kreiert hatte, ohne es zu erfüllen. Wer war die unvergessene Ikone einer unvergessenen Generation?

Es handelt sich um die amerikanische Sängerin Janis Joplin, 19. Jan. 1943 – 4. Okt. 1970.

146

Der Vater, ein Jurist, spielte ukrainische Lieder auf dem Akkordeon, die Mutter war eine erfolgreiche Pianistin. Als sich nach der Geburt einer Tochter nicht sofort eine zweite Schwangerschaft einstellte, ließ sie sich »Stutenserum, eine Art Östrogen« spritzen, und der Arzt scherzte, dieses Kind schlage dann sicher alle aus dem Rennen. Sie war diese provozierte zweite Tochter.

Beide Mädchen zeigten früh musikalische Begabung (ein Nachzügler-Bruder sollte, wie der Vater, Akkordeon zum Vergnügen spielen). Für die ehrgeizige Mutter hieß sich mit Kindern beschäftigen: mit ihnen musizieren. Sie griff in die Tasten, sang, klatschte und animierte die Kleinen zum ausdrucksstarken rhythmischen Gehen. Musik war ein ernstes Spiel, Liebesrausch im Mutterbann. Und wenn die Mutter Konzerte gab, saßen die Kleinen zu Hause vor dem Radio und lauschten dem heiligen Vorgang. Musik war das höchste Gebot. »Tatsächlich ließ Mutter immer alles stehen und liegen, wenn ich ihr etwas vorspielen wollte«, erinnerte sich die ältere Tochter. Doch bald warf die jüngere Schwester sie aus der Bahn. Sie war das Wunderkind und wurde Mutters hohe Lebensaufgabe. Preise, Meisterkurse, exquisite Instrumente. Internationaler Durchbruch mit 16. Die Hochbegabte aber zweifelte: sollte sie wirklich Musikerin werden? Die Mutter verstand die Frage nicht. Alle lagen ihr doch zu Füßen! Die Presse überschlug sich. Mit solcher Hingabe und Virtuosität (dabei mußte sie gar nicht viel üben) hatte noch keine gespielt. Sie war etwas Neues. Diese heftige, natürliche Unmittelbarkeit, mit der sie den Kopf zurückwarf, wie sie die Augen schloß oder wie blind in die Höhe aufriß, als könne sie nur in der Musik sehen. Wie sie sich wiegend der Melodie hingab, als singe sie, oder lachend den Bogen auf die Saiten schlug.

Ihrem Bruder schrieb sie: »Es gibt zwei Möglichkeiten zu musizieren. Die eine ist, technisch perfekt zu spielen und sich exakt an das zu halten, was in den Noten steht. Die andere ist, einfach Musik zu machen, und das ist das, was ich kann… das ist alles, was ich kann. Das Problem ist nur, ich habe keine Ahnung, wie ich das eigentlich mache.« Sie lebte in einem Kokon. Die Mutter wusch die schmutzige Wäsche aus Paris oder schickte das vergessene Diaphragma nach New York. Kühl sah sie über die Affairen hinweg; alles würde sie für die Tochter tun, so lange die nur spielte. Als sich die Tochter – sie ist lange weltbekannt – endlich in einem Brief zur Musikerin bekennt, bricht die Mutter in Glückstränen aus.

Die Heirat mit einem bewunderten, weltläufigen Pianisten radikalisiert ihre Karriere. Sie verkehrt nun in der High Society. Sie hat riesigen Erfolg. Aber etwas ist geschehen. Eine Depression und Ehekrise scheint sie mit Hilfe ihrer älteren Schwester, die nicht Musikerin geworden ist, sondern Farmerin und Mutter von vier Kindern, zu bewältigen. Sie nimmt sich (so natürlich, wie sie spielt) deren Mann als therapeutischen Liebhaber. Begibt sich endlich in Behandlung. Doch auch der Körper ist verwirrt. Sie ist 28 Jahre alt, als Multiple Sklerose diagnostiziert wird. Tapfer versucht sie, im Rollstuhl zu unterrichten. Am Ende spricht sie noch einmal auf der Bühne den Text zu »Peter und der Wolf«.

Wer war die legendäre Interpretin, die sagte: »Wenn der Komponist seine Musik aufgeschrieben hat, gehört sie ihm nicht mehr. Dann gehört sie mir«?

Es handelt sich um die britische Cellistin Jacqueline du Pré,
26. Jan. 1945 – 19. Okt. 1987.

147

Gerne sprach er von seiner »geliebten polnischen Großmutter Elsa Buchmann, geborene Baroneß von Rodjwo«, die Märchen erzählte und »jeden Vorgang in Phantasie« übersetzte. Für ihn und seinen älteren Bruder entwarf sie Parallelwelten. Und schon wurde ein Stuhl zum Palast, ein »Blumentopf zum Urwald«. Im Handumdrehen war man »in einem Schiff auf dem Nil gewesen«. Die Großmutter picknickte mit den Enkeln auf dem Grab der Urgroßeltern oder hielt sie an, ihr »Indianergebiet« durch Pinkeln zu markieren. Ein Ritual, das im Deutschland der 50er Jahre eher weniger geschätzt wurde. »Mein Bruder und ich wuchsen ziemlich frei, um nicht zu sagen verwildert auf.« Mit 13 Jahren hörte er, wie im Radio nach anfänglichem Rauschen ein Orchester einsetzte und dann eine unerhörte Frauenstimme anhob. Die Callas sang eine italienische Arie. Und in diesem Augenblick, so erzählte er es später, habe er seine »geistige Mutter« gefunden, die »Botin zwischen Gott und Menschen«, ja die »Muttergottes« selbst. Er warf seine Mathematikbücher fort und begann mit Privatstunden Italienisch. 16jährig lief er nach Neapel davon, ging dort anderthalb Jahre zur Schule. Die Eltern waren tolerant, liebten und unterstützten ihn. Der Knabe würde schon wissen, was er tun mußte. (Nebenbei: Homosexualität war in seinem Elternhaus kein Thema.) Immerhin machte er dann doch noch Abitur in Heidelberg. Ein Psychologiestudium brach er nach drei Wochen ab, auf der »Hochschule für Fernsehen und Film München« hielt er es drei Monate aus. Er war Autodidakt. Kosmopolit ohne festen Wohnsitz. Ein Anarchist der Seele. »Die ideale Lebensform ist doch: zwei oder drei Koffer, ein schönes Hotel, vielleicht noch eine Kiste mit Büchern und Musik. Obwohl ich zugeben muß, wenn man ohne Geld dasitzt, ist es auch nicht praktisch.« Seine ersten Filme drehte er mit einer 8-mm Kamera; dann kaufte ihm die Mutter eine 16-mm Kamera. Er liebte seine Mutter, war nicht auch sie eine »Gottesmutter« und er auf seine Weise göttlich? Doch er sah keinen Grund, »meine Beziehung zu Maria Callas und meine Beziehung zu meiner Mutter mit psychologischen Spitzfindigkeiten zu verdrehen«. Nur wunderte er sich manchmal, warum die Mutter ihn auch noch waschen wollte, als er schon erwachsen war. Nach ihrem Tod trauerte er mit ihrem Lieblingsstein: »seither trage ich Aquamarin-Ringe an jedem Finger und Anhänger um den Hals.« Ein Mutterblau, Marienblau. Und das Blau seiner Augen. In seinen Filmen, die er halsbrecherisch finanzierte, sah man schwindelerregende Opulenz, unschuldigen Kitsch, opernhafte Intensität, schamfreie Nähe. Sehr langsam etwa wurde ein Penis zwischen den Fingern des Freundes zum Knospenblatt einer sich öffnenden Rose. Filmen, Inszenieren war erotische Seelenarbeit: »Ich glaube, jeder, der nicht lügt, empfindet sein Leben nur als erfüllt, wenn er ebenso kreativ arbeitet, wie er liebt.« Schönheit begriff er als Energieform, als großzügige Vitalität angesichts des allgegenwärtigen Todes.

Wer war der ästhetische Extremist mit dem märchenhaften Kindervertrauen, der einmal sagte: »Ich war spontan, nomadisch, unzuverlässig, ein anspruchvoller, fordernder Liebhaber. Und andererseits brauchte ich Menschen, die mir zuhörten, aushalfen, mich chauffierten und die halbe Nacht mit mir wach blieben, bis das schreckliche Einschlafen geglückt war«?

Es handelt sich um den deutschen Regisseur Werner Schroeter, 7. April 1945 – 12. April 2010.

148

Einem Araberhengst näht niemand einen Anzug. So sitzt dieser Mann wie ein edles Tier halbnackt am Klavier. Er schlägt drei Akkorde an. Reguliert den Verstärker. Intoniert die ersten Takte der alten Melodie. Und das Publikum jubelt los. Abertausende Arme kommen in die Höhe, wiegend. Er küßt spielerisch hinunter. Die Kamera schwenkt auf seine samtene Haut, die über dem wohlproportionierten Oberkörper liegt wie subtiles Gewebe. Sehr gerader Rücken. Keine Idee von Fett, und doch ist seine Gestalt nicht knochig, sondern von viriler und zugleich mädchenhafter Geschmeidigkeit. (Als junger Musiker spielte er hinreißend mit seinem androgynen Charme.) Manchmal unterstreicht ein Halstuch über der behaarten Brust die lockende Nacktheit. Oder er präsentiert sich barfuß und mit einem kurzen weißen Höschen: menschgewordene Erotik auf dem Sprung. (Sein Feinripp-Unterhemd erinnert an Zaumzeug.) Und wenn es ihm einfällt, legt er königlich einen Hermelin um die bloßen Schultern oder inszeniert einen Busen unter einem rosa Top oder trägt schlicht einen bis zum Bauchnabel offenen, hautengen Ganzkörperanzug. Sein Tonumfang umfaßt dreieinhalb Oktaven bis zum zweigestrichenen b, das er mit Kopfstimme singt.

Sohn indischer Eltern, geboren auf Sansibar, wo sein Vater für die britische Kolonialverwaltung arbeitete. Mit 13 Jahren schickte man den Erstgeborenen auf ein englisches Internat 250 km von Bombay entfernt. Ein Lehrer legte den Eltern nahe, dem offensichtlich hochmusikalischen Sohn Klavierunterricht geben zu lassen. Er sang im Schulchor, spielte in der Internatsband. Nach dem College-Abschluß kam er zurück auf die afrikanische Heimatinsel; revolutionäre Aufstände gegen den Sultan von Sansibar zwangen seinen Vater, mit ihm und der kleinen Schwester nach London zu fliehen. Einige Semester Polytechnikum, dann ein Kunst-College; er machte den Abschluß in Graphikdesign, entwarf Mode und zeichnete seine Idole: Jimmy Hendrix, Paul McCartney, Elizabeth Taylor.

Noch während des Studiums kommt er in Kontakt zu einer Musikband, mit der er aufzutreten beginnt und deren Image er radikalisiert. Bald ist er Leadsänger einer eigenen Gruppe, sie gilt heute als die weltweit erfolgreichste Band überhaupt. Er hat eine Hakennase und einen Überbiß. Aber er brilliert mit der Bühnenpräsenz eines Dompteurs, der mit dem Publikum machen kann, was er will. Ein von ihm komponiertes Stück von knapp sechs Minuten, dessen Einspielung drei Wochen dauerte, wird zum Durchbruch der Gruppe. Von nun an spielt sie es bei jedem ihrer Konzerte. Das kleine Werk verbindet pathetisch und ironisch Oper und Hard Rock. Ein schnell gedrehter Film zum Stück (er sollte die Band vertreten, die zu einem BBC-Auftritt keine Zeit hatte) markiert den Beginn der Ära des Musikvideos.

Er arbeitete rauschhaft. Eine Kerze, sagten seine Freunde, die an zwei Seiten brennt und in der Mitte auch. Er liebte Frauen und Männer, letztere mehr und so, sagte er, wie man Russisch-Roulette spielt. Seine Aids-Erkrankung hat er viele Jahre bestritten. Er wollte über Musik sprechen, nicht über den Tod. Nachdem er sie öffentlich gemacht hatte, starb er innerhalb weniger Stunden an einer Lungenentzündung. Seine Beisetzung fand mit zwei parsischen Priestern nach zoroastrischem Ritus statt.

Wer war der charismatische Musiker zwischen den Geschlechtern, Kontinenten, Religionen, Zeiten?

Es handelt sich um den auf Sansibar geborenen britischen Rocksänger Freddie Mercury, 5. Sept. 1946 – 24. Nov. 1991.

149

Seine Großmutter legte sich ein Geschirrtuch auf den Schoß und zog Handschuhe an, bevor sie die Zeitung las. Seine Mutter konnte nachts aufstehen, um die Wohnung blank zu putzen. Sein Vater ordnete die Gegenstände im Kühlschrank nach ihrer Größe. Die Familie lebte in einer Nachkriegssiedlung, weiße Reihenhäuser neben weißen Reihenhäusern, dazwischen grüne Rasenstücke. Man war fraglos katholisch. Und abends saßen die vier Kinder frischgebadet und brav nebeneinander auf der Couch. Er war Mamas Liebling (sie hatte weggesehen, als er einmal eine Schildkröte tötete, indem er sie auf seinem Finger aufspießte). Gerne hätte sie ihn auf ein Priesterseminar geschickt. Doch er geht, dem Wunsch des Vaters entsprechend, auf eine Kunsthochschule, Studienfach Werbedesign. Er hat grüne Augen, braune Locken, ist zierlich und scheu. Und fasziniert von einer studentischen paramilitärischen Organisation mit Unterwerfungsritualen. Zum Geburtstag schenken ihm die Kollegen den Beischlaf mit einer schwarzafrikanischen Prostituierten. Hinterher ist er immer noch Jungfrau. Die Mädchen finden ihn »süß«, er sei »anhänglich wie ein kleiner Hund oder ein junges Fohlen«. Aus einer Zoohandlung bringt er einen Affen mit, ein Sonderangebot, denn das Tier ist schon ausgewachsen. Und nicht stubenrein. Und es onaniert ständig. Er liebt und erträgt es nicht. Ist dieses Wesen seine fleischgewordene Schuld, seine Angst vor Kontrollverlust? Er versucht, es zu erziehen. Als es nicht gelingt, »vergißt« er, es zu füttern, und geht einige Tage fort. Bei seiner Rückkehr ist der Affe tot. Er köpft ihn mit dem Küchenmesser, kocht den Schädel aus und fertigt daraus ein Musikinstrument. Seine Professoren sind entzückt. Mittlerweile ahnt er, daß er Künstler werden muß. Heimlich hat er zum Studienfach Grafik gewechselt und begonnen, Drogen zu nehmen; sie sollen ihn kreativer machen.

Er ist zwanzig Jahre alt, als er eine gleichaltrige Studentin kennenlernt, schmal, androgyn, eine »gotische Krähe« (Dali), in der er sein alter ego sieht. Beide schlingern in ihrer sexuellen Identität. Man hält sie für Geschwister, zusammen strahlen sie »alle möglichen sexuellen Varianten« aus. Eine ungeheure Symbiose beginnt. Sie taumeln und stützen sich, glauben herzzerreißend an ihre Kunst als an ihre Kinder. Er gewinnt die Kraft, nach San Francisco zu fahren, um »ein für allemal herauszufinden, ob ich schwul bin oder nicht«. Dann gerät er in Kontakt zur S/M-Szene und erkennt: »Es gab kein Zurück. Ich hatte meinen Sex gefunden.« Und damit seine Kunst. Er wurde sich selbst zum »work-in-progress«, ein Körper, ein Auge, der mit andern Körpern, andern Augen in Interaktion trat. (Keine Erektion ohne Blickkontakt.) Seine Modelle sind seine todesverlockenden Liebesobjekte. »Wenn ich Sex mit jemandem habe, vergesse ich, wer ich bin. Einen Augenblick lang vergesse ich sogar, daß ich ein Mensch bin. Dasselbe passiert, wenn ich hinter der Kamera stehe. Ich vergesse, daß ich existiere.«

Seine Mutter wollte bis zu seinem frühen Aidstod nicht glauben, daß ihr Liebling homosexuell war.

Wer war der erste Photograph pornographischer Bilder mit Kunstanspruch, von dem ein Kritiker sagte: »Dem Martyrium von persönlichen Beziehungen, unterdrückten Wünschen und unerfüllter Sehnsucht steht die Erlösung in Momenten gegenseitigen Einverständnisses gegenüber«?

Es handelt sich um den amerikanischen Photographen Robert Mapplethorpe,
4. Nov. 1946 – 9. März 1989.

150

Er war ein hyperaktives Kind, mit Medikamenten fürsorglich ruhiggestellt. Und für die Nebenwirkung, seine nun einsetzende Schlaflosigkeit, gab es wiederum Pillen. Dabei liebten Papa und Mama den herzigen, blonden Knaben und filmten stolz jeden Schritt mit einer Super-8-Kamera. Eine kleine Familienidylle in einem Nest an der amerikanischen Westküste. Er ist acht Jahre alt, als sich die Eltern trennen, nun wird er herumgereicht. Innerhalb von vier Jahren soll er bei zehn Familien untergekommen sein. Als er vierzehn ist, fragt ihn eine Tante, ob er zum Geburtstag lieber ein Fahrrad oder eine Gitarre möchte. »Ich werde der größte Rocksuperstar, bringe mich um und mache einen flammenden Abgang«, sagt er einem Schulfreund.

Später spricht er von seinem »Todes-Gen«, er kennt den verführerischen melancholischen Sog. »Und dieser kleine Boxenstop, den wir Leben nennen, ist nichts als ein kleiner Wochenendarrest verglichen mit dem, was der Tod bringen wird. Das Leben ist nicht annähernd so heilig wie der Sinn für Leidenschaft.« Mit 16 Jahren legt er sich ziemlich bekifft auf Eisenbahnschienen und wartet auf den 23-Uhr-Zug. »Ich stemmte zwei große Brocken Zement auf meine Brust und Beine & der Zug kam näher und näher und fuhr dann auf dem Gleis neben meinem vorbei, anstatt über mich drüber.« Unerwartet war eine Weiche umgesprungen. Also lebt er weiter, in der Schule ein rebellischer Außenseiter, der spürt, daß er anders ist, begabt mit einem Antrieb zur Ekstase. »Eine angeborene, total spirituelle, unerklärliche, new ageige, verfickt kosmische, vor

Energie strotzende Liebe zur Leidenschaft.« Mit einem Freund, einem Bassisten, geht er die Karriere an. »Wir sind bereit, den größten Teil der Kosten unserer LP und alle Studiokosten selbst zu tragen. Im Grunde wollen wir einfach nur bei ihrem Lable sein«, schreibt er an eine Plattenfirma. Sie haben kein Geld. Sie entwerfen Reklame, mit der sie sich als ultimative Reinigungsfirma für Geschäftsräume anpreisen. Sie treten auf, überall und dauernd; bei manchen Konzerten erscheinen zehn Zuhörer.

Solange er keinen Erfolg hat, hat er ein Ziel. Doch unerwartet trifft er mit einem Album den Sehnsuchtston jener verzweifelt gelangweilten Generation X der 80er und 90er Jahre. Das Album verkauft sich zehn Millionen Mal. Er ist 25 und der größte Popstar seiner Zeit. Er leidet unter seltsamen Magenkrämpfen, die er mit Heroin bekämpft. Natürlich wird er abhängig, ein »nagetierhafter, unterentwickelter, hyperaktiver Spasti, der seinen gesamten Torso in einem Bein seiner Schlagjeans hätte unterbringen können«, ein zerbrechlicher Engel auch, mit hypnotisch blauen Augen, deren Liebreiz er gerne mit schwarzem Kajalstift unterstrich. Er erkennt die Paradoxie von Aufstand und Kommerz, sieht sich als »erklärtes Produkt einer griffig verpackten Industrierebellion«. Als er eine Überdosis Heroin spritzt und sich noch zur Sicherheit mit einer Schrotflinte in den Mund schießt, ist er 27 Jahre alt. Seine Frau verstreut seine Asche an besonderen Orten; den Rest verwahrt sie in einer rosafarbenen Bärchen-Handtasche zusammen mit einer seiner blonden Locken.

Wer war der Sänger seiner Generation, der in seinem Abschiedsbrief schrieb: »Better to burn out than fade away«?

Es handelt sich um den amerikanischen Rockmusiker Kurt Cobain, 20. Feb. 1967 – 5. April 1994.

Register

MIX
Papier aus verantwortungsvollen Quellen
FSC® C083411

Verlagsgruppe Random House FSC® N001967
Das für dieses Buch verwendete FSC®-zertifizierte
Papier *Lux Cream* liefert Stora Enso, Finnland.

1. Auflage
Originalausgabe Oktober 2013,

Umschlaggestaltung: semper smile, München
Umschlagmotiv: © Corbis/Bettmann; Corbis/Hulton Deutsch Collection
Satz: Uhl + Massopust, Aalen
Druck und Einband: CPI – Clausen & Bosse, Leck
KS · Herstellung: sc
Made in Germany
ISBN 978-3-442-74551-7

www.btb-verlag.de
www.facebook.com/btbverlag
Besuchen Sie unseren LiteraturBlog www.transatlantik.de